新媒体时代文创产品的设计与传播研究

官亦冰　著

汕头大学出版社

图书在版编目（CIP）数据

新媒体时代文创产品的设计与传播研究 / 官亦冰著 .

汕头 ： 汕头大学出版社，2025. 3. -- ISBN 978-7-5658-
5557-3

Ⅰ . G114

中国国家版本馆 CIP 数据核字第 2025PY5710 号

新媒体时代文创产品的设计与传播研究
XIN MEITI SHIDAI WENCHUANG CHANPIN DE SHEJI YU CHUANBO YANJIU

著　　者：官亦冰

责任编辑：胡开祥

责任技编：黄东生

封面设计：寒　露

出版发行：汕头大学出版社

　　　　　广东省汕头市大学路 243 号汕头大学校园内　邮政编码：515063

电　　话：0754-82904613

印　　刷：定州启航印刷有限公司

开　　本：710 mm×1000 mm　1/16

印　　张：16.5

字　　数：220 千字

版　　次：2025 年 3 月第 1 版

印　　次：2025 年 3 月第 1 次印刷

定　　价：98.00 元

ISBN 978-7-5658-5557-3

前　言

在 21 世纪的全新时代背景下，随着科技的迅猛发展，人类社会进入了信息化、数字化的高峰时期。尤其是新媒体技术的不断迭代升级，不仅在很大程度上改变了人们的生活方式，还重新定义了文创产业的性质。文创产业作为一个融合艺术、商业与技术的多维领域，其核心竞争力在于创新与传播能力的强劲结合。中国，作为一个拥有悠久历史和丰富文化遗产的大国，在这一变革性浪潮中的表现尤为突出。从国家政策的导向到地方政策的扶持，从互联网技术的飞速发展到文化消费模式的转型升级，这一时代既是机遇，也是挑战。本书的撰写背景正是基于此，我们不仅致力探究新媒体时代背景下文创产品设计与传播的新准则和新方法，还希望通过系统化的理论研究与实用的案例分析，为从业者、学者提供一种全新的视角，帮助他们更深刻地理解这一领域的发展潜力。

本书在结构与内容上进行了精心的设计与编排，主要分为 9 个章节。第一章至第三章，着重探讨了新媒体时代文创产品设计与传播的理论基础与设计原则，为后续章节奠定了坚实的基石；第四章和第五章详细介绍了文创产品设计的方法与流程，试图揭开创作背后的科学思维与实践要素。第六章和第七章深入剖析了文创产品在新媒体时代的传播要素及媒介策略，反映出当前传播环境的复杂性与多样性；第八章的案例分析部分通过著名的实例，展示了文创产品设计与传播的成功经验与创新路径，为读者提供了有价值的参考；第九章提出了一系列优化策略，从内容、人才、技术、服务等多个角度出发，为未来的发展提供了明确的方向性指导。

本书的一个显著特点在于其跨学科的视角与创新性的研究方法。在理论框架的搭建上，不仅融入了服务设计理论、产品语义学等最新的研究成果，还结合了用户体验五要素的实践案例，使理论更加贴近实际应用。此外，本书特别关注文创产品在数字化背景下的设计与传播，强调技术融合的重要性，并探索了新媒体与文创产业协同发展的路径。这种多维度的分析方法，将为读者提供更全面的理解和更具实用性的指导。

本书适合文创产业的从业者、研究人员和教育工作者阅读和参考。对于从事文创产品设计的专业人士，本书提供了系统化的设计与传播思路和大量的实用案例，可以增强他们的实践能力；对于研究人员和学者，本书深入的理论探索与方法论分析将有助于其学术研究的拓展与深化。同时，本书也适合高等院校的教师和学生作为课程教材或参考书，为文创领域的新兴人才提供知识储备和专业指导。总之，我们希望本书能够在新媒体时代的文创产业发展中，成为读者们的有力助手和坚实后盾。

目　录

第一章　新媒体时代文创产品设计与传播的研究背景

第一节　国家、地方政策的引导

关于文创产品，其设计发展的过程已经经历很长一段时间，文创产品依据地方特性，大力发展文化主题内涵，并且随着时代发展，加入大量创意性内容，为地区的经济发展带来较强的市场、文化价值。这类产品大体可以分为两种类型：一是"一体型"文创产品，这类产品的设计、制作多以"文创内容""产品载体"以及"结合方式"为核心要点，并试图将这三项融合在一起，以文创产品为载体体现出来；二是"IP 衍生型"文创产品，这类产品的制作方向比较明确，将"文创内容"作为设计的主要内容，再辅以各种类型的"结合方式"，力图打造出新时代的潮流产物。

在对文创产品进行研发制作的过程当中，离不开国家和地方各级政府的支持，下面列举了几项比较典型的文创方面的政策内容。

一、国家层面文创行业的相关政策

《中国文创行业现状深度分析与投资前景预测报告（2022—2029年）》显示，近年来，中国政府在推动文创行业持续发展方面做出很大努力，连续多年推出多项政策，为文创行业发展提供了坚实的政策支持，并创建了良好的建设环境。举例而言，2022年，国务院发布了《关于印发"十四五"旅游业发展规划的通知》，对文创行业的未来发展方向进行了明确批示，即针对特色文创产品和旅游商品进行开发，使夜间文化旅游产品的种类能够更加丰富。该政策的意义在于，一方面能够增强文化景观的整体效果，另一方面能营造充满活力的度假氛围，塑造出国际一流的旅游度假胜地，这一创新也能够吸引来自各地的游客前来体验，带动当地经济的整体发展。

当然，这种类型的政策还有很多，具体如表1-1所示，该类政策同样能够体现出政府对文创行业发展的重视和用心，其涵盖面非常广泛，包括针对文化旅游产品多样性的开发、表达形式的创新以及文化消费模式的提升等多个方面，共同促进文创行业的发展。在政策的推动下，文创行业得到长足发展，其经济地位越来越高，带动着相关领域实行多元发展。

表1-1 国家层面文创行业相关政策

发布时间	发布部门	政策名称	主要内容
2022.04	中共中央办公厅、国务院办公厅	关于推进新时代古籍工作的意见	支持各级各类古籍存藏机构和整理出版单位开展古籍专题展览展示，鼓励古籍文创产品开发推广
2022.01	国务院	关于印发"十四五"旅游业发展规划的通知	发展特色文创产品和旅游商品，丰富夜间文化旅游产品，烘托整体文化景观和浓郁度假氛围，培育世界级旅游度假区

发布时间	发布部门	政策名称	主要内容
2021.11	中华人民共和国农业农村部	关于拓展农业多种功能促进乡村产业高质量发展的指导意见	打造具有农耕特质、民族特色、地域特点的乡村文化项目，发展历史赋能、独具特色、还原传统的乡村民宿经济，制作乡村戏剧曲艺、杂技杂耍等文创产品，创响"珍稀牌""工艺牌""文化牌"的乡土品牌
2021.11	国家发展改革委	关于推动生产性服务业补短板上水平提高人民生活品质若干意见的通知	发展健康设备、活动装备、健身器材、文创产品、康复辅助器械设计制造，实现服务需求和产品创新相互促进
2021.10	国务院	关于印发2030年前碳达峰行动方案的通知	加强对公众的生态文明科普教育，将绿色低碳理念有机融入文艺作品，制作文创产品和公益广告，持续开展世界地球日、世界环境日、全国节能宣传周、全国低碳日等主题宣传活动。增强社会公众绿色低碳意识，推动生态文明理念更加深入人心
2021.08	中共中央办公厅	关于进一步加强非物质文化遗产保护工作的意见	鼓励合理利用非物质文化遗产资源进行文艺创作和文创设计，提高品质和文化内涵
2021.07	中华人民共和国文化和旅游部	关于推进旅游商品创意提升工作的通知	围绕长城、长征、大运河、黄河等国家文化公园建设，以及红色旅游、乡村旅游、工业旅游、休闲度假、非遗传承等主题，推动开发一批如长城主题文创产品、乡村创意产品、特色非遗产品、工业旅游纪念品等多种类型的系列旅游商品，进一步丰富旅游商品供给，形成百花齐放格局

续　表

发布时间	发布部门	政策名称	主要内容
2021.03	文化和旅游部、国家发展改革委、财政部	关于推动公共文化服务高质量发展的意见	鼓励有条件的公共图书馆、文化馆提炼开发文化IP，加强文创产品体系建设
2019.08	国务院办公厅	关于进一步激发文化和旅游消费潜力的意见	鼓励依法依规对传统演出场所和博物馆进行设施改造提升，合理配套餐饮区、观众休息区、文创产品展示售卖区、书店等，营造更优质的消费环境

资料来源：《中国文创行业现状深度分析与投资前景预测报告（2022—2029年）》。

二、部分省市文创行业的相关政策

近些年，随着国家政策的颁布，各省市也积极响应起来，针对各自地区的文化特点发展创意产业。同时，为了扶持相关产业的发展，各省市出台了一系列政策，进一步推动了文创产业的繁荣和进步。以内蒙古为例，该地区出台的《内蒙古自治区人民政府办公厅关于印发自治区促进服务业高质量发展实施方案（2022版）等政策文件的通知》为文创产业的发展制定了清晰的蓝图。此外，黑龙江也在近年出台了《黑龙江省人民政府关于印发黑龙江省创意设计产业发展专项规划（2022—2030年）的通知》等政策，该通知内容同样为黑龙江地区的文创产业发展进行了长足规划。

随着互联网和数字技术的发展，新媒体技术迅速成长起来。在文创产业，针对文创产品进行数字化设计和传播已经成为不可逆转的新趋势。借助新媒体的优势，文创产品的传播呈现出高效且多样化的状态，而受众群体所接触到的文创产品也更加丰富多彩，极大满足了受众群体的体验感。当然，这一切的结果都离不开政府政策的推动和支持，相关政策既为产业发展创造了利好环境，又为文创工作者提供了更多创新思维以及实践空间。

以政策为指引，各省市积极搭建平台，为文创产业发展提供技术和资金支持，从而进一步优化文创行业的产业结构，推动文创行业的蓬勃发展。在该过程中，文创产业不再是简单地针对文化产品进行创造和输出，而是对当地文化进行更深层次的挖掘，推动其发展走向国际化，这一过程也构成了经济转型升级过程中的一支重要力量。

然而，市场竞争非常激烈，为了能够在其中占据一席之地，文创产业需要努力提升自身的核心竞争力，在这一方面，当地政府可以出台一系列具有针对性和创新性的政策措施，支持文创产品实现设计理念和生产方式的创新。同时，各个文创企业之间应该加强交流与合作，促进知识与技术的双向传播，打造出具有中国特色的文创产品，使其能够在国际化舞台上大放异彩。如表 1-2 所示，其中列举了部分省市文创行业的相关政策，为文创产业发展提供借鉴思路。

表 1-2 部分省市文创行业相关政策

省市	发布时间	政策名称	主要内容
内蒙古	2022.04	内蒙古自治区人民政府办公厅关于印发自治区促进服务业高质量发展实施方案（2022 版）等政策文件的通知	促进"服务＋制造"融合创新，大力发展健康设备、活动装备、健身器材、文创产品设计制造，实现服务需求和产品创新相互促进
黑龙江	2022.03	黑龙江省人民政府关于印发黑龙江省创意设计产业发展专项规划（2022—2030 年）的通知	以鱼皮画、麦秸画、剪纸、乌鱼绣、鞯鞨绣、桦树皮画等非遗产品为重点，提升创意设计水平，提高产业化配套能力，打造新文创产品品牌

省市	发布时间	政策名称	主要内容
北京	2022.01	北京市"十四五"时期推进国际文物艺术品交易中心建设规划（2021—2025）	鼓励文物流通企业开发特色文创产品，引导文创产品与文物艺术品展览、交易的结合。探索建立文物艺术品IP资源库，打造一批有影响力的文物IP和文创品牌，引领新时尚、新文化，吸引年轻消费群体，撬动大众文创消费新需求
山西	2021.08	山西省人民政府关于公布第六批省级文物保护单位的通知	要推动文化旅游融合发展，创新文创产品开发，将文旅产业逐步培育成战略性支柱产业，推动山西文物事业高质量发展
河北	2018.11	河北省旅游高质量发展规划（2018—2025年）	发展禅宗文化旅游、专题博物馆、艺术聚落、文创街区等，策划筹办禅宗文化论坛、世界古建筑大会，叫响古城文化旅游品牌
江苏	2016.10	省政府关于推进旅游业供给侧结构性改革促进旅游投资和消费的意见	培育新型休闲度假产品。大力开发康养型、休闲型、亲子型、运动型、研学型、文创型、娱乐型、体验型等度假产品

资料来源：《中国文创行业现状深度分析与投资前景预测报告（2022—2029年）》。

第二节　互联网技术的发展

一、"互联网＋"概念的提出

"互联网＋"这一概念的提出，标志着互联网技术的发展进入了一个新时代。人类在社会发展的过程中，从未停止对信息技术的探索，与此同时，信息和通信技术的不断革新，也为人类生活带来了很大的便利。当然，人们不会停下探索的步伐，科技的发展也不再仅停留在对高科技领域的创新，社会需求越来越成为信息技术发展的新方向，这也就意味着人们需要探索更多与日常生活、传统行业紧密结合的新内容。

在传统认知中，互联网被视为一种传递信息的工具，大多数情况下都是独立存在的，但是随着科技的进步，互联网技术的应用场景越来越多元化。"互联网＋"概念就是在这样的大背景下应运而生的，其不再局限于对互联网技术自身的拓展，更是致力将互联网与实体经济进行深度融合。各类知识和技术以互联网为平台，在虚拟世界中进行跨区域的交流和碰撞，从而推动实体经济以及文化教育等各个传统领域的革命性变化。在这种技术转型过程中，传统企业能够开发自身市场，将原来的线下市场通过互联网技术延伸至线上市场，进一步实现了资源的优化配置，其中电子商务便是最明显的例子。在互联网技术的加持下，商品销售不再受地域限制，消费者能够轻松实现跨地域购物，享受到便捷的服务。当然，企业也能够利用互联网优势，进行大数据分析，以便更加精准地洞察市场需求，及时调整生产策略，实现按需生产，最大限度地减少资源浪费等情况的发生。

二、"互联网 +"的主要特征

在"互联网 +"这一概念提出之后短短几年的时间里，信息通信技术和互联网技术就开始迅猛发展起来，其在各行各业不断挖掘发展深度和广度，推动了互联网技术与其他行业领域的深度融合，并且呈现出不同的规律和特点。"互联网 +"的特征主要包括以下几点。①

（一）跨界融合

"互联网 +"时代，各行各业的发展体现出跨界融合的特点，该模式通过连接和创新的方式来进行，打破传统行业的发展壁垒，将其与其他行业或领域的优势结合在一起，为行业发展注入新的活力。在此期间，互联网技术起到推动作用，为各个领域间的相互融合提供了连接渠道以及沟通平台。需要注意的是，跨界融合不是企业间进行的简单合作，而是利用技术深度融合的优势，实现资源的协同共享，增加产品的文化价值，提升产品的经济效益。

正是因为"互联网 +"的存在，才使得各行各业交流起来不再困难，与此同时，产业之间的边界也逐渐模糊，避免了以往产业孤岛式存在的情况。这样发展的好处在于，各个行业能够从不同层面探索更加广阔的发展路径。以传统制造业为例，在其发展过程中借助互联网的技术优势，可以实现智能化生产、制造模式，优化供应链并提升客户体验感。这种创新方式对于传统制造业而言，一方面能够提高其生产效率，另一方面能推动传统行业的数字化转型。

从精神领域而言，跨界融合也是对开放、协作精神的强调，在该精神的推动下，产业之间能够采用不同技术、市场和资源进行生产制造，实现产业交汇以及大融合，而各个产业领域也可以在统筹规划的基

---

① 杨晓菲."互联网 +"视角下的图书馆数据素养教育研究 [J]. 图书与情报，2015（5）：41-43，122.

础上，创建出可持续发展的生态环境。采用互联互通的生产模式，各产业之间相互学习与借鉴，将产业资源进行充分整合，为用户打造更加多样化的商业体验。因此，变革不能单纯停留在技术层面，还需从商业模式、管理模式以及社会价值观等多个方面进行转变，通过跨界融合的方式，不断开拓新市场，使传统产业链得到重塑，并带动一大批新兴产业崛起，这对于整个社会的经济多元化将起到促进作用。

（二）创新驱动

"互联网＋"的影响力之一在于其强大的创新驱动力，并且传统行业能够进行创意升级，也多受益于该驱动力。在过去的几年时间里，互联网行业发展迅速，并以迅雷不及掩耳的态势快速渗透到各个行业的发展领域中，为经济发展和社会融合做出突出贡献，具体体现在以下几个方面：

1. 互联网技术的应用改变了传统行业的运营模式

传统行业借助大数据、云计算、人工智能等前沿科技，对市场进行具体分析，并进一步优化了客户管理和制造流程等内容。在该模式的推动作用下，企业能够对资源进行高效整合，大幅缩短产业链的流通距离，使生产和消费得以实现无缝连接。而这样操作的好处主要体现在两方面：一方面提高了企业的生产效率，降低了企业生产成本；另一方面，可以使传统行业焕发新的生机与活力。

2. 互联网技术的应用改变了消费者的行为和体验

互联网的便利之处在于，消费者能够利用智能移动设备，随时随地获取商品信息，甚至还能参与到商品设计的各个环节，及时反馈意见并提出切实可行的方法经验。消费者在经历亲身设计体验后，能够提升对商品设计的满意度。从企业角度而言，互联网技术能够推动其自身的产业升级，打造不一样的生产体验，同时能针对服务进行创新，在快速变化的市场环境中，提升自身的竞争力。

当然，在"互联网+"的推动下，一系列新兴的商业模式在不断涌现，如共享经济、在线教育、移动支付、智慧医疗等。在这样多种形态的发展态势下，企业想要提升自身的竞争力，关键还是在于创新。因此，企业要充分利用互联网优势实现跨界融合，以寻求更高效的沟通与协作。

（三）重塑结构

互联网技术迅猛发展给经济、文化以及社会等领域带来了前所未有的变革。而变革所带来的技术进步更是深刻影响着社会、市场以及各类企业的运作模式。如今，互联网正以高效、开放、共享的特性重塑传统企业结构，带动经济发展。

1. 高效特性

互联网信息传播的速度已经达到了一个新高度，即使人们处于世界的不同角落，也能在瞬息间接收到最新信息。市场可以利用互联网信息高效传播的特性，及时捕捉有效信息，并迅速做出调整，其所带来的一系列经济活动也充满了即时性的特点，而这一点正是传统经济模式难以实现的。企业若能够充分利用信息传播高效的特点，便能够及时、准确、有效地获取市场需求以及消费者的反馈，并依据此进行产业调整，升级服务策略，提升其自身的市场竞争力。

2. 开放特性

互联网所服务的群体是开放的，这就意味着不同领域、不同文化背景的个体或者组织能够利用互联网平台的开放性，采用多种方式平等地参与到市场活动中。而在此之前，只有大型企业才能获得进入某些市场的资格，因此对于中小型企业而言，互联网的加入无疑提升了其自身的市场参与度以及竞争力。那么在这种不受局限的情况下，如何才能让自身在浩瀚无垠的市场竞争中脱颖而出？毫无疑问，每个个体或组织都需要创新，而创新正是现代经济的核心驱动力。于是，在互联网开放性的推动下，无数企业开启了创新发展之路，同时出现了许多跨行业、跨国界的合作，并衍生出一系列崭新的商业模式，这对于市场经济而言也是一次完整的重塑过程。

3. 共享特性

互联网具有资源共享的特点，在互联网平台上，信息、技术、人力以及资本都可以成为被共享的对象，最终产生了共享经济。随着共享经济的兴起和普及，资源的使用效率正在大幅提升，而这也打破了传统经济发展中资源垄断的情况。同时，互联网的发展还催生出一系列的共享平台，比较常见的有交通共享、住宿共享以及知识共享等，其带来的好处是显而易见的，一方面能够降低经济运行的成本；另一方面能够创造出大量的就业机会。这对于传统企业而言既是挑战也是机遇，其需要对自身企业进行重整和转型，以适应经济发展的新趋势，于是大批新兴商业结构开始出现，这无论是对于企业本身还是市场而言，都是一次结构的重塑过程。

（四）尊重人性

互联网的迅速发展除了依托技术革新之外，人类的智慧也必不可少。"互联网+"不是单纯的技术融合，而是一种尊重人性并努力挖掘人类潜力的体现。人类发挥自身的创造力，将互联网技术与人类生活结合起来，催生出众多新型的商业模式以及服务形态，其目的在于使这些新的商业模式能够全面贴合用户的需求和习惯。

"互联网+"在推动各行各业创新性发展的过程中，始终坚持以人为本的理念，重视并激发人的主观能动性。因此，在互联网的连接下，信息能够实现共享，人作为个体能够根据自身需要自由地获取资源，这对于提升人们的创新创造能力非常有益。除了经济领域之外，在文化、教育、医疗等方面，也能体现出互联网以人为本的特点。一方面，教育资源的共享可以为人们提供更多公平学习的机会；另一方面，健康数据的共享还可以帮助医疗诊断更加精确，节省看病时间。类似这样的技术进步，都是站在个体需求的角度进行充分考虑，也直接体现出"互联网+"尊重人性的特点。

（五）开放生态

"互联网+"具有开放性的特点，而这一特点也直接作用于生态系统，为各类生态系统的融合提供了无限可能，因此，在这一时期"互联网+"又拥有了开放生态的特点。这种开放生态的特点不仅增加了企业内部与外部的合作，还为生态创新提供了无限可能，不同资源得以整合在一起，共同推动技术进步以及社会发展。

在这个开放的环境中，各类信息和资源能够自由流动，而技术、数据等方面的界限也逐渐变得模糊，这对于企业发展而言则十分有利。其原因在于，企业能够利用这些技术迅速捕捉信息，及时调整自身生产战略，对生产技术进行升级，以不断适应市场的变化趋势。同时为了实现创新，企业之间、企业与科研机构之间、企业与政府之间会加强合作，使企业自身变革能够更加高效，形成一个创新且具有活力的开放性生态圈。对于传统市场而言，互联网开放生态的特性还打破了原有壁垒，为初创企业营造了良好的成长氛围，使其获得足够的资源以及技术支持。对于小型企业以及个人创业者而言，互联网开放生态的特性还为其赢得了市场话语权，即便面对商业巨头也能毫不退缩。而对于大型企业来说，这也是一场机遇，其需要在时代变革的洪流中积极探寻初创企业，并寻求合作方法，再通过与不同行业、领域中的创新型公司合作，共

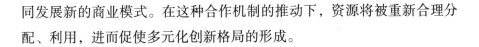

同发展新的商业模式。在这种合作机制的推动下，资源将被重新合理分配、利用，进而促使多元化创新格局的形成。

（六）连接一切

在"互联网+"的驱动下，几乎所有事物都被连接在一起，城市与乡村之间的信息鸿沟逐渐缩小，世界的距离被大幅度拉近。互联网将各个产业无缝衔接在一起，形成一个互联共通的全球生态系统。尽管连接的广度与深度各异，但"互联网+"的终极目标是打破不同领域之间的壁垒，实现行业范式的全面重塑。制造业与信息技术的结合催生出工业4.0时代的智能制造模式，运用物联网、大数据和人工智能，实现生产过程的智能化。医疗行业则借助互联网技术克服了以往难以解决的技术难题，提供了诸如跨区域诊疗、在线咨询等服务，大幅提升了公共卫生服务的便捷性和普及度。而这一切的实现都可以归功于互联网连接能力的提升。从最初的局域网，到全球互联的互联网，再到物联网，互联网的每一次进化都在很大程度上扩展了可连接性的边界。

三、互联网技术的发展和文创产业

《第53次中国互联网络发展状况统计报告》显示，截至2023年12月，我国的网民人数已经达到10.92亿人，互联网普及率已达到77.5%。在这个庞大的网民群体中，青年群体逐渐成为核心力量。作为互联网的固有群体，青年群体正在不断推动和改变着互联网未来的发展趋势。该群体习惯在虚拟的网络空间中重新塑造自己，其生活方式、情感表达方式以及价值观念也因网络发展而不断演变。这种情况为文化传播的创新发展奠定了庞大的用户基础，使其向着创意化、多元化和数字化的方向演进。

党的十九届五中全会审议通过的《中共中央关于制定国民经济和社会发展第十四个五年规划和二〇三五年远景目标的建议》中提出了许

多战略目标，其中包括建设制造强国、质量强国、网络强国以及数字中国。该政策的制定为文化产业的数字化发展奠定了坚实的基础，加快发展新型的文化企业、文化业态，以及文化消费方式，这也将成为国家未来大力推动的方向。

凭借着互联网庞大的用户基数以及各类政策的支持，数字文创产业已经进入一个全新的机遇期。随着时间的推移，网民基数的增长速度将会趋缓，而流量红利也会逐渐减少，那时产业想要获得流量就需要付出更多的成本。因此，文创产业想沿用原本的方法引流必然是行不通的，整个文化产业都需要进行一次质变的转型，实现"从量到质""由浅入深"的转型升级，这也是寻求经济发展和技术进步的必然选择。尽管政府在政策上提供了支持，文创产业还需要紧密结合市场需求的变化，努力提升自身产品的质量，提升其文化内涵。

第三节　文化消费转型升级

一、消费结构升级的背景

（一）消费结构升级

自 20 世纪 70 年代以来，中国的消费市场发生了深刻变革，经历了多次具有重要意义的消费结构转型升级。这种"消费升级"立足社会发展，并通过国民在消费领域的真实反映表现出来。一般来说，消费结构的变化能够体现出人们在消费行为和消费观念上的变化，想要研究这一时期的经济发展状态，便可以从这一方面入手，推断出当时普通大众的生活质量以及当时的社会需求。中国经历的第一次消费升级发生于 20 世纪 70 年代末，首次实现了从"吃穿"到"用度"方面的转型。由于当时的社会状态正处于由农业化向工业化社会转型的时期，因此大众的消费对象主要针对维持基本温饱而进行，但是这时的消费品已经出现了一些基本的轻工业产品。

　　第二次消费升级发生在20世纪80年代末至90年代末。在这一时期，国民经济继续保持快速增长的态势，比较标志性的消费变化体现在消费品方面，由原来的旧"三件"（手表、自行车、收音机）向新"三件"（彩电、冰箱、洗衣机）转变，这一转变也标志着大众物质生活水平有了明显提高。与此同时，由于消费者对产品质量提出了更高的要求，大家开始追求更加耐用的消费品，此时原有的制作工序难以满足如今的消费需求，于是一系列新兴行业开始迅速崛起，包括电子、机械制造等。大屏彩电、高档影碟机、家用空调等高品质消费品的逐渐普及，反映出社会发展工业化、现代化的大趋势。①

　　目前，中国正在经历第三次消费结构升级。在此过程中，消费需求的重心逐渐转向教育、娱乐、文化、健康等领域。在该升级阶段中，不再单纯强调消费能力的增强，而是从消费观念以及价值追求等多方面进行全面的转变。②实际上，人们的生活水平正在不断提升，相应地，其在物质方面的追求也会更高，更多的含有精神文化内涵的产品才能满足这种日益增高的物质需求。在这种趋势下，居民消费比例中，关于文化内涵消费的内容占比正在持续攀升，并一举成为现代消费结构中的重要组成部分。③

　　2018年3月，国家发展改革委发布了《2017年中国居民消费发展报告》，报告揭示出在文化产业的推动下，越来越多的消费者将目光投向文化产品和服务。这一消费趋势从2020年开始，更是得到进一步的巩固和发展。

---

① 严先浦．消费升级为经济增长提供强劲动力 [J]．消费经济，2004（1）：46-49．
② 陈晓冬．第三次消费升级的营销变局 [J]．国际公关，2017（4）：54-55．
③ 陈晓莞．文化创意产业跨界融合发展问题：基于消费升级视角 [J]．商业经济研究，2020（12）：179-181．

2023 年 1 月，国家统计局发布的数据显示，虽然受当时大环境影响，很多线下产业发展并不乐观，但是凸显出一系列新兴商业模式，其中比较明显的是以网络购物、"互联网＋服务"、线上线下融合等为代表的新型消费模式，这些产业均呈现出逆增长的态势，引领着新时代的消费热潮。后续出现的"云"系列体验方式逐渐成为人们休闲娱乐的新方式，包括云旅游、云赏剧、云看展等，大幅提升了消费人群的体验感。对于消费者来说，这些新兴的消费方式既满足了其消费需求，又带来极致的消费体验感，使其消费潜力得到不断释放，为经济的稳定增长做出突出贡献。可以说，人民日益增长的精神文化需求正在推动着文化产业的发展，其消费市场也将越来越广阔。而消费人群本身所处的教育环境、家庭背景，以及其收入存在差异化，因此消费类型也在向着多元化发展。同时，个体会从文化表达、文化价值认同、社交体验等方面对文化消费范围内所体现出来的精神价值提出更高的要求。

由此可知，广大人民群众的积极消费意愿正在推动着整个文化产业的创新性发展，这也为其提供了更加坚实的消费基础。文化产业可以以此认知为基础，大力研发富有精神文化内涵的新产品，与此同时，这类产品还应具有商业价值以及审美价值。在此期间，文化产业可以利用科技赋能文化创作，以最大限度满足不同消费人群的需要。

（二）文创产业升级

中国文创产业的发展受到诸多影响，随着国家经济结构的转型以及消费结构的变化，文创产业的发展见证了中国经济向市场转型的历程。在最初阶段，中国的文创产业发展主要受体制因素的限制，因此这一时期的产品内容多以服务群众为核心，还没有出现比较明确的激励机制。[①] 当时，文化产业的发展主要依赖于政府的统筹规划，市场的驱动

---

① 杨志. 融入社会创新的文创设计可持续发展机制研究 [D]. 北京：中国美术学院，2018.

力还不能完全发挥出来，因此这一时期的文化企业主要起到社会教育以及文化传播的基础作用，其经济价值没有被发挥出来。后来，随着政策的变革，国家开始出现文化产业公司，这一转变标志着国家对文化产业开始重视起来，出现了宏观上的思想转变。自 1998 年开始，文化发展政策有了重大突破，文创产业逐渐由意识形态上升到经济战略的高度，人们也逐渐认识到，文化产品不再是单纯服务文化的对象，其承载的经济价值和市场价值更是无法估量的。可以说，正是国家政策的支持以及政府职能的转变，中国的文创产业才有了制度基础，并能够在之后的岁月里得到长足发展。[1] 自 20 世纪 70 年代末期至今的 40 多年时间里，中国的文创产业以蓬勃的态势向前发展，不断寻求转型升级的新方法和新思路，并在此过程中收获良好的成效。市场经济的发展以及新技术的应用促使文创产业形成了由独立发展到融合发展的新模式。而技术的进步和消费者需求的多元化又为文创产业发展提供了新的发展动机和创新思路。在之后的发展过程中，为了使文化产品更新换代更为迅速，文化产业将自身发展与互联网、高科技产业紧密结合在一起，形成诸多跨界融合的新模式。对于现代文创产业而言，除了深度挖掘产品的文化内涵和经济价值以外，更需要从商业经营模式方面进行创新，使其经济效益达到最大化。

值得一提的是，文创产业想要走得更长远，只依靠创新是难以实现的，只有将传统与创新结合在一起，坚持以传统为基石，以创新为突破点才能获得最终的成功。在保护和继承传统文化的过程中，采用现代的科技手段进行创新制作，再结合大数据、人工智能以及互联网等新技术手段，不断拓宽文化产业的边界，扩大消费者的接触面，增加其体验深度。现代消费者的文化消费不再局限于单一的传播途径，而是倾向于更加多元化的传播渠道和立体化的体验方式，这样一来便形成了一种"体

---

[1] 向勇. 文化产业导论 [M]. 北京：北京大学出版社，2015：32.

验经济"式的新型消费模式。基于这一现象,产业界学者刘结成提出了"文创 3.0"的概念,将中国文创产业的发展分为三个阶段,如表 1-3 所示。①

表 1-3 中国文创产业发展阶段

阶段	文创 1.0	文创 2.0	文创 3.0
时间	1998—2008 年	2009—2013 年	2014 年至今
发展目标	改革文化体制 释放文化活力	文化立国 增加 GDP 产值	推动产业升级 创造美好生活
发展特征	独立式发展	政府推动、市场融入	融合式发展
与文化事业关系	二者无区分	二者相割裂	二者相关联
发展关注点	以文化项目为重点	以产业链为重点	以产业生态为重点

二、新主流文化的消费人群

(一)新主流消费人群的内涵

新主流消费人群可以被视为消费市场的一股新兴力量,尤其是在中国的市场环境中,这一新兴力量逐渐发展为推动经济增长的重要引擎。首先从数量上来看,其在人数上的占比非常可观,并且在消费模式和文化观念方面拥有独特特征。泛 90 后特指在 1985 年至 2005 年出生的一代人,他们是新主流消费人群的代表之一。尼尔森公司曾针对这代人进行过调研,发现泛 90 后在推动国家经济发展以及引领消费市场变化中扮演着重要角色。麦肯锡公司发布的《2020 中国消费者调查报告》显

---

① 刘结成. 文创 3.0 时代:文化产业发展的新特征 [J]. 文化月刊,2015 (11):34-35.

示，泛 90 后已成为消费增长的新动力，并且展示出强大的消费能力。①

随着经济的持续发展，年龄在 25 至 40 岁，位于三线及以上城市，且具备千元以上线上消费能力的中产新贵明显增加。北京贵士信息科技有限公司（QuestMobile）的数据指出，截至 2023 年 7 月，这类新兴中产规模消费人群已经达到 2.57 亿人，同比增长 4.8%。其中，以北京、上海、成都、重庆、广州为代表，这些地区的 90 后逐渐成为该地区的主要消费群体。这一消费群体最明显的特点主要包含以下两点：一是具备高消费的能力，二是在文化消费市场中表现出较高的文化诉求。② 特别是新主流消费人群，其在文化消费领域的表现尤为引人注目。调查表明，约 38% 的群体购买过故宫的文创产品，这意味着这部分人群对文化产品拥有强烈兴趣，其文化需求非常庞大。随着时代发展，这一消费现象已经不再为 90 后所独有，其存在方式意味着广大消费群体对文化消费的需求越来越大，说明文化产业仍然还有巨大潜力等待挖掘。③

生长于互联网快速发展的时代，这个新主流消费人群受互联网影响非常深远，包括其获取信息的方式、生活方式以及消费观念等，皆因互联网的存在而产生千差万别的变化，逐渐形成了线上消费的模式。在该模式下，消费群体习惯于通过社交媒体对产品进行横向对比并发表自己的意见，而且这一部分消费人群还比较偏向于个性化以及定制化的消费体验。

在新主流消费人群的指导下，文化生态发生变革，并引发文化产业的转型发展。新一轮的文创产品的创新生产在该需求的推动下快速发展，甚至蔓延至文化 APP 领域，这些变化的出现标志着文化消费市场

① 吴雪丰.新生代群体消费行为趋势及营销路径转型升级 [J].商业经济研究，2020（19）：72-75.

② 赵向华.新生代文化消费心理与行为研究 [J].商业经济研究，2020（21）：81-84.

③ 赵砚彤.新经济下博物馆文创产品整合营销策略分析：以故宫博物院为例 [J].科技经济导刊，2018，26（29）：182-183.

的繁荣，说明无论是企业还是生产者都已经将消费群体的诉求充分考虑进产品的生产制造过程，力图为消费者提供最佳的消费体验，并为其提供最优质的服务。

（二）新主流消费人群在文化消费方面的特征

1. 自我价值的关注

新主流消费群体的消费理念强调自我价值的实现，其迫切想要彰显自身个性、寻求精神世界的富足，因此这类人群的消费理念主要包括"自我愉悦""自我提升"以及"自我存在"三个方面。

首先，从自我愉悦理念来看，这类消费群体通常具备较高的知识背景，因此其对生活品质一般有着较高追求。而能够带来愉悦体验的文化产品恰好能够满足这部分人群的需要，如高质量的音乐会、舞台剧、文艺电影等。这些新主流消费群体能够从中获得感官体验的满足，这些文化产品在某种程度上契合了他们的文化品位。这时的文化消费对于该群体而言，不再是简单的娱乐，更是一种精神上的放松，使其可以从丰富多彩的文化活动中感受到喧嚣都市的片刻安宁。①

其次，是自我提升的追求。一般而言，新主流消费者对文化产品的选择会更加埋性。由于这部分群体往往具有良好的教育背景和一定的经济实力，因此其对优质文化产品具有较高的辨识性，并且在该类人群中，能够提升其文化素质，增进其审美情趣的产品会更加受欢迎。这时的产品已经不再是简单的商品，而是消费者审视自我、提升自我的一种途径，他们将通过阅读经典文学、欣赏艺术画展、参与文化主题活动等形式，激发内心新的想法，其看待问题的广度和深度也会增加，并以此提升个人的文化修养和精神内涵。

---

① 王佳，杨鼎寓. 中国新主流消费人群偏好品牌的创新设计：以诚品书店和故宫文创为例 [J]. 河北大学学报（哲学社会科学版），2019，44（5）：110-114.

最后，这类消费群体非常注重自我存在感。随着生活水平和物质条件的提升，文化消费逐渐成为消费者表达自我和彰显个性的重要方式。个性化的消费观使其对文化产品能够有更加多样化的选择，既可以是对某个文化品牌的忠实追随，也可以是对小众文化的独特品位。无论是品味经典雅致的茶道文化，还是感受活力四射的街舞课程，任何一种文化的消费方式皆彰显着他们对个性的表达，久而久之，这也成为其展现社会地位的一种方式。①

2. 情感连接的需求

新兴的主流消费群体多为独生子女，其成长环境多是充满关爱的家庭环境，因此这一代人在进行文化消费时，会侧重于选择能够进行情感交流或者寄托情感的产品。对于产品设计者而言，除了赋予产品一定的功能性，使其具备消费价值之外，还需要将消费群体的情感需求考虑在内，满足其在情感和精神方面的依存需要，为消费者带来更深刻的情感共鸣，这样一来，便能在消费主体与客体之间建立起更为紧密的联系。正是有了这种联系的存在，才使消费行为能够超越对产品本身的追求，最终上升到文化认可，达到情感共振甚至价值观上的一致，产生共鸣效果。

近年来，文化市场必须正视的一个现实是，在新主流消费群体的主导下，产品设计的体验化和情感化已经成为一种不可逆转的新趋势。随着消费主体越发倾向于追求对文化消费品本质属性的体验，而且这种体验除了能够使消费者达到感官上的满足之外，还必须能够达到心灵与情感的触动。对于产品设计者而言，必须在深入理解并准确把握消费群体的心理需求之后，才能进行设计创作，这样设计出来的富有情感的产品才能拉近与消费者之间的距离。

---

① 田芯. 中国社会可持续发展的消费伦理研究 [M]. 大连：东北财经大学出版社，2016.

3.新文化的催生

当今社会的新主流消费群体是伴随着互联网的发展共生共长的一代，这一代人从小便浸润在互联网的海洋中，这也为其文化消费的观念与方式打上了鲜明的时代烙印，同时又在网络技术的推动下展现出特有的属性。

一方面，信息技术的发展为新时代成员之间的交流互动提供了便利。自中国迈入全球互联网体系后，网络基础设施及相关技术的发展日新月异。以此为背景，人们的沟通交流变得更加便捷，就连文化信息的传递也达到了前所未有的高度。有了互联网提供的便捷交流之后，内容创作者和消费者之间的沟通壁垒被打破，转而被一种更为直接的方式代替，为人们带来动态的、更加具有沉浸感的交互式文化体验，最终作用于人们的消费心理和消费行为。

新主流消费群体除了追求方便高效的交互体验之外，还对文化消费的个性化、多样化有着极致追求。互联网能够为消费者提供多样化的选择和服务平台，消费者可以根据自身喜好自由选择产品。而商品设计者为了满足不同层次消费群体的需求，使每个人都能找到自己喜好的商品，又针对商品进行了更为多元性和开放性的设计。可以说正是新主流消费群体独特的创新意识，才推动文化产品向着更加多彩的方向发展，甚至有一部分人能够真正参与到文化创造的过程中，推动着文化产业前行。

另一方面，互联网时代人口规模不断扩大，这也为文化的创新与传播提供了重要支撑。在巨大的人口红利下，新文化的生成有了坚实有力的群众基础，并且这个群体既能作为文化内容的消费主体，又能引导文化潮流，形成下一个风向标。这一消费群体的参与意识非常强烈，其在文化消费中所展现出的积极互动和分享行为，为文化创造孕育出崭新的生命力。线上社区、社交网络等新媒体逐渐成为新文化的"试验田"，

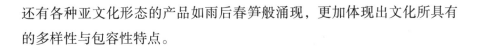

还有各种亚文化形态的产品如雨后春笋般涌现，更加体现出文化所具有的多样性与包容性特点。

（三）新主流消费人群影响文化消费的发展趋势

1. 消费内容精细化

在消费内容不断细分的发展背景下，新主流消费人群已经不再满足于传统大众文化所提供的单一消费模式。由于人们自身需求越来越多样，因此其对文化内容本身的关注与日俱增，而这种消费行为的转变也昭示着时代的进步与变迁。

一些比较常见的消费品因为其实用性，经常被用于批量生产，然而这种生产方式却不适用于文化产业。在文化消费领域，人们除了需要考虑便捷性和实用性之外，还需要考虑更多内容。[①] 新主流消费人群渴求更深层次的文化体验，这就要求产品或是能够对某种理念产生共鸣，或是能够满足特定文化群体彰显身份的需要。一般而言，这样生产出来的文化产品既具有个性化内容，又能够展现出产品的文化内涵，并且越是那些具有强烈指向性的精细化文化内容，越能够激发消费者的兴趣与热情。像这种精细化发展的产品趋势也能够体现出文化产品在满足个体差异化需求方面的非凡能力。

消费内容的精细化还会影响消费者的忠实度以及用户的使用黏性，一般而言，产品内容的细分度越高，消费者对于该文化产品的依赖性就会越强，忠诚度也就越高。这种情况在小众文化圈层中尤为常见，以至于越来越多人愿意为契合自身价值观以及生活方式的文化产品买单。无形中，这些文化产品已经突破了商品层面，而成为展现消费者生活态度与世界观的载体。

---

① 张胜冰，李研汐. 新文创与大消费时代的消费伦理与观念变迁[J]. 出版广角，2019（13）：29-33.

2. 消费形态体验化

现代文化消费的演变既能体现出产品内容的精化，又能展现出产品形态以及形式的分化。这种分化的主要特征体现在消费模式的转变——从以实物为核心的消费逐步转向以服务为核心的消费。其中，文化消费作为经济活动中的重要一环，其形态也可以划分为两种：一种是物质形态的文化产品，比较常见的有书籍、电影、音乐专辑等；一种是劳动形态的文化服务消费，这类消费模式包括演出、展览、文化课程等内容。然而，在体验式经济下，这两种不同形态的文化产品逐渐融合在一起，形成一种既具备物质形态，又能获得体验感的新型消费形态。①

体验式消费形态能够成为文化消费的核心，其原因在于消费者不再是单纯地通过消费获得产品和服务，这个过程升华为在体验过程中获取综合感受。由于消费者消费需求的提升，单纯的购买行动已经难以满足其需要，超出购买行动以外的精神需求会更容易激发其消费欲望，如内在体验、感官刺激以及情感满足等。在这样的背景下，文化产品的经营者需要将产品的文化内容消费与体验模式紧密结合在一起，利用线上、线下等多元化的销售方式推动这种新型消费模式的发展。例如，将线上文化内容和线下文化场景结合在一起，这样能够创造出丰富多样的沉浸式内容体验。对于消费者来说，其能够更加深刻地感受到文化产品的价值和内涵，同时还能在体验过程中获得更多的精神享受。

这些方法的应用为文化内容的呈现提供崭新的空间，同时为营造消费体验创造出新的可能。在方法创新的基础上，科技以及新媒体的发展又极大地丰富了群众文化消费的方式，使市场选择向着多样化发展。在这样的发展态势下，文化产业和网络经济的融合发展逐渐走向成熟，形成数字文化产业，并且这一产业还将成为下一个新的市场增长点，其发展规模和速度将远超传统文化产业的发展模式。对于新一代的消费者而

---

① 刘平. 创意性文化消费路径研究 [J]. 社会科学，2014（8）：51-58.

言，网络已经成为其进行文化消费的重要渠道，在互联网平台的发展进程中，文化内容也呈现出高度网络化的趋势，这表明现代社会对数字媒介的依赖性越来越大，而文化消费也将进一步实现数字化发展。随着数字文化消费的发展，文化产业链的分工将会更加细化，企业间的跨界融合也会更加密切。移动互联网、大数据、人工智能、虚拟现实、5G 等新兴科技的发展，使科技和文化的结合越发深刻，推动着文化消费向更加智能化和社会化的互动方向发展。①

另外，随着网络化、信息化、数字化的发展，文化消费的方式也在发生巨大转变。人们开始从物质产品消费逐步转向非物质符号消费，从单纯的物质消费逐步转向更为丰富的体验消费，从以现场为主的消费转向以网络为主的消费，从区域市场消费转向全球市场消费。这一系列转变的出现既得益于技术的迭代创新发展，又离不开消费者需求的变化，消费方式的转变就是对消费者需求的真实反映。在数字信息技术的带动下，还催生出一系列新的商业形态，数字网络为商业经营提供了一个广阔的平台，成为连接线上线下、衔接传统商业模式和新兴商业模式的桥梁。在数字网络的连接下，消费者将获得更多文化产品，享受到更加高效的服务，对于文化产业的持久发展非常有益。

3. 消费行为日常化

在广义视角的新消费价值观当中，现代社会的发展逐渐模糊了传统时间与空间之间的界限，对人们的消费习惯进行了重塑，使文化消费逐渐成为日常生活的一部分。② 在数字技术飞速发展的过程中，人们对技术的掌握能力也越来越强，因此消费活动越来越普遍，几乎充斥在日

① 耿达，饶蕊. 新时代中国文化消费发展的结构特征与优化路径 [J]. 图书馆，2020（6）：1-9.
② 金斯伯格，思罗斯比. 艺术与文化经济学手册 [J]. 艺术管理（中英文），2019（2）：177.

常生活的每一个角落。例如，在移动终端的帮助下，人们能够在任何时间、任何地点进行文化消费，无论是早晨繁忙的通勤时间、午饭后短暂的休息时间，还是在深夜安静的独处时间，都可以随时根据自身需要获取文化内容。

技术进步为文化消费行为的日常化提供了技术支持，而消费需求的本质变化才是其发展的根本推动力。当今消费者对精神文化存在着非常迫切的需要，若文化消费只是偶然存在，则难以满足消费者的这种精神需要，只有将其发展为日常，才能满足消费者迫切而强烈的精神需求。在过去，那些需要耗费大量时间和精力的文化活动，如参观展览、听音乐会等，可能在特定的时间或地点内才能进行。而现在，人们可以借助网络平台和移动设备营造的虚拟环境，在其中感受以往这些难以实现的文化体验，从而满足人们随时随地获取文化的需求。

随着消费行为日常化的发展，文化消费的情境也开始变得多种多样。现代消费者既可以在传统的文化场所进行消费，也可以在各种非正式场合中完成文化消费。例如，人们可以在通勤的地铁上或是安静的咖啡馆中，利用数字设备阅读书籍、观看视频或进行在线学习。这种无处不在的文化消费方式正在潜移默化地改变着消费者的消费动机，将文化消费由获取知识或进行娱乐的过程升华为表达生活的一种方式。

4. 消费群体圈层化

文化产业经历内容细分之后，其文化性能突出主题性、即时性和互动性的特点，这些特征也将逐渐引导消费文化向着"圈层化"发展。圈层文化最早形成于有相同消费需求的人群，在这些人群的聚集下，商品的实际功能会有所改变，其中所蕴含的文化意义被重点强调。随着圈层文化范围的扩大，消费者的价值观、情感需求开始有所改变，圈层波及范围内的文化认同感被进一步加强，为具有特殊文化符号的功能性商品赋予了更多内涵。

　　在互联网技术的推动下，各类文化消费群体又开始自发形成并聚合在一起，其影响力逐渐增大，文化圈层内的成员也越来越多。此时的文化消费不再是单纯的经济行为，转而成为一种引领社会潮流的文化现象。人们在自己的文化圈层中，可以为其他消费人群解读该产品的价值属性，结合个人感悟体会挖掘产品内在的意义和价值。这一行为既能满足圈层内部人群寄托情感的需要，还能推动消费需求向着更加多样化、层级化的方向发展。在此过程中，消费者将获得更多的参与感以及身份认同感。在文化圈层中，消费者可以踊跃分享自己的消费体验，展示自己的文化商品，通过交流互动，参与到范围更广的文化圈层中。例如，现今比较常见的"晒文化"活动，许多人利用新媒体平台展示自己的文化消费行为，这种分享便是消费者自我表达的一种方式，借助"晒文化"建立起与他人的文化连接。在这一过程中，文化消费行为逐渐被视为新主流消费群体的社交货币。通过分享，消费者将展现出个人的消费能力和消费品位，增强自身在消费群体中的社会地位。在数字时代的深度融合下，文化消费所彰显出来的设计属性越来越显著，逐渐形成"购买—分享—再购买"的循环式链条。该消费链条的存在使文化商品的传播速度加快，传播范围变广，使消费者之间轻而易举便能实现跨文化互动。

第二章　新媒体时代文创产品设计与传播的理论基础

第一节　文创产品和新媒体的核心概念界定

一、文创产品的定义

（一）文创产品

文创产品，即"文化创意产品"，是指依靠创意人的智慧技能和天赋，借助于现代科技手段对文化资源、文化产品进行创作和提升，通过知识产权的开发和运用，而产出的高附加值产品。当文创产品的最终形态确定之后，可以将其分为两个相互之间有紧密关联的组成部分，即文化创意的内容和承载文化创意的物质。目前，我国的文创产品开发已经取得很大成就，其涉及的广度和深度都有明显提升。未来，文创产品的发展前景仍然十分广阔。需要注意的是，在开发过程中，务必将文创产品中两个相互关联的部分放在重点开发的位置，展现文创产品的独特特征。

其实，早在文创产品概念尚未普及之前，人们多将这类产品视为工艺品或者旅游纪念品，这时其文化价值还没有被完全开发出来。从工艺品来说，其设计核心在于体现产品的工艺价值，而旅游纪念品的设计核心在于体现地区的旅游特色，随着时间的演变，人们逐渐将旅游纪念品发展为游客曾经到访某地的证明。以景德镇旅游为例，许多人在前往景德镇时会购买一些品质精美的瓷器，其中就不乏很多人是为了购得青花瓷茶具而专程前来的。景德镇的陶瓷产品本身就是一种工艺品，又因景德镇享有"千年瓷都"之美誉，因此逐渐成为具有地域代表性的旅游纪念品。然而，多数购买者并不关注其购得的瓷器是否真正产于景德镇，这些陶瓷器物仅因地域的缘故而被赋予了特定意义，最后唯一能证明瓷器价值的仅仅剩下瓷器底部印有的"中国景德镇"字样。后来随着文创产品概念的形成，人们凭借其自身所附带的文化创意内容，将其与传统工艺产品、旅游纪念品以及普通产品区别开来。例如，景德镇瓷器本身便具有传统制瓷的工艺和匠心，这就为其赋予了深厚的文化价值，若在此基础上融入创新性的设计，便能够赋予陶瓷新的生命力，增强其市场吸引力。

文化创意内容不能脱离产品而独立存在，其核心理念仍然需要依托物质——即产品本身来展现。因此，在设计文创产品之前，制作者需要先明确产品的概念。

1. 产品的概念

关于产品的概念，一直以来没有明确的界限，因为随着时代的发展，其定义和边界也在不断地发生演变和拓展。在现代社会，产品不再局限于对有形物品的表达，而是囊括了那些能够被市场接受、被人们使用和消费的所有事物，并且这些事物能够满足人们的一些特定需求。所以，到现在为止，产品的内涵已经从传统意义上的实物售卖拓展到了其他领域，包括无形的服务、组织、观念等内容，并且这些内容还可以以组合的形式存在。

之所以发生这么大的变化，其原因在于过去人们的生活方式相对单一，不追求较高的享受，因此产品经常以物品的形式出现，即人们能够触碰到的东西。后来，随着时代的进步，技术更新换代的频率增高，社会经济发生了明显变化，人们的生活方式也变得丰富多彩。这时，简单的物品售卖已经难以满足人们日益多样的需求，作为消费者，他们渴望获得更加多样化、更为便捷的产品，而传统意义上的产品概念则难以涵盖现代社会所有产品的内容。于是一种新的产品概念开始形成，并迅速在市场中发展壮大起来。虽然服务是无形的，但是它能够像有形物品一样，被人们纳入产品的范畴，这是因为服务本身所产生的体验感能够满足消费者强烈的消费需求，所以其发展态势甚至能够超越有形物品。

更具体地说，在一个产品具备服务和实物双重条件的情况下，其发展才更完整。例如，人们在购买智能手机时，除了选择设备本身颜色、外形之外，更注重设备背后所拥有的庞大应用生态系统、技术支持和客户服务。这些内容以组合的形式存在，使产品的边界变得更加模糊却更具吸引力。对于今天的消费者而言，有时产品本身可能并不是被考虑的第一要素，其更关心的是产品所传达的理念是否能够引发自己的情感共鸣。尤其是在品牌高度发展的今天，一个产品能否成功往往取决于其理念是否能被大众所认同，而其存在方式可以是一种生活方式、一个社区认同，甚至是一种创新精神。

由此可知，产品除了具备满足基本需求的商品属性之外，还需体现出创新的设计理念并将其具体化，这也是企业为自己开拓市场并与消费者建立情感连接的重要媒介。那些在市场上表现可观的产品，无一不能体现出对消费者深层需求的洞察力，并且以超出消费者预期的状态出现。简言之，产品是由各种功能和服务组成的综合体，其以满足市场需求为目标存在于市场之间。这样的产品概念既能拓宽产品的边界，又能激发无数渴望创新的企业推出更具创意、更能打动消费者内心的产品。

2. 文创产品的价值

文创产品的价值在于其内部所具有的文化底蕴，以及富含创意的表达，这些内容共同构成文创产品中极具影响力的价值体系。文创产品能够与其他商品区别开的关键就在于其自身所具备的文化内涵以及创意设计，这使其具有了商品以外的价值，即精神价值和文化价值。因此，人们在分析文创产品的价值时，可以从其文化创意价值和经济价值两个层面进行深入探讨。

文化创意内容作为文创产品中最核心的部分，其价值常常通过产品传递的文化信息、历史内涵以及独特的艺术形式体现出来。通过对文化创意的整合，产品的实用功能可以结合艺术形式进行呈现。以苏州博物馆的文创产品"衡山杯"为例，在设计过程中创作者将文徵明的衡山印章图案巧妙地融入杯底，以此展现出文徵明高贵儒雅的情怀。文化内容的加入为杯子增添了文化厚重感，而杯子本身也成了文化传播的一部分。

在文化的基础上加上创意的内容，文创产品将会更具魅力。大多数创意设计在传统文化元素的基础上加入新颖的设计元素，使产品在形式和功能等方面体现出独特性，增强其市场竞争力。衡山杯的外形设计就是按照印章的造型出来的，这便是对传统文化的一次创新，一次艺术性的表达。从设计到制作，从选材到图案应用，衡山杯中的每一项文化元素都包含着对传统文化的尊重，这也是其产品价值的体现。

相较于有形价值，文创产品的无形价值更加难以估量。无形价值能够引起消费者的情感共鸣和文化认同感，对于消费者而言，这种心理上的满足和情感上的愉悦是难以用金钱来衡量的。同样以苏州本地的文化精髓——衡山杯为例，其所代表的已经不再是一件单纯的艺术品，其中体现出的独属于苏州的典雅气质，为消费者带来深深的文化认同感，成为一根维系消费者和苏州情怀的一根情感纽带。

尽管文创产品的价值经常以金钱的形式表达出来，人们通过研究其材质、工艺制作过程等判断其价值高低，但是真正能够提升其市场竞争力的还在于文化创意价值。这也正是尽管文创产品材质并不是特别昂贵，其在市场上仍能拥有较高的价值地位的原因。例如衡山杯，由于其制作的文化灵感来自文徵明，因此杯子的价值远远超越了其制作材料本身的经济价值。

人们在对文创产品进行设计和推广的过程中，应始终将文化作为根基，在设计之初便精心挑选能够代表地方特色或特定文化背景的元素，以此激发人们的文化认同感。只有这样才能将文创产品和那些只以功能性或低价格为特点的商品区别开来，并凭借其自身无可替代的文化创意，在市场中站稳脚跟。

（二）文创产品的基础——文化

中华优秀传统文化积淀着中华民族悠久的文化内涵，彰显着华夏独特的文明成果。其中既包括形而上的"雅文化"，也含有充斥日常生活的"俗文化"。在"雅文化"的范畴中，人们将"文房四宝——笔墨纸砚"称作艺术瑰宝。作为文创产品，文房四宝已经不再简单是人们用于写作或者绘画的工具，而是古代文人墨客交流、抒发情感、寄托理想、反映社会风尚的重要载体。在漫漫历史长河中，文房四宝被赋予了更加崇高的文化地位，成为古代文人墨客激扬文字、指点江山的得力助手。

后来随着社会的发展，人们的审美意识逐渐得到普及，远离大众的雅文化再次回归到公众视野中。这一次的文化回归表明，人们对生活细节的追求在向着高品质、高内涵的方向演进，具体可以表现在衣、食、住、行等各个方面，其中蕴含的传统文化最受大众喜爱。在这种背景下，文创产品逐渐成为引领现代社会潮流的一种新风尚。能够在众多市场中脱颖而出，文创产品凭借的正是其中所蕴含的深厚文化底蕴以及独特而富有创意的设计，像一股清流，瞬间赢得了广大消费者的青睐。

中华优秀传统文化作为文创产品设计的基础，在传统和现代之间搭建起一座沟通的桥梁，使人们在日常生活中便能传承、弘扬中华优秀传统文化。对于文创设计者而言，在进行素材选取和文化表达过程中务必保证其准确性，让消费者在接触到这些产品的同时，能够领略到其中蕴藏的文化意味，感受到悠久文化的无穷魅力，增强其文化体验感。

1. 文化的内涵

在选取文化元素之前，首先需要明确何为文化。关于这个问题，《周易》中的一句话为人们提供了思考方向：观乎人文，以化成天下。在这句话中，对文化塑造人心、发展行为等方面的作用进行了强调，而自此文化这个词便有了明确含义。

从某种意义上来说，文化能够综合体现出人类社会的集体行为以及思维方式。国学大师梁漱溟就曾结合此项内容对文化内涵进行过诠释，他认为，文化应是一个民族生活中方方面面的综合。[①] 这个解释看起来就非常清晰明了，人们能够将文化分为三个方面：一是精神生活方面，包括宗教、哲学、艺术等；二是社会生活方面，涉及社会组织、伦理习惯、政治制度和经济关系等；三是物质生活方面，囊括饮食、起居等日常生活。将这三方面内容结合在一起便能够展现出一个社会或民族独特的文化表现。

关于文化的解释，自古以来就有很多，但是当专家学者尝试对文化进行定义时，却总会遇到各种各样的问题，可以见得，对文化进行定义并不是一件简单的事，而造成这样结果的原因就在于文化的多面性。这里，暂且将文化理解为经过长时间积累而形成的精神价值或者生活方式，当这种精神价值和生活方式发展到一定规模后，便呈现出"集体人格"。换句话说，文化是由社会成员共同接受并传承的一种精神和生

① 艾恺，梁漱溟，一耽学堂.这个世界会好吗？梁漱溟晚年口述 [M].上海：东方出版中心，2006:50.

活态度，人们可以从个人的气质、修养，乃至整个社会的规章制度、价值观念或者传统习俗中感受到。

文化渗透在生活的各个角落，对人们的思想、行为产生潜移默化的影响。文化可以是一句谚语，承载着家国智慧和人生哲学；文化也可以是一件传统服饰，体现着民族历史和审美意识。文化不是只存在于书本或博物馆里才有意义，日常生活中的每一个瞬间都将赋予其别样的魅力，而这也正是文创产品的创意来源。设计者将文化元素融入产品中，将抽象化的文化概念以具体可感的形式表现出来，使消费者能够在日常生活中随时随地感知文化的存在，重新唤起人们对传统文化的重视。这样一来，文创产品除了充当艺术品之外，还多了一项教育功能，作为传递文化的桥梁，让消费者在使用过程中感知文化的内涵与价值意蕴。

2. 文化分类

文化的分类方式有很多，并且不同的分类方式也会产生不同的结果。依照文化性质进行分类，可分为雅文化和俗文化；依照文化内容进行分类，可分为物质文化和非物质文化；依照文化功能进行分类，可分为器物文化、行为文化和观念文化；依照文化表现形式进行分类，可分为饮食文化、服饰文化、建筑文化以及地域文化等。

（1）依照文化性质分类，可分为雅文化与俗文化。

第一，雅文化。雅文化，作为精致、典雅、高贵的象征，历来被人们所尊崇，其身上承载着人们对文化更高层次的追求，彰显着人们别样的审美标准。由于其经常以艺术品、书籍、乐曲等形式存在，因此在制作这些物品时，对材料、工艺以及其内在含义有着非常严格的要求。以澄心堂纸为例，这种纸被视为雅文化的典型代表之一。

澄心堂纸是南唐后主李煜亲自监制的宣纸珍品，以其质地精良和制作工艺复杂而闻名遐迩。其纸面如卵膜般细腻，坚韧洁净，光滑润泽，在当时的纸品中居于领先地位。从南唐开始到北宋年间，澄心堂纸一直被视为最顶尖的作品，对于书画创作者来说，其意义非同凡响，既是书画家进行创作的理想用纸，也彰显着书画家的文化高度，久而久之就成为雅文化的载体。对于现代人来说，人们能够通过这些珍贵材料，感受当时社会的艺术层次，这也体现出人们对精致生活的向往。

第二，俗文化。俗文化和雅文化的不同之处在于，俗文化更加接地气，充斥在人们的日常生活中。同样以宣纸为例，由于其制作材料精良，工艺精美，因此在雅文化当中具有一定的代表性，但是当宣纸被赋予鲜艳的红色之后，人们使用剪刀对其进行裁剪，使其面貌和功能皆发生了改变，最终被纳入俗文化的范畴。这时对其制纸工艺不再有过分复杂化的要求，而是尽量简化以满足民众的艺术需求。

后来，红色宣纸逐渐在民俗活动中崭露头角，其身上承载着千千万万的民俗文化。逢年过节时，红色宣纸被剪成各式各样的窗花贴在窗户上，象征着喜庆与祝福；婚嫁庆典中，人们则将其剪成"喜"字用以表达对新人的美好祝愿。尽管这些剪纸的制作工艺不似澄心堂纸那般讲究，也没有特别高雅的文化韵味，但是其身上充满着浓郁的生活气息和人情味，在群众中广受欢迎。

（2）依照文化内容分类，可分为物质文化和非物质文化。

第一，物质文化。物质文化遗产，是人类文明的重要标志之一，其身上承载着千万年的历史文化积淀，凸显着艺术精髓。作为一种有形存在的文化，其经常以建筑、文物和其他物质实体的形式呈现，把往昔的辉煌镶嵌在岁月的长河中，使人们能够通过直观、具体的形象感受到历史的脉搏，观照过去与现在，发出今非昔比的感叹。联合国教科文组织将物质文化遗产定义为涵盖建筑、建筑群以及遗址等在内的实体内容，并且人们能够从历史、艺术以及科学等角度发掘其内在价值。

在物质文化遗产的范畴中，建筑物及其衍生结构所占比例非常大，而其影响力更是不容忽视。以北京故宫为例，这座建立于明清两代的皇家宫殿，其建筑规模非常宏伟，融合了几代工匠的智慧与艺术。首先从地理位置来讲，其位于北京中轴线的中心位置，工匠采用传统建筑工艺与独特的设计美学结合，使其成为中华文明的标志。人们可以透过故宫感受古代帝王的威严，其身上折射出的高超、细腻的古代建筑技艺深深吸引着四方游客前来欣赏。不止于此，故宫中那些色彩斑斓的壁画、雕梁画栋，在岁月的洗礼中仍然熠熠生辉，欣赏之后更是令人叹为观止。

与之遥相呼应的是苏州的古典园林，这些园林虽然规模不大，但贵在设计精巧，形象地反映出江南地区优雅、细腻的园林风貌。苏州园林的建造最早源于春秋时期，那时人们就已经将建筑设计和诗画内涵融为一体，向世人展现出一幅幅美妙的园林画卷。苏州园林最有代表性的建筑特点在于其能够巧妙地利用空间，将回廊、假山、流水以及植物搭配在一起，使人们感受到世外桃源般的宁静氛围。可以说，这些园林已经成为建筑学上的瑰宝，同时是彰显中国人文文化和自然美学的典范。

在物质文化遗产中，还有一类不容忽视的建筑便是那些用于造福人类的伟大工程，例如长城、都江堰等。长城，作为抵御外敌的屏障，绵延数万里，当之无愧地成为物质文化遗产领域的杰出代表；而都江堰作为一项将自然和人类智慧进行无缝衔接的水利工程，更能体现出中国古代在环境管理方面的突出成就。我国类似的物质文化遗产还有很多，人们在设计文创产品的过程中，可以通过精心设计将这些物质文化遗产融入产品制作中，为人们带来不一样的文化体验。

第二，非物质文化。非物质文化象征着一个国家和民族重要的精神财富，经过世世代代的传承，其表现形式也越来越丰富多样。虽然这些文化精神是看不见摸不着的存在，却实实在在影响着人们的生活方式和社会的风俗习惯，逐渐构成一个民族所特有的文化内涵，给社会发展留下深深的烙印。在非物质文化中，比较常见的内容有传统口头文学及其语言、传统美术、书法、音乐、舞蹈、戏剧、曲艺和杂技等，下面列举几个典型例子进行分析。

中国传统口头文学主要通过口耳相传的形式流传下来，其中不乏一些经典、脍炙人口的神话故事，通过这些故事人们能够窥探到古人对于生命、宇宙、道德的一些感悟，以及古人对世界的想象和理解，这些内容无处不彰显着中华民族的智慧文明。

书法艺术，流传千年跃然于纸上，其承载的除了文字的书写艺术之外，还有高尚的民族气节。每一个笔画、每一抹润色，皆体现出书写者当时独特的心境，彰显着其无与伦比的个性，书法也因此成为一种独具魅力的非物质文化遗产，其承载的中华民族对美好事物的追求和创造力，吸引着无数中外人士前来欣赏。

甲骨文可以说是世界文字发展史上的一大奇迹，作为中国最早的成熟文字系统之一，其意义价值弥足珍贵。人们可以通过研究甲骨文探寻中国古代社会的发展历程，了解不同的政治、宗教、文化以及经济生活等方面的信息，为传承中华优秀传统文化提供了崭新的视角。因此，甲骨文承载着历史的厚重感，伴随着时代发展，终将成为世人进行文化创作的不竭动力。

除此之外，还有昆曲、节气、民俗等，这些都属于非物质文化遗产的范畴，并且现在人们对这些文化的重视程度也越来越高，通过将其融入文创产品，可以更好地传承并发扬中华优秀传统文化，不断延续其生命力。

（3）依照文化功能分类，可分为器物文化、行为文化和观念文化。

第一，器物文化，也是物质层面的文化体现。这类文化多源于人们对物质生活的生产创造，涵盖衣、食、住、行等方方面面的内容。例如，汉民族的传统服饰——汉服，便是这一文化类别的典型代表，作为凝聚民族历史和精神的载体，其承载着中华民族数千年的演进和变革。而拥有 3000 多年历史的中国传统拨弦乐器——古琴，通过流转的音符对古老文化进行了延续。这些器物虽然通过物质形式存在，但其中所蕴含的文化记忆弥足珍贵，其中记载着时代变迁的步伐。

第二，行为文化体现着制度层面的演变。通过观察人们的社会行为和生活习惯，能够了解该时代社会制度的整体面貌，洞悉其中的人际关系变化。以传统节日为例，人们在春节期间，习惯燃放鞭炮、贴春联、守岁，这一系列活动饱含着人们祈福迎春的美好心愿，因此这时的行为不再是单纯的传承习俗，更多的是人们对美好未来的期盼。再比如端午节的时候，人们会进行赛龙舟、挂菖蒲、吃粽子等活动，这些习俗皆能体现出人们对历史的传承，同时彰显着对特定文化符号的珍视。

第三，观念文化，又属于精神文化，是以价值观、文化价值体系为核心的观念体系。该层次中的哲学观念、文化理想、文学艺术以及伦理道德，体现出一个民族对社会的深层反思，其中蕴含的文化精髓更是引人注目。无论是文学作品中表达出的人情世故，还是艺术长廊中呈现的精美画作，抑或是哲学理论中解读的宇宙人生，细品这些文化成果，将会引起个体甚至整个社会的情感共鸣。作为时代发展的产物，其中蕴含的智慧结晶深刻影响着人们思考问题的方式，塑造着人们看待生活的态度。

（4）依照文化表现形式分类，可分为饮食文化、服饰文化、建筑文化、地域文化等。

第一，饮食文化。中华民族的饮食文化历史悠久，以其风味多样而著称。广袤无垠的大地和丰饶多样的物产为各地饮食增添了别样的特色。例如，我国南方以米为主食，北方则以面食为主，于是逐渐形成了"南米北面"这一饮食地域特征。不同地域在口味上也有明显差别，大体具有"东酸西辣，南甜北咸"的差异化表现，形成这种差异的原因一方面在于自然环境、气候的不同，另一方面在于地域性格和地域文化所体现出的多样性。中华食谱中有着详细记载，将食谱分为川、鲁、粤、淮扬四大菜系，并且各自代表着本地区的文化与风俗，后来逐渐成为彰显地域文化的一部分。如此丰富多样的饮食文化，也在很大程度上推动了烹饪技艺的发展，使中华饮食能够在国际舞台上占有一席之地。

"民以食为天"这个观念很早就深深扎根于中国人的日常生活中，

每到传统节日，人们便会准备丰盛的团圆宴，以示庆祝。如今，出现了围绕端午节粽子、中秋节月饼的不同口味之争，这体现出鲜明的地域饮食差异，然而不仅因为口味不同会造成"南北之争"，人们的饮食习惯也因地域有所不同。例如，南方更倾向于将月饼切块分食，而北方人则更喜欢直接用手拿着整块品尝。即便是相同的食物，也会因为地域的原因被赋予不同的形式与意义。

中国的饮食文化除了食物品类多样之外，其在制作方式上对时令以及食材的选择也有着诸多讲究。人们始终坚信"不时不食"的道理，在这种理念下，大家会根据季节变换来选择合适的食材，这也是顺应自然节律的表现，体现出人们尊重自然的情感。

第二，服饰文化。服饰文化涵盖了人们在日常生活中穿戴的所有服饰，透过服饰几乎能判定一个人在物质生活方面的品质及其精神面貌。服饰文化能够完整地再现社会历史的变迁和价值观的演变，同时能体现出地域特色的差异化。其中，汉服被公认为最能代表中国传统服饰文化的典范之一。

"汉服"这一词汇最早源于"华夏文化"，自古便享有"礼仪之大，故称夏；有服章之美，谓之华"的赞誉。此时，如此高的评价，已经不单单是对服饰的简单称呼，而是对一个民族文化内涵的高度概括。汉服从数千年前绵延至今，在形制上一直沿用着"上衣下裳"的基本构造，就像一条流淌的文化长河贯穿在历史的每一个角落。无论是贵族还是平民，大家都在使用自己的方式去诠释和实践服饰这一艺术。

随着时间的流转，汉服的形制和款式也随之发生改变。在一些特定的历史阶段，甚至还出现了上下连体的形制，但对于大多数普通百姓而言，传统的"上衣下裳"形制，才是最为普遍、合适的选择。当然，也正是因为汉服在制作方式上比较灵活，不拘泥于某一种形制，才使其生命力更加持久，即便在面对不同的历史背景和社会环境时也能够顽强地发展下去。

除了形制之外，汉服另一个极具特点的地方在于面料上的纹样和配饰。从古至今，纹样的含义都非常丰富，其中蕴含着人们的思想观念和等级制度。每一片鹰羽、每一朵祥云，甚至是每一个图腾都能清晰地反映出当时的伦理观。久而久之，服饰便成为体现一个年代文化背景的最佳载体，人们通过判断汉服的纹样可以了解当时那个时代人民的信仰以及愿望。

第三，建筑文化。中国建筑作为世界三大建筑体系之一，其建筑风格非常独特，彰显着中华民族特有的风格和才智，是独一无二的文化瑰宝。

随着时代的变迁，古代工匠充分发挥自己的聪明才智和创造力，建造出一座座宏伟建筑，逐渐形成庞大、复杂的建筑体系。从宫殿、府邸，到庙宇、塔楼，再到桥梁等，各类建筑均以其独特的结构和形式，彰显着不同时期的社会面貌和人文风情。

此外，地域辽阔的自然环境又为中国建筑的多样性提供了更多可能。例如，南方建筑以轻巧美观为主，注重将建筑构造和环境融合在一起，充满浓郁的水乡情调。而北方建筑则多以宏伟壮观为主，其在构造过程中比较注重厚重的结构和房屋建筑的保暖功能，整体来看极具雄浑大气的特点。

除了人文景观之外，中国建筑还能体现出古代哲学思想——"天人合一"。在该理念影响下，人们在设计建筑房屋时会充分考虑环境等外在因素，使建筑既能够满足宜居的需求，又能体现出和谐共生的文化内涵。比较常见的便是庭院式建筑，该院落的布局不仅为居住者提供了舒适的生活空间，还与周围的山水树木环境相得益彰，形成一幅人与自然共生的美丽画卷。

第四，地域文化。地域文化是指在特定的地理环境下形成的，与自然条件、人文历史相结合的独特文化形态。由于地域差异的存在，地域文化也呈现出丰富、多样的特点，这些特征可能通过人们的生活方式、风俗习惯等形式表现出来，间接影响到地区语言的演变。在这种背景下，便诞生了极具地域特色的方言，其背后蕴藏的历史文化内涵非常丰厚。

作为文创产品设计者，需要充分了解这些地理差异带来的文化多样性，将其合适、合理地应用于文创设计中。纵观中华大地，从北往南，从东到西，各地的文化表现形式不一。北方的豪爽气质，南方的细腻精致，皆源于各自独特的地理环境与气候条件。而这种地域差异通过一种无形的纽带，映射在当地特有的语言、艺术、建筑等多种文化中。例如，苏州园林和徽州古村落，虽同属江南，却各自拥有着迥然不同的地域文化。苏州园林更偏向于精致典雅，能够体现出当地人为了追求自然美所做出的一系列改造活动；而徽州古村落则保存了更为原生态的乡土气息，反映出当地渴望和谐共生的生活态度。

（三）文创产品的核心——创意

故宫文创产品能够不断吸引一代又一代消费者的原因在于其丰富的历史底蕴。然而，这种情况在十多年前并不存在，那时候的故宫文创产品并不能成功打动消费者的心，这是因为当时的产品设计还停留在简单的复制层面，缺乏足够的创新。虽然这些产品的文化气息非常浓厚，但由于缺乏创意的表现形式，构思也不够奇特，导致其在市场中很难脱颖而出。

后来，随着时代发展，人们越发关注创意在产品设计中的重要性。而故宫博物院拥有的超过180万件的珍贵文物，正是文创产品汲取灵感的不竭源泉，其中每一件都蕴含着浓厚的历史气息。这些文物既能反映出古代工匠卓越的制作工艺，又能为现代文创产品设计者提供创意再造的源泉。当代的故宫文创产品之所以能够重新焕发生命力，是因为设计者在进行文创设计时，不仅结合了这些历史元素，还融合了现代时尚设计中的新思路，为古老文化注入了新鲜血液。在这样的设计背景下，故宫文创产品兼具实用、美观、潮流的特点。

根据故宫文创产品的发展之路可以得知，文创产品想要继续发展，必须有创意元素的推动。当对文化进行重构和再造时，设计者需要用更鲜活、更具互动性的方式向消费者展示这些历史珍宝，将文化和现代生活无缝衔接起来。

1. 创意的定义

创意的概念非常复杂，想要拥有创意的表现，仅靠人类的想象力是难以实现的，还要勇于突破传统的束缚。当灵光闪现的刹那，敢于打破常规，将想法付诸行动，即便遇到各种阻碍，也要迎难而上、不断探索，经过这些思维碰撞之后，所形成的对新事物的理解或看法便是创意的源泉。

当然，寻找创意的过程并非一帆风顺，因为创意本身就不能照本宣科似的依照特定流程推动，而是需要在不断的尝试和失败后积累经验，寻找突破口。同时，创意也并非完全无迹可寻，当深入产品本身了解其属性后，结合研究便能逐步寻得。例如，物品的手感、颜色、使用方式等都可以作为创意启发的基础。以中国传统器物来说，饮食器物在日常生活中使用的频率相对更高一些，而且经常被拿在手上，因此设计者就可以从该物品的触感入手，寻求创新点。

随着科技的进步，新技术与传统文化的碰撞又为创意注入了新的活力，催生出无数绝妙的点子。新技术为传统文化的演绎插上了想象的翅膀，使其以更丰富多样的形式展现在消费者眼前。故宫文创产品便是这种结合的典范，既保留着传统的文化内涵，又发挥出现代生活中的使用价值，最大程度地贴合了消费者的需求，成为消费者日常生活中的常备之选。由此看来，创意也不是漫无边际的想象，而是扎根于人们生活深处的细致研究，当将消费者的生活习惯和实际需求考虑进去之后，便能激发其内在的市场潜力。文创产品作为传递文化的载体，需要在功能和文化之间努力保持平衡，最终达到文化在潜移默化中影响使用者的效果，提高人们的生活体验感。

2.创意的意义

创意是实现产品文化价值和商业价值的关键力量，其存在的最大意义在于实现对文化的转化。例如，将物质文化转化为非物质文化，或者在文化的其他分类过程中进行来回转换，使人们能够发觉文化中一些难以被发现的趣味内容，如果消费者恰好对这类事物的接受程度更高，那么将直接增加产品的销售量，文化传承的效率也可以发挥到最大化。但是若创意内容不是特别理想，那么其传递文化的功能也将大打折扣。

下面根据创意在文化转化方面的表现，以及其进行文化传达的水平，可以将文化创意分为三个层次。

第一个层次：极其简单的创意设置，大多以贴图手段来代替。这一方法的特点在于将现有的文化元素，如地标性图案、经典符号或传统艺术图形，直接以图片的形式附加到各类产品上。虽然该方法能够以快速直接的方式将产品的文化内涵展现出来，但是在创意深度方面却略显单薄和直白，仅凭简单的图案复制难以体现出文化传递的创新点，消费者也就难以感受其中所代表的文化渊源，其精神需求更难以满足，久而久之，将会影响到产品的销售、使用量。

第二个层次：符号能指的转化和延展，针对特色文化的内涵进行外化。在了解第二层次之前，首先需要了解"能指"和"所指"的含义。所谓的"能指"即一对关系中的表示者，"所指"则是一对关系中的被表示者，而符号则是二者的结合体。例如，生活中比较常见的饮食产品——巧克力，其中巧克力的形象就是"能指"，而爱情就是其"所指"，当两者结合在一起之后，就有了用巧克力来表达爱情的符号。

可以发现，相较于第一个层次中仅将图案简单转为视觉符号的产品设计而言，第二个层次的设计构思更加巧妙，需要设计者在对符号的能指和所指有深刻理解之后再将其外化进产品的设计体验中。经过设计加工之后，符号不再是单纯呈现的某种视觉效果，而是承载着丰富文化内涵的产品体验。苏州博物馆的衡山杯便是这一层次的典型代表，设计者利用衡山印章作为杯底，当使用者举起杯子时就像置身于古人的书房之中，与古人展开一场穿越时空的对话。该设计在不知不觉中将古代文化精神和现代生活品质融为一体，使精神文化得以传承，在无形中提升了产品的文化深度。

类似这样的高层次文创产品的背后，都离不开设计者对特定文化符号的深刻解读。就像中国传统文化中的梅、兰、竹、菊等植物，其身上所承载的除了形态上的美感之外，更多的是超越物质层面的精神象征，引得无数文人墨客争相称颂。在产品设计过程中，可能不会再将某种植物具象化，而是采用某种抽象的元素将梅的坚韧、兰的高洁、竹的气节与菊的淡雅传递出来。当消费者拿到产品时；将感受到其内在浓厚的文化氛围。

第三个层次：这是文创产品以一种高度抽象的概念存在的层次，用一句话可以概括为"只可意会，不可言传"。

在该层次中，设计者需要对产品进行深度表达，使其能够超越一般产品的物质功能，并能够将深厚的文化内涵传递出来，成为传递义化的重要载体。对于产品设计者来说，进行这种程度的意境营造非常考验设计能力，同时还需要设计者具有较高的文化素养和丰富的创意思维。当传统文化的精髓内容融入产品的形态、质感，甚至气味中时，人们仿佛能从中感受到一个深远悠长的历史故事，为消费者留有足够的遐想空间，使其产生强烈的精神共鸣。例如，禅意类的文创产品。人们在参加抄经、茶道、香道等活动时，能够感受产品中所传递出的禅宗文化，其中清幽的香气和彰显智慧的设计，仿佛将人带入一个宁静、超然的境地，使人在繁杂的日常生活中获得内心的平和与启迪。

当产品的文化内涵挖掘透彻、材料准备充分之后，设计者接下来还需面对技术挑战。文化表达的形式除了文字和直白的图像之外，还能深藏于产品的材质、图案甚至工艺中。例如，人们能够通过茶壶的造型设计感受唐宋时期的茶文化，通过香炉的造型设计感受古代文人雅士高雅的生活氛围。以上种种，皆需设计者充分发挥高超的技术和创新思维，将无形的文化内涵以可见、可触的形式表达出来。

然而，对于优秀的产品设计师来说，为了使产品销售效果达到最优，其在设计过程中还需充分考虑市场因素以及消费者的心理因素，认真分析消费者的心理需求。只有这样，文创产品才能满足更多消费者的需求，真正在现代市场中立足，进而实现经济效益的最大化。

二、新媒体的概念和特征

（一）"新媒体"概念的提出

关于新媒体的概念，早在 20 世纪 60 年代就曾出现过相关论述。1967 年，美国哥伦比亚广播公司技术研究所所长 P. 戈尔德马克（P.Goldmark）首次在一篇关于电子录像商品开发的计划书中提出"New Media"一词，该报告原本的用意在于介绍一种新型的电子录像技术。戈尔德马克在报告中提到的这个词语，为新媒体增添了崭新的科技含义。在之后的两年时间里，美国传播政策总统特别委员会主席罗斯托（Rostow）在向时任总统尼克松提交的报告中反复提到"New Media"一词，这一举动为推动"新媒体"概念的发展做出重大贡献。可以说，就是从这一时期开始，新媒体逐渐走出专业技术领域，开始走向千家万户。

到 1998 年，此时的互联网已经呈现出迅猛发展的态势，联合国新闻委员会在年会上正式宣布将互联网视为第四媒体。此时，新媒体的内涵再次得到拓展，已经不能简单将其概括为一种传播信息的技术，而是应该被视为一种全新的传播媒介，并且在其框架下涵盖着数字、网络、多媒体等各方面的内容。这次对新媒体概念的全新界定在一定程度上冲击着人们对传统大众传媒的认知，未来互联网技术将会持续发展，新技术也会雨后春笋般出现，在这样的发展态势下，新媒体所包含的范畴也会越来越广阔。

起初，人们对于新媒体的理解尚处于比较直观、浅显的状态。在大众的观念里，习惯将"新媒体"定义为即将出现或者出现时间不长，具备传递功能的事物的总称。然而，随着技术的飞速发展，人们使用新技术的频率越来越高，新媒体的内涵也随之增加，由原来简单的承载信息向着更多模式、形态发展。如今，新媒体已经逐渐渗透进人们生活的方方面面，影响着人们信息接收和消费的方式。例如，各式各样的社交媒体平台、移动应用、流媒体服务等都属新媒体范畴。由于其迭代更新的速度极快，经常颠覆传统媒体的运作逻辑，进而激发出一系列新的商业模式。就当前发展环境来看，新媒体已经充斥在社会发展的各个层面，无论是信息传播领域还是社会交往、市场营销领域，新媒体都有着举足轻重的意义，现在已经成为社会发展的重要一环。这样一来，人们就不能简单地将新媒体看作"新"和"媒体"的叠加，而是应非常肯定地将其当作解决当下技术难题、实现对传媒格局升级再造的一种方法途径。

（二）界定新媒体

蒋宏、徐剑提出，新媒体是指"20 世纪后期在世界科学技术发生巨大进步的背景下，在社会信息传播领域出现的，建立在数字技术基础上的能使传播信息大大扩展、传播速度大大加快、传播方式大大丰富的，与传统媒体迥然相异的新型媒体"[①]。

清华大学熊澄宇教授提出，"新传媒，或称数字媒体、网络媒体，是建立在计算机信息处理技术和互联网基础之上，发挥传播功能的媒介

---

① 蒋宏，徐剑. 新媒体导论 [M]. 上海：上海交通大学出版社，2006：14.

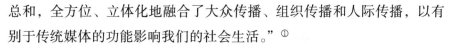

总和，全方位、立体化地融合了大众传播、组织传播和人际传播，以有别于传统媒体的功能影响我们的社会生活。"①

根据上述关于新媒体的定义可以总结出以下几个概念：

1."新媒体"是一个相对的概念

在这类认知下，新媒体被认为是相对于传统媒体而言的一种存在，二者都是用于传递信息的一种方式，只是在新旧方面有所区分。传统媒体主要包括报刊、广播、电视等内容，而新媒体则包括网络媒体、手机媒体、数字电视等新型的媒体形态。

2."新媒体"是一个时间概念

对于"新媒体"而言，其内涵会随着时间推移而不断改变。在互联网普及的初期，新媒体的概念主要集中于以互联网为基础的传播媒介方面。在这一时期，网络新媒体一度占据社会发展的重要位置，成为传播信息的主要渠道。互联网凭借快速发展的态势及其带来的技术优势，将新形势下的媒体传播渠道推至信息传播的领军位置，为大众提供了一个开放、多元的交流平台。

然而，随着时间的推移，技术发展速度越来越快，原有的新媒体形式又逐渐落后于时代发展，难以匹配新时代的需求。如今，大数据、云计算、人工智能、虚拟现实（VR）、增强现实（AR）、物联网、移动终端等技术快速崛起，新媒体的概念被重新定义。就现阶段而言，人们已经处于一个"万物皆媒"的新环境下，任何物体、任何设备甚至任何场景都有可能成为媒介载体。新媒体的边界再次被扩大，已经不能单纯用网络载体来对其进行表示。

如今，新媒体囊括了所有新兴的数字化媒体形式，其中也包括经历

---

① 熊澄宇，廖毅文. 新媒体：伊拉克战争中的达摩克利斯之剑 [J]. 中国记者，2003（5）：52-53.

数字化转型后的传统媒体、网络媒体以及移动端媒体，最终构成一个全方位、多领域、多终端的综合媒体生态系统。

3."新媒体"是一个发展的概念

新媒体，是一个随技术变革而不断发展的概念。在科技迭代更新的今天，公众需求随之不断攀升，因此新媒体不会局限于某一个现有平台之上，而是持续不断地进行自我升级转化。现今，新媒体主要是指那些利用数字技术和网络技术，通过互联网、宽带局域网、无线通信网、卫星等各种渠道，以及电脑、手机、数字电视等终端设备，向用户提供信息和娱乐服务的新型传播形式。

总体而言，新媒体可以概括为一种建立在数字技术和互联网基础之上的媒体形式，其相对于以往的媒体而言，具有全新的技术手段和传播性质。①

（三）新媒体的特征

简单来说，当传统媒体前面加上"数字"两个字时，就成为人们如今所熟知的"新媒体"，如数字电视、数字广播、数字报纸、数字杂志等。由于新媒体时代的到来，尤其是近些年在手机和网络技术迅速崛起的发展态势下，人们在网络和手机上花费的时间越来越多，新媒体传播逐渐显现出和传统媒体传播不一样的特征，具体表现在以下几个方面：

1.数字化

新媒体最大的特点在于其能够依托信息技术实现数字化的传播方式。信息技术的迅猛发展，使传统信息数字化成为可能，而这也是新媒体得以迅速崛起的根本原因。从某种意义上来说，数字化的概念不

---

① 毛利，唐淑芬，侯银莉. 新媒体营销 [M]. 成都：电子科技大学出版社，2020：2.

能简单理解为将文字转化为计算机可读的数据格式，其蕴含的是信息传播带来的全新方式以及未来发展的无限可能。尼古拉斯·尼葛洛庞帝（N.Negroponte）曾在《数字化生存》一书中指出："现代信息技术的突飞猛进必然改变人类的工作、学习、娱乐方式，即人类的生存方式。"后来，数字的应用方式越来越普遍，使信息传播不再受时间、空间的限制，为实现"天涯若比邻"式的交流互动起到了巨大的推动作用。

新媒体的运作方式比较独特，主要采用编码的形式将传统的文字格式进行数字化处理，经过处理后的文字、图片、影像等内容被编辑成一个个超链接，等到超链接投入市场之后，便构成一个整体的网络环境。有了数字化传播手段的帮助，人们获取信息也会变得更加便捷。同时，在信息技术的发展下，互联网的存储空间也在不断扩大，新媒体作为信息的载体，其承载信息的能力也在不断增强。无论是个人用户还是企业机构，都可以在庞大的云端储存库中轻松找到所需的信息资源，再也不必因设备容量的限制而感到担忧。当信息存储拥有基本保障之后，新媒体库将会积累更多信息内容，使其能够向着多样化方向发展。

虽然新媒体的数字化带来了诸多好处，但是其中也暗含挑战。当技术更新过于频繁，新媒体所需的数字技术支持及其自身的创新能力就要随之提升。当然，这种挑战并不会妨碍新媒体成为主流传播工具，其未来发展的空间仍然充满期待。

2. 交互性

新媒体拥有交互性的特点，打破了传统媒体只能进行单向传播的局限，为信息传递带来全新的体验。人们所熟知的传统媒体如报纸、电视、广播等，经常以单一的信息提供方式向广大受众传播信息，而群众作为信息接收者只能被动地接受这些信息，无法及时反馈信息，更不能随时参与其中。直到新媒体出现，这一情况才有所改变。新媒体利用数字技术，将信息传播由单一模式转变为双向甚至多向的传播交流模式。

新媒体的交互性还可以通过平台应用表现出来，其能够为信息接收者提供大量信息，并允许信息接收者实时参与信息的生成及传播过程。以微信传播模式为例，用户在朋友圈中既是受众，也是信息的传播者。朋友之间的信息分享不再是一对多的单向模式，而是可以通过"点赞""评论""转发"等多种互动方式实现真正的多向交流。在信息双向传播的过程中，传播者和受众之间的界限逐渐变得模糊，以至于每个参与者都有可能成为信息流中的重要节点。

除了社交媒体之外，还有很多其他形式的新媒体，例如在线新闻网站、博客等，这些平台都能够为用户间的互动提供支持，并且各自致力将互动功能发挥到极致。现在，当用户在互联网中看到某些信息之后，能够直接在下方评论，并与其他用户展开讨论，人们还能够使用分享功能将感兴趣的信息推送给其他人，这在很大程度上提高了信息的流动速度。

3. 实时性

像报纸、广播和电视等类型的传统媒体，其信息反馈渠道相对单一。报纸一般需要在每天的固定时间出版，广播和电视节目也往往在预设的时间段内才能播出，这就导致信息发布容易受到时间和资源的限制。然而，新媒体则完全不同，其反馈系统非常健全，能够灵活应对受众的需求变化。对于新媒体来说，其优势还体现在实时性方面。使用者能够随时发布并接收信息，这意味着，人们不再需要等到某个固定时刻才能获取信息，其获取信息的即时性较高。在网络环境中，只要用户处于在线状态，就能随时接收实时更新的信息。同样，只要新媒体的窗口一直处于打开的状态，一旦出现信息变动就能以最快的速度发布出来，如此大的灵活性能够有效缩短信息的传播时间，甚至让实时传播成为可能。

4. 个性化

有了互联网技术的支持，新媒体能够为用户提供个性化服务。新媒体个性化服务的实现主要依靠的是互联网的信息筛选功能，其能够根据用户不同的使用习惯、兴趣爱好等向用户提供一系列个性化服务。接着再发挥新媒体的交互性特点，使受众成为信息的传播者，用户可以选择自己喜欢的内容，或者定制自己喜欢的频道。因此，新媒体时代也可以被定义为"受众个性化时代"，用户跳出被动接受信息的状态，开始主动寻找自己喜欢的或者直接定制自己需要的信息，构成一个由用户个人建立的双向交流系统。

三、新媒体时代的文创产品的概念

在新媒体环境下，文创产品的概念正悄然发生着变化，这种变化不只是体现在产品的形式和内容上，更是深深影响着当代人进行文化沟通和人文交流的方式方法。在新媒体的推动下，文创产品逐渐摆脱以往单一、传统的概念框架，迎来一个全新发展的多元化时代，而文创产品也将获得更为广阔的发展空间。

以往文创产品的研发重点集中于文化遗产和手工艺品上，因其含有的厚重年代感以及地域文化而受人追捧。然而，随着新媒体技术的飞速发展，逐渐打破虚拟与现实之间的界限，为文创产品的创新提供了无限可能，使文创产品的创意空间逐渐加大，对于提高文创产品的市场竞争力而言十分有利。

在这样的发展态势下，开始呈现出多种样貌的新型文创产品，如电子书、在线展览、多媒体互动作品等，使文化传递不再受物理空间限制。而新产生的虚拟产品则借助增强现实（AR）和虚拟现实（VR）技术，将文化元素融入虚拟体验中，使用户能够在沉浸式体验中感受文化的魅力。此外，还有一些跨界合作的产品，在品牌与文化的深度融合间，绽放出独特的魅力。以上这些新型产品皆体现出新媒体技术的力量，借助形式方面的创新使文化输出更加丰富多样。再从产品体验方面来看，有了新媒体的驱动，文创产品开始向着更为贴近用户体验的方向发展，多角度增加人文互动的相关内容。有了社交媒体平台的支持，文化逐渐摆脱单向传递的束缚，通过双向互动的形式为人们营造更多的文化体验。例如在微博、微信等平台上，用户可以与文创产品进行多种形式的互动，人们可以发表评论、分享经验，甚至还能直接参与到产品设计过程中，有了这样的设计经历，新生产出的产品将含有更多个性化色彩，大幅提升客户的满意度。

再有，从营销手段来说，新媒体环境下的文创产品更加注重市场营销和品牌推广。文创产品的营销推广可以利用网络平台精准推广的技术优势，快速打破地域限制，将产品推向全球市场。同时，还可灵活运用KOL（关键意见领袖）和UGC（用户生成内容）的相关方法策略，为文创产品开辟新的宣传渠道。

第二节　服务设计理论

一、服务设计理论的概念

服务设计理论是一种以客户为中心的个性化设计方法，起源于20世纪90年代的欧洲。后来随着商业模式的不断变化，人们的消费水平呈现出持续上升的态势。在这种情况下，商品需要升级才能满足消费者的需求，但是若仅针对其外观或功能进行升级改造，仍难以满足消费者的需求变化。这时服务设计理论的出现很好地解决了这一难题，为设计师提供了一条新颖、有效的设计思路，经其设计生产出来的商品能够具备有效、及时、高品质的特点，真正使消费者满意。

　　值得注意的是，服务设计理论在概念和实践应用方面与产品设计有着本质差别。服务设计理论强调从用户的角度出发，对产品的功能和形式进行设计。《设计词典》一书对此有着相对规范的定义：服务设计必须确保商品的服务价值能够获得用户的认可，即需要体现出产品设计的"有用性""可行性"和"渴望性"，同时要确保产品宣传的"有效性""高效性"，增强产品的识别度。想要实现这一点并不容易，设计师在针对产品进行服务设计时，需要深入分析用户需求，明确其对产品的期望值体现在哪些方面，综合考虑产品的使用场景，即便在一些特定场合，也能发挥产品的有效价值，只有这样才能提供真正服务于用户、能够提升用户生活质量的产品。

　　当然，服务设计和用户体验设计也有很多相似之处，二者都是为了达到用户的满意体验而进行的设计，其最终目标均是实现价值共创。但是在实现目标的道路上，二者对目标用户群体的界定却有着明显不同。关于二者的对比，具体如图2-1所示。

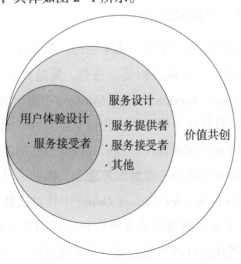

图2-1　服务设计与用户体验设计对比

服务设计所针对的用户群体是多层次的，包括服务的提供者、接受者以及其他利益相关者，其目的在于针对多元用户群体进行服务升级，力求将各方利益发挥到最大化，形成共生共赢的利好局面。相比之下，用户体验设计的关注点则集中于"用户"这一特定群体，也就是服务的直接接受者。在提升用户体验的过程中，有时甚至会不惜牺牲服务提供者的利益，以确保用户能够获得最佳的使用体验。因此，设计者在采用用户体验设计理论的情况下，需要努力寻求各个方面的平衡，以实现为其目标用户群体创建无缝衔接的体验效果的目标，提高用户黏性及其对品牌的忠诚度。

面对这种差异，设计师需要在进行服务设计时将多方利益考虑进来，尽量设计出一个能够提高整体体验感的产品内容。从长远来看，设计只是第一步，要想使产品效果达到最优，还需要在服务过程中不断完善，时刻关注用户的反馈意见，确保服务设计既能满足终端用户的个性化需求，又能提升服务提供者的运营效益。

二、服务设计理论的原则

服务设计理论的原则并不是一成不变的，其会随着时代发展而不断衍生出一些新内容。该原则最初是由马克·斯迪克多恩（Marc Stickdorn）在其著作 *This is Service Design Thinking* 中提出的，主要包含 5 项服务设计原则，并且这些原则在当时获得了业界的一致认可。后来，服务设计领域的更新速度逐渐加快，其研究内容也更加深入，而最早提出的 5 项原则已经很难适应现阶段的服务理念。因此，马克·斯迪克多恩在其后续著作 *This is Service Design Doing* 中针对这些理念进行了重新修订，由原来的 5 项原则增添为 6 项原则，如图 2-2 所示。这些原则能够更好地适应现代设计的发展需要，具体包括以人为中心、协作、迭代、有序、真实以及整体 6 项内容。

图 2-2　服务设计基本原则

（一）以人为中心

此原则要求设计师从用户的视角去观察和思考，确保服务既能满足用户的确切需求，又能兼顾那些潜在的、未被清晰表述的需求。为了使产品的使用范围更广，在设计之初便需要将所有可能受到服务影响的群体考虑进去。这里的"人"既指最终的消费者，也包括服务的雇员、合作伙伴，甚至那些帮助创建或使用该服务的个体，以及间接受到影响的相关人群等。

以人为中心的设计强调站在用户的立场对产品进行分析，在不断讨论的过程中，确定最终想法，并将这些想法转化为具有实际影响力的设计方案。这种设计原则促使设计者从多个角度出发，对相关问题进行层次深刻的剖析，进而确保提供的解决方案是对用户真正有意义的方案。需要注意的是，该设计思维需要进行反复的验证，确保设计的每一个环节都能够紧紧围绕用户需求展开，因为这也是整个服务设计的出发点和最终目标。

在实践过程中，需要确保产品设计涵盖用户体验的全过程，在用户初次接触到该服务时就能产生满意的体验感，并且这种满意能够一直持续到服务结束。为了达到这样的产品体验效果，设计师需要综合考虑人类行为、动机、期望以及社会环境等诸多因素。

（二）协作

协作原则强调所有产品利益相关者能够共同参与到产品设计中来。对于一项产品来说，其服务对象不会只有某个单一的人群，而是一个交流广泛的多元化用户群体。因此，产品设计师在设计过程中，需要邀请不同用户群体一起参与协作、探讨和评估服务设计等诸多环节，帮助设计者深入了解不同参与者对服务的具体需求，以及其对产品未来发展的期待。在协作过程中，能够加强各方群体间的互动、交流，加快信息流通。从这一角度来看，各方能贡献各自的专业知识和经验，为服务设计带来更全面的视角。同时，经过集思广益，设计师能够更好地捕捉到服务中潜在的问题和未来发展中的机会，从而形成更符合实际需求、更加有效的解决方案。

（三）迭代

迭代原则强调对信息进行持续接收，根据群众反馈意见及时对产品设计进行优化，力图在循环升级过程中逐步提升产品的品质。对于服务类型的产品设计而言，设计师应重视产品的动态适应性。因为产品服务对象的需求在不断改变，环境也会不断发生变化，为了能够与这些变化保持同步进行的状态，设计师需要及时调整产品的服务内容，使其拥有迭代更新的能力，这一点非常重要。

对于产品设计而言，其迭代的过程本质上是一场持续不断的演进，需要设计师经过多次尝试与修正之后，推动设计变得更为完善。当然，为了实现这一目标，设计师不能只将目光放在产品本身上，还需要不断分析用户的服务体验。只有用心倾听用户的声音，及时搜集第一手使用者的反馈资料，设计者才能识别出服务过程中可能存在的薄弱环节。

在用户反馈采集与产品设计改进不断循环的过程中，服务设计者既是技术的改良者，更是服务价值的创造者。其致力提升客户满意度，在经过反复的试验和调整后，将问题转化为取得进步的机会。因此，迭代也是服务体验优化升级的基础，在其参与下，设计的各个环节之间能够展开更加紧密的协同合作，使服务的每一个触点都能产生递进的、符合客户期望的价值体验。

（四）有序

有序性原则强调在进行设计服务的过程中，应当遵循产品设计的逻辑性和节奏感。这一原则的核心在于依靠视觉化的展示效果，将一系列紧密相关的活动进行系统化呈现。在服务流程中，产品活动将共同组成一条完整的操作链条，其中的每一个环节都是服务过程中能够与用户产生接触的关键点。正是因为在这些关键点，用户与服务提供者之间会发生一系列互动，这将直接影响到用户对整个服务的感受与评价，所以商品方需要尽可能利用这些关键点，努力提升用户的体验感。

服务设计中的有序性原则还可以通过活动排列、展示体现出来，如果活动准备充分，安排顺序得当，就更容易对用户需求做出深刻理解，并在用户反馈后做出快速反应。同时，只有在深入分析用户的需求之后，才能明确服务流程中各个接触点的具体位置及其作用，保证在设计过程中合理安排并优化这些环节。这种以用户需求为导向的流程设计，可以确保每个接触点都最大限度地提升用户体验感，增强用户对服务的满意度和忠诚度。

（五）真实

服务的本质是无形的，然而，为了增强用户的体验感，服务应采用可视化的"物理元素"，使其在现实世界中能够真实出现。而真实原则强调的正是在服务过程中运用可感知的元素来向用户传达信息，以提升用户对所接受服务的感知度。

在一个完整的服务流程中，很多在幕后进行的环节经常不被用户所察觉，然而，这些环节对于提升服务质量而言是非常重要的。为了弥补用户和服务之间存在的这种认知差距，设计师需要在服务设计中采用实体元素来告知用户服务是真实存在的，并且使用户能够真切感受到其质量非同一般。对于客户来说，这种实体化的服务过程可以提升其感受的真实性，同时还能够将服务的无形特性转化为有形体验，这将在很大程度上提升用户对产品的信任程度和依赖感。

（六）整体

整体原则强调在产品设计过程中，设计师需要将用户使用的整体过程进行全面且周详的把控。这包括产品设计中的每一个接触点，充分理解用户与服务系统之间的交互关系。另外，还需要关注多方利益相关者的实际需求，确保设计出的服务能够满足各方的期望。

首先，用户旅程不应只被视作独立的体验集合，而应被看作一个连贯的整体。从用户最初接触某一服务开始到结束，所有交互过程，都需要安排好无缝衔接，其中包括物理空间和数字环境中的所有体验触点。为了使服务设计能够达到所有使用者的要求，设计师需要对这些接触点进行精心规划设计，确保所有参与者的体验感都是一致的。之后还需要对这些接触点进行周到的管理，为使用者营造良好的服务氛围，这也有利于提升其归属感。

其次,在设计服务时,还需要将环境因素考虑在内。环境指的是用户所在的地理和社会文化背景,这些因素将对用户的注意力产生重要影响。例如,用户在体验服务时,如果注意力因环境的干扰而被分散,则会直接影响到其整个服务过程的体验感。因此,设计者需要从设计之初便加强对环境因素的掌控,并且将其考虑进设计的影响因素当中,确保服务无论在何时何地都能进行有效传递。

最后,还要针对产品进行多元化服务设计,保证其在服务流程中能够体现出产品的包容性以及灵活性等特点,以满足不同用户群体间的多样化需求,使所有用户群体都能从中获得良好体验。

三、服务设计理论的要素

服务设计的目的在于优化系统功能,为解决用户在服务过程中可能遇到的各种复杂问题和障碍提供有效的解决方案。服务设计的关键要素如图 2-3 所示,这些要素包括利益相关者、接触点、服务以及流程。具体说明如下:

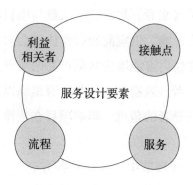

图 2-3 服务设计四要素

（一）利益相关者

利益相关者通常可以分为三类：核心利益相关者、直接利益相关者和间接利益相关者。这些不同类型的利益相关者在项目的各个阶段皆扮演着不同角色，并会对项目结果产生不同程度的影响。

从核心利益相关者来看，其通常是能够最直接反映项目成败的人群，并且也是受项目影响最深的人群。在文创产品中，核心利益相关者往往包括产品的设计者和开发团队。这些人是产品愿景的塑造者，负责将创意由概念转化为现实。除此之外，公司的高级管理人员、主要投资者或股东也属于这一人群，其在很大程度上能够决定项目的资源配置方向。

从直接利益相关者来看，这些是会直接使用或接触到文创产品的人群，其中潜在的用户和消费者也是直接利益相关者的一部分。这部分人群的反馈意见能够直接影响到产品运作规律，决定产品的改进方向。而由于营销和销售团队是直接负责产品的推广者，因此他们也应属于此类人群，他们的决定和行为将会直接影响产品的市场表现和用户的接受度。

从间接利益相关者来看，尽管这类人群与项目的接触较少，但仍能对项目结果产生重要影响。供应商和合作伙伴会参与提供原料、服务和技术支持等环节，这些内容能够为文创产品的实现打下基础，因此他们同样是间接利益相关者。政府机构、非政府组织以及其他社会团体，有时会充当观察者或指导者的角色，影响项目在法律、道德以及社会责任等层面的表现。

在文创产品的设计环节中，需要将各方利益相关者进行综合考虑，增强各环节间的联系与互动，这也是项目取得成功的关键。努力将各方利益考虑在内，寻求平衡发展的关键点，这样更有利于推动文创产业的可持续发展，提高其社会影响力。

（二）接触点

接触点是指不同事物之间产生接触和互动的地方，这一点在服务领域出现得尤其频繁。服务接触点是指服务过程中所涉及的一系列有形或无形的元素及介质。这些接触点拥有四个本质属性：交互性、实体性、时间性和体验性。①

从交互性的角度来看，接触点是用户与服务提供者之间互动的纽带。在服务过程中，这种交互可能通过接触双方的语言、肢体动作以及表情体现出来。一般而言，交互不只是发生在服务者和用户之间，也可能是在用户与机器、用户与用户之间进行的。在这种互动中，信息的交流和反馈是双向的，以确保用户需求能够得到及时理解和回应。

实体性可通过用户感知到的物理和数字元素展现出来。这里的接触点一般是具体的实物，例如用于展示和推广的广告牌、店面设计、品牌标识等；也可以是数字化的存在，例如网站、移动应用或在线客服等。每一种实体形式的接触点都为用户提供不同的感官刺激，加深其印象，同时能够提升用户对服务的最终认识评价。

时间性强调在服务体验过程中要把握好时间维度。除了某个特定时刻的互动外，还需关注在一系列时间上所构成的连续接触。接着，将不同时间点、场合、场景下的接触点组合在一起，就能形成整体的用户体验。这也是为什么在面对单独或者多个服务的过程中，都需要反复强调所提供服务是一致且连贯，不然则会影响产品的最终形象。

体验性是最直观的一点，因为所有互动组合在一起都会影响用户的整体体验感，而用户在不同接触点上的体验又会影响到其对服务质量的最终评估。一般而言，人们将体验感分为生理体验和心理体验两个部分，设计者需要综合考虑这两方面的内容，为用户营造良好的体验感，

---

① 辛向阳，曹建中. 服务设计驱动公共事务管理及组织创新[J]. 设计，2014（5）：124–128.

提升用户满意度，从而增加用户再次光临的可能性。反之，若用户的体验感不佳，则会导致用户流失，影响品牌声誉。

（三）服务

服务主要是由一系列活动组成的，在这些活动的共同作用下，为用户创造独特价值。服务想要提高品质，必须在前期做好精心设计，将用户需求放在首位，并尽可能全面地涵盖所有服务内容。为了使服务更加成功，获得用户的高度认可，设计者需要洞察用户的痛点及其对产品的期望值，然后采用系统规划的方法步骤一步步执行，尽可能将用户抽象的需求转化为切实可行的服务，使其从服务中获得满足感。

在服务进行过程中，避免不了接触，这些接触点将在很大程度上影响用户对服务本身的感知和评价，这是因为用户在使用这些产品或享受这些服务时，能够直接体验到产品或服务的功能性和优越性。例如，服务的及时性、可靠性以及个性化程度等，这些内容都在无形中影响着用户的体验感和满意度。

所以只有进行精细化的服务设计，才能有效增强用户对产品功能的感知能力，当产品质量足够强大，便能轻松赢得用户对产品的长久信赖，其对品牌的忠诚度也会增加。在这种设计思维下，设计者务必从用户的角度出发，尽量贴合实际使用场景，在细节方面进行反复雕琢，力求在每一次的服务接触中都能超越用户的期望。

（四）流程

流程这一概念在生产制造领域率先得到应用。以加工零部件为例，在开始这一任务之前，首先需要选取合适的原材料，接着进行一系列精准有序的工作流程，因此这一任务并非独立存在的，而是多个流程环节的集合。从材料锻压到最终打磨，每一个步骤都需经过精心设计和严格把控，只有这样，才能确保最终制造出的产品能够达到预期的质量标准。而这些精细的工序，便汇集成了一个完整的流程。[1] 相较于单一的制造过程，服务设计需要跨越多个接触点链条。在进行这部分流程时，产品服务者需要与客户进行多次接触，并确保最终能够成功交付。因此服务提供者需要重点关注在整个服务周期中，与消费者不同环节的互动。这意味着，设计者需要在服务设计的每一个环节提前设定好服务细节内容，以更好地满足用户需求，为用户提供无缝衔接似的愉悦体验。在该过程中不仅需要关注每个独立的服务节点，还应关注这些节点如何与用户进行衔接和互动。换言之，此时流水线化的制造流程已经被转化为一种全面的服务体验，以确保在每一次客户接触中，都能使其感受到高品质的服务体验。

四、服务设计的流程

This is Service Designthinking 这本书将服务设计流程分为四个主要步骤：探索、创造、反思和执行。在这四个步骤不断迭代更新的过程中，逐渐形成一个复杂的设计流程。其中，"探索"意味着设计者需要对现状进行研究与分析，以便更好地理解问题；"创造"则需要着手生成创新的解决方案；"反思"是指对这些解决方案的有效性和可行性进行评估；最后，"执行"是将这些经过考量的方案付诸实践，以实现最终目标。上述这些步骤将共同组成一个循环，不断推动设计的进一步发展。

早在 2004 年，英国设计协会便已提出双钻模型的概念，并且该模型在提出之后便迅速被设计界采纳应用。[2] 时至 2016 年，在融合"以人为本"的设计理念之后，丹·奈瑟尔（Dan Nessler）对双钻模型再次进行改进，并提出了更新后的版本。尽管各个机构组织以及学术界在服务设计流程的具体步骤方面各自拥有着独特见解，也曾对此发表过不同

---

① 王永贵. 服务营销与管理 [M]. 天津：南开大学出版社，2009：237.

② 葛菲. "双钻模型"下设计类混合式教学模式探索与实践 [J]. 教育教学论坛，2020（11）：194-196.

的理论体系，但从本质上看，这些理论内容在概念上拥有着明显的相似性，即所有理论都在强调，设计过程本身需要体现出产品服务的多样性和包容性，从而体现出服务设计在不同情境下的适应能力。例如，服务设计实践中的核心是围绕用户体验而展开的，设计者需要深刻理解用户需求，并在反复试验中不断改善，以达到预期的体验效果。

双钻模型是一种结构化的设计方法，该模型要求在以人为中心的设计理念下进行结构设计，注重交流、协作，倡导集体共创和持续迭代，确保在设计过程中的各环节都能得到优化。[①] 因此，该方法将整个设计流程划分为两个关键阶段，分别是"做正确的事情"和"把事情做正确"。在这两个阶段中，又分别提出探索、创造、反思和执行四个关键步骤，其目的在于利用系统化的流程，保证成果质量提升的一致性，具体如图2-4所示。

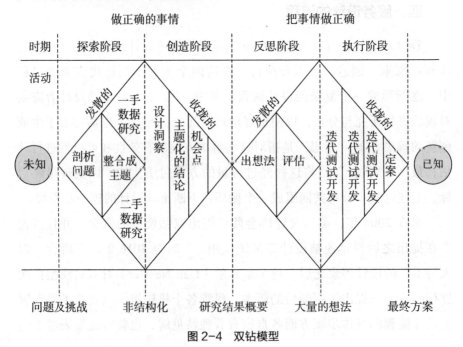

图2-4 双钻模型

---

① 胡飞，时吉星. 英国设计方法研究60年之进程 [J]. 艺术设计研究，2022（4）：50-57.

第三节　产品语义学

一、产品语义学的形成背景

20世纪80年代见证着产品语义学在工业设计领域的崛起。第二次世界大战结束后，西方经济呈现出迅猛增长的态势，逐步演变为消费社会，其中中产阶级成为主导消费市场的核心力量。消费模式发生明显变化，由原来以满足实际需求为中心转向以满足消费欲望为中心，消费品突出的时尚特性及其能够体现社会身份的特点，逐渐代替其功能性特点。在这种背景下，以马斯洛需求层次理论为基础，消费者的基本物质需求得到满足后，便开始向更高层次的精神需求迈进。而这种消费升级变化的趋势也直接影响到设计领域，人们更加重视产品带来的精神效益，而原本的简洁理性现代主义设计则受到大多数人的质疑，这主要是因为其"形式追随功能"的设计理念，在当时被认为是缺乏人情味的一种表现，对于当时的消费型社会来说，该设计理念很难获得消费者认可。① 随着人们审美意识的提升，产品设计需要超出针对产品功能设计的片面追求，向着个性化设计发展，以"形式追随功能"为核心设计理念的产品，经常被认为造型过于简洁，色彩单调且冷漠，已无法有效激发消费者共鸣。在这样的背景下，产品设计领域受到个性化需求的强烈影响，设计师开始在作品中融入更丰富的文化内涵和情感因素。这种以文化内涵为导向的产品设计选择摒弃现代主义设计中单调沉闷的特点，努力为产品增添丰富的情感色彩和内涵，使原本僵化的设计展现出前所未有的活力。而产品语义学正是在这种需求和背景下应运而生，为设计界注入新的生命力和创作灵感，影响着现代产品设计的发展方向。

---

① 王受之. 世界现代设计史 [M]. 北京：中国青年出版社，2002：138.

产品语义学的理论框架原本来自符号学，因此在设计中不乏出现研究符号意义以及强调交流互动的内容。符号学主要分为三个领域：语形学、语义学和语用学[①]，如图 2-5 所示。

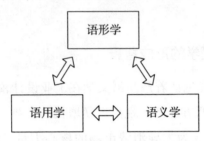

图 2-5　符号学的三个范畴

语形学主要关注符号的表征形式及其与符号的关系。在这一领域，重点研究的是符号之间的差异性以及这些差异会如何影响符号的理解和使用。例如，不同字体的文字可能会传达不同的情感或信息，因此，设计师为了传达产品的品牌特性或者某些特定信息，会在产品设计中会十分重视这种差异性。

语用学的关注点在于符号使用者之间的互动关系。该领域对符号如何影响接收者的理解和反应有着详细探讨，具体到产品设计中，体现在如何设计直观的用户界面，才能够使用户能毫不费力地理解并操作产品。[②] 运用语义学能够优先处理好符号与其所指对象之间的关系。例如，在产品设计中，设计师会更加注重产品的结构设计，而过去的设计模式通常采用"白箱"模式，即产品结构直接暴露在外，并且很容易就能拆解开。然而，随着技术进步，现代产品的内部结构通常需要隐藏起来，整个操作流程已经被虚拟界面所取代。这样一来，人们就不再能够通过产品外观轻易看出其操作方式和内部状态，形成一个令人难以理解的"黑箱"。因此，在新的设计理念下，产品需要更透明和具有趣味性

① 刘瑞雪. 皮尔斯原则中的传播学思想研究 [D]. 济南：山东大学，2017.
② 舒波. 符号思维与建筑设计 [D]. 重庆：重庆大学，2002.

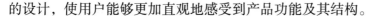

的设计，使用户能够更加直观地感受到产品功能及其结构。

产品语义学还会产生一系列的设计影响，具体表现在诸如产品造型、功能设计和色彩运用等多个方面。对于设计而言，其所考虑的层次是多方面的，不能简单地将目光停留在用户的物理和生理需求方面，还需深入人物内心，探索用户的心理及精神需求，努力挖掘其与社会文化以及环境的关系网。经历过这样的设计过程之后，设计者所创作出来的产品既能实现产品形式与功能的和谐统一，又能拥有符合时代需求的象征性语义内容，有利于增强产品的市场竞争力。[①]

二、产品语义学的研究内容

产品语义学主要研究产品的外在认知、内在情感以及象征意义等多重语义层面，具体可涵盖为认知语义、情感语义和象征语义三个方面。这些语义层面并不是孤立存在的，而是相互关联、互相贯通并彼此影响。在产品设计的发展过程中，这三种语义相辅相成，相互促进，形成一种紧密合作的关系。

（一）认知语义

认知语义主要集中于人类日常生活中的感受和经历，其目的是通过研究人们的直觉感受和认知习惯来理解产品应传递的信息。认知语义会影响人与产品的互动过程，对于消费者而言，认知是一个不断演变的过程，从初次接触的新奇感，到逐渐习惯的熟悉感，每一个过程环节的过渡都离不开认知语义的引导。[②]

一个优质的产品设计，往往能够与人们的认知模式相契合，当使用

---

① 张睿．基于语义学的产品设计文化传承 [J]．美术教育研究，2014（20）：76-77．
② 熊小玲．基于产品语义学的竹编产品设计实践与研究 [D]．杭州：中国美术学院，2014．

者在接触产品时，能够很自然地理解其功能和用途。而这种自然产生的理解便依赖于产品提供的语义线索，例如产品的形状、颜色、符号等视觉元素，这些信息能够在第一时间传达出产品的用途和使用方法。也正是有了这些符号和线索，才使产品和使用者在第一时间便建立起无声的沟通，为消费者营造出轻松、顺畅的体验效果。

认知语义需要关注人类认知中的共性问题，利用人类在日常实践中形成的经验和模式，将复杂的操作转变为简单、直观且易于掌握的内容。该设计思维既能提升产品的使用效率，又可以减少用户的学习成本，增强其使用满意度。

（二）情感语义

情感语义的作用在于引发用户根据自身经验和记忆，对产品进行联想，形成情感投射。在产品设计元素中，无论是色彩、造型还是材质等都会直接影响用户对产品的认知和体验感。例如，对产品设定不同的颜色会引起用户或喜悦或宁静的心境，不同的造型设计也能为人传递或现代或传统的氛围，而不同的材质则可能传递出或柔软或坚硬的触感，人们可以凭此判断产品的耐用性。

为了将情感语义有效融入产品设计中，可以借鉴唐纳德·诺曼（Donald Arthur Norman）提出的情感化设计理论。该理论分为三个层次：本能层次、行为层次与反思层次。[1] 在理解这三个层次的含义之后将其融入产品设计中，可以帮助设计师在满足用户基本情感需求的同时，提升用户与产品的互动体验。

本能层次也是情感感知中最基础的层面。出于本能层次的情感需求通常是在下意识间表现出来的，容易受产品外观、质感等直观因素决定。譬如，看到柔和的颜色往往会让人感觉舒适，这种情感反应源于人

---

① NORMAN D A .Emotional design: Why we love（or hate）everyday things[J]. Interactions, 2004, 11(5):81-83.

类的本能，是一种无须思考的直觉反应。因此，设计者在设计初期就需要考虑到用户的本能感受。

行为层次则和用户在使用产品过程中产生的感受与体验有关。因此，需要加强产品服务的功能性设计，提升用户使用的便捷性，为用户营造一种愉悦、高效的产品体验。而设计者需要考虑的是如何优化产品的互动模式，使用户在使用过程中的情感能够得到满足。这就要求其对用户的行为方式有一定的了解，在经过细致的观察与分析之后，整合各方面信息进行设计，以确保产品设计契合用户的期望。

反思层次比较关注用户在使用产品后所产生的想法和感受，这也是一种更深层的情感反思体验。在考虑这一层次的产品设计时，设计师不仅需要立足用户对产品当前的需求，还要考虑在之后长期使用过程中，用户对产品的整体评价，确保产品能够契合用户的价值观，为其带来一定的精神价值。当然，在产品被赋予情感态度的那一刻，也注定要求其能够引导用户用积极的态度对待生活，这也是产品正向引导的价值体现。

（三）象征语义

象征语义是指需要依靠具体事物来指示特殊含义的设计方法，既能展现个体的特性，又可以凸显群体的归属感。因此，在产品设计和消费中，很多人会使用象征语义这种设计方法，以凸显产品使用者的身份、地位、生活理念以及精神观念。另外，具有象征意义的产品往往会同时拥有着独特的设计风格和深厚的文化内涵，凭借这些内容设计便可以成功引起社会的认可，获得消费者的广泛关注。

当然，随着时代发展，象征语义的具体内容也在不断更新。几乎每个时代都有自己独特的文化符号，并且其具体内涵也各不相同，而产品的象征意义也会在不同时期呈现出不同的特点。例如，过去的奢华可能是通过金属和宝石来展示，而在现代社会，极简和环保又能成为新的身份象征。因此，这种象征语义的变迁既能反映出文化和社会的变化，也可以折射出人们在价值观念和审美观念方面的转变。

三、产品语义的生成和传达

（一）产品语义的生成——编码

设计并非凭空而来，而是通过将设计元素转化为可以被观察或感知的设计符号来实现的。这些符号在用户与具体产品的体验互动中，将设计概念中所蕴含的思想传递给用户。设计者作为产品符号的创造者以及使用者，可以依靠其使用产品的经验和产品结构本身的形式规则，为目标元素挑选更为合适的造型符号，并进行合理编码，从而传达出设计概念的最初形态。

编码是将概念信息按照特定的规则转换成特定符号的过程，主要包含三种途径：分别是图形、指示、象征。图像编码方法是一种比较直观的形式，只要形象相似，再借助已有的设计符号便能够表达设计内涵。这种形式的特点在于简洁明了，还具有很强的表现力。指示编码一般需要依靠造型、色彩或图形来表现，然后产生语义联系。在进行指示编码设计的过程中，需要依托用户的使用经验，接着针对产品进行升级改造，使新设计出来的产品能够更加符合用户的行为习惯。象征编码的实施途径主要依赖象征符号和象征意义来实现，这些象征符号通常是在历史发展过程中逐渐形成的，例如传统习俗、规则习惯等一系列约定俗成的内容，其反映着当下时代的文化特征。无论是图形、指示，还是象征，这三种编码途径都是不可分割的，它们相互联系、相互影响，共同作用着产品设计的各个环节。

在设计过程中，设计师需要综合运用多种技术手段，将设计要素涵盖进产品当中，以提高产品的整体表现效果。线条的转换、形体的结合、色彩的搭配这些都是最基本的设计手段，设计师将利用这些手段，赋予产品独特的外观，并将情感和设计意图融入其中。另外，设计师还需要考虑产品的选材，只有材质足够细致，才能使产品更具表现力，同时经过这一系列处理之后，产品也将在造型、结构以及材料等方面获得新的特征，最终形成独具特色的造型符号。

（二）产品语义的传达——解码

产品语义的生成与传达都是在特定语境下进行的，因此人们在进行产品设计时，一般先要明确产品的语境，也就是影响用户体验产品的各个因素。这里可以用七问分析法（5W2H）：what、why、who、when、where、how、how much 这几个角度对产品语境进行设定，而划分产品的属性，还需要结合社会、文化、用户需求等因素。[①] 设定好语境后，再运用现有的文化符号对产品语义进行生成和传达。产品的符号系统是由视觉图形和语言图形来构成，而产品设计的意义就在于将这些元素创意进行形象化、符号化的设计，目标明确地采用引用、抽象、重构、强调、寓意、想象、拼接置换等方式对设计元素进行再处理，并将各元素进行语义关联和编码，使其成为特定的语义符号。用户对产品的认知主要依靠产品造型、色彩等因素，将产品设计中各要素传递出的信息进行编码与解码[②]，并对产品进行信息化处理，由此获得自己的理解。

整个语义传达的过程如图 2-6 所示，用户在看到产品的造型、结构、图像、色彩、材料等要素时，会形成自己的理解与感受。具体到实际应用产品的过程中，用户会依照自身的文化积累，结合自身感受，再加上曾经拥有的经验比较完整地将产品语义诠释出来。像这样完整的解码过程一般都是在五感感知和联想理解的作用下形成的，而感知的信息只有在加上联想转述后，才能形成容易理解的含义。由此可知，联想在符号的解码过程中起着重要作用，根据编码的图形、象征、指示等不同途径能够产生不同的联想，从而唤起用户对产品功能及其精神价值的认

① 吕静. 基于产品语义学的城市路灯形态设计研究 [D]. 天津：河北工业大学,2015.
② 武艳芳. 产品语义及其生成方法探析 [J]. 装饰,2006(4):16-17.

同，获得文化层次的共鸣。

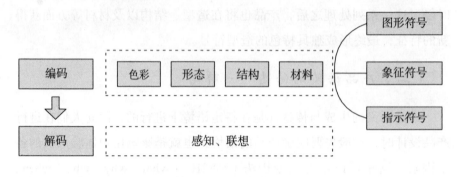

图 2-6　语义传达方式

四、产品语义的外延和内涵

在产品语义的传达过程中，存在两个主要层面：外延和内涵，如图
2-7 所示。

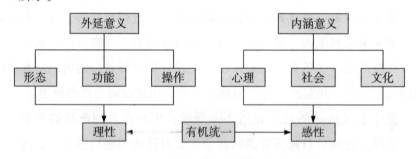

图 2-7　外延和内涵的关系

外延层面的内容比较明确，一般都是常识性的存在，而且大多都和
产品的使用目的、操作方法以及功能结构有着密切关系。该层面的特征
在于需要采用直接的方式来向用户传递产品的功能及使用方法，也称之
为产品的理性认知。[①]内涵层面则与人们的感性认知紧密相连，其不仅

---

① 戴继龙. 基于产品语意学的家居产品设计研究 [D]. 太原：太原理工大学,2016.

能够反映出个体的心理感受，还可以彰显出社会与文化的象征意义。[①]
内涵语义的生成往往是和产品形态密切相关的。相较于外延语义，内涵
语义的表现更加复杂并且多样化，其中包含着丰富的情感联想、个性归
属感以及历史、社会文化背景等内容，各环节之间相互联系、相互影
响，构成一个立体感强且富有层次的语义网络。

产品语义学主要依靠产品来传递特定的内涵和价值观念，从而为
其带来更多附加价值。在进行产品设计时，设计者需要充分考虑待提取
元素所拥有的文化符号及其功能，深入探究这些元素背后产生的原因及
其在历史长河中经历了哪些演变，包括这些变化曾对当时社会人们的生
活方式产生了哪些影响。在对这些信息进行详细探索之后，设计者能够
更加深入地了解产品元素背后的文化韵味，同时能更好地在产品设计中
将其表现出来。当然，为了使产品语义的表达效果更好，还可以运用多
种修辞方法引发用户展开联想，如隐喻的使用可以使人联想到深层的含
义，换喻则以部分代替整体或整体代替部分，隐喻使具体事物成为抽象
概念的代表，而讽喻则赋予产品具有批判或幽默的意味。这些修辞手法
能够巧妙地将设计者所希望传达的隐含信息融入产品当中，增加其文化
厚度和市场辨识度，同时能不断提升产品的附加价值，使之在同类产品
中脱颖而出，更加吸引消费者的关注和偏爱。

第四节　用户体验五要素

一、用户体验的概念

用户体验是一种在产品使用过程中产生的主观感受，这一概念最早
由美国认知科学教授兼设计心理学家唐纳德·诺曼于 1990 年提出，并

---

① 刘胜志 . 产品语义学具体应用方法的研究 [D].上海：同济大学,2006.

迅速得到广泛传播。用户体验不只是针对产品的功能性评价，更是对整个互动过程进行的感知和反应。在产品设计中，设计者要保证用户在产品体验过程中能够及时感知到产品方便实用的特点，凸显出产品强大的功能，还要为用户带来愉悦的情感反馈。

这一概念覆盖着多个层面，包括人性、心理和价值观等。一个理想的用户体验需要结合用户的理性需求与感性需求来进行，为用户提供既符合逻辑又充满情感共鸣的使用过程。为了达成这一目标，设计人员在此类问题上需要具备敏锐的洞察力，理解用户的内在动机及其期待的产品表现形式。

在用户的基本需求得到满足后，设计人员还需要努力提升用户的体验过程。然而拥有不同文化背景及个性的用户，其对产品的期望值也各不相同，再加上各有差异的使用习惯的影响，使设计工作变得难以进行。这时，设计者需要立足群体的多样性，掌握不同群体用户的心理动态，确保自身产品设计能够很好地反映出各个群体的心理预期，有效促进产品与用户之间的情感连接。

另外还需要考虑产品设计中价值观的体现，这一点也很重要。在现代产品交互中，除了满足功能要求，产品还应传递特定的价值观，从而在细节处打动用户。只不过该设计过程需要在持续的优化设计中进行，只有敏锐捕捉到用户感受并及时反馈，才能进一步增强用户对产品的忠诚度，增加其对同类产品的信赖感。

二、用户体验五要素

"用户体验五要素"模型是由美国 Ajax 之父杰西·詹姆斯·盖瑞（Jesse James Garrett）提出的，是一种用于解决用户体验问题的基础框架，最先应用于网站设计中，现被许多学者及设计研究者应用于产品设计开发过程中。该模型如图 2-8 所示，共分为 5 个层次，自下而上分别是战略层、范围层、结构层、框架层和表现层。站在产品经营者和开发者的角度可以理解成：为什么做、做什么、怎么做。而站在用户的角度来看则为，能不能用、有什么用、用起来如何。

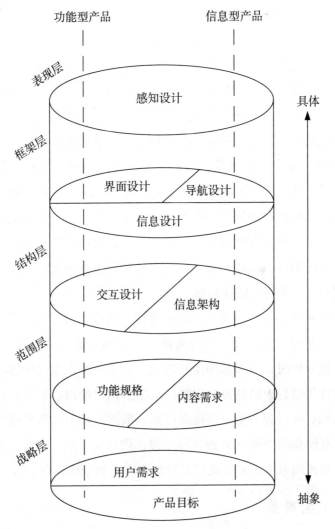

图 2-8　用户体验五要素模型

（一）战略层

对于产品设计来说，其需要重点关注的主要有两个部分，分别是产品目标和用户需求。产品目标来是设定产品最终需要实现的愿景，人们在设定这一内容时，需要从多个方面进行考量：一是商业目标，这一部分讲究的是产品收益、市场占有率以及成本效益；二是成功指标，主要用于测定产品表现是否能够达到预期目标；三是品牌认知，主要关注的是能否能够通过本产品，在用户心中塑造品牌形象并提升其影响力。

而从用户需求角度来看，则主要考虑用户与产品进行互动后产生的价值。基于此，设计者需要对用户进行精准分析，明确各用户群体的消费习惯及其对产品的期望，以便设计出来的产品能够更好地满足各类用户的需求。另外，在确保产品功能与用户需求相匹配的同时，还需要保证产品的可用性，具体来说，设计出的产品要方便使用才会令用户满意，为用户营造出轻松的体验感。

需要注意的是，在针对用户需求进行产品设计时，必须进行周到详尽的研究。研究方法大致可以分为两类，分别是定性分析和定量分析。在进行定性分析时，可以采用用户访谈、焦点小组以及可用性测试等方式来获取详尽信息，这些方式能够深入了解用户的内心世界，观察用户的行为动机、可以为产品改进提供可靠的依据。而定量分析较常使用的方法主要有问卷调查和 A/B 测试等手段，依靠大量的统计数据来研究用户的偏好及使用习惯，并由此得出对用户需求的全面认识。

（二）范围层

范围层的主要任务是明确产品目标，避免设计过程中偏离核心任务。因此，在进行这一环节的产品设计时，需要明确哪些内容需要纳入产品的设计范围，而哪些又应该被摒弃，确保产品设计的资源和人员精力能够聚焦于产品的主要功能上。这意味着，设计师需要对产品设

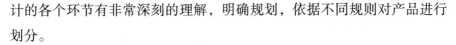

计的各个环节有非常深刻的理解，明确规划，依据不同规则对产品进行划分。

一方面，需要对产品的品类进行划分。产品大体可以分为功能型和信息型两大类，功能型产品的设计目标主要是为用户提供明确的服务，并为其提供解决问题的具体方案；而信息型产品的主要目标在于为用户传递信息和知识，这两者的区别非常明显。因此，在设计初期，设计者需要对产品进行合理分类，以帮助自己明确设计目标，避免产生方向上的认知不清。

另一方面，在进行范围层设计时，还需要将用户需求进行优先级的顺序排列。因为用户的需求并不是唯一的，而对于一个产品来说，其功能不会停留在某一方面，只是为了提升产品的核心竞争力，其需要有一个突出功能，既能满足用户需求，又可以顺应市场趋势，彰显出产品在市场中的独特价值。一旦产品的核心功能可以确定，该产品的设计开发进度将会大幅加快。

（三）结构层

结构层是由交互设计和信息架构设计两个部分组成的。交互设计的主要任务是确保系统能够高效应对用户的各种行为，同时设计出色的错误反馈机制，以便用户在操作过程中能在第一时间获得准确的系统反馈。而信息架构设计则主要包含三个重要方面：一是结构分类，有了清晰的分类体系，用户能够更快速地找到所需信息；二是组织原则，这些原则帮助设计出直观且易于导航的结构，使信息展示具有一定的逻辑性；三是对语言和元数据进行精细化设计，语言会直接影响到用户对产品的理解程度以及接受度，而元数据则在信息检索和过滤时发挥作用。在对结构层有具体分析后，将为用户获取信息提供一种方便的途径，整体提升用户的体验感。

（四）框架层

框架层设计主要包含三个方面：导航设计、信息设计以及界面设计。

导航设计的目标在于为用户提供合理的使用路线，帮助用户顺利完成产品体验，达到产品使用的预期目标。在进行这一设计时，主要采取在不同网页间建立顺畅切换的方式，使产品各个元素间能够形成逻辑关联。在对导航进行结构设计时，需要尽可能降低用户使用产品过程中发生迷失的可能性，将指引设计得清晰明了，直接指向产品的重要功能以及提示信息。除此之外，导航还能够反映出内容与当前用户体验的页面之间的内在关系，让用户的浏览过程实现无缝衔接，提升用户体验整体的流畅度。

信息设计的主要任务是采用视觉手段对信息进行分类整理，并将其呈现在用户眼前。因此，视觉设计不仅需要为用户传递基本信息，还要能够帮助用户建立对产品的认知和理解。在进行视觉设计的过程中，设计者主要从颜色、排版、形状、图标等视觉元素入手，为用户建立起清晰的结构，使每一段信息都能够以最直接的方式传达给用户。

界面设计的主要任务在于提升用户的实践操作能力。因此，在设计过程中需要精心挑选合适的界面组成元素，帮助用户尽快实现其设定目标。在进行该设计的过程中，需要考虑到各个元素的实际功能，并且要确保用户在理解其应用方式时足够简单明了，避免出现复杂的设计元素及内容，造成用户的体验负担。

（五）表现层

表现层主要关注设计的感知方面，涵盖视觉、听觉、触觉以及嗅觉和味觉 5 项内容。在进行视觉设计时，需要考虑用户视线的观察路径，在这里不需要添加过多元素，能够起到引导用户注意力的作用即可，并且在视觉设计过程中，一项成功的设计往往能够令用户感受到视线移动的流畅性，这也将提升用户体验感。

在进行听觉设计时，需要充分考虑声音的音量、节奏和音质等因素，这部分内容将影响到用户对产品的接受程度，以及其对产品产生的情感反应。一个成功的听觉设计可以激发用户对产品的兴趣，甚至能够成为识别品牌的标志。因此，在进行听觉设计时，设计者需要进行充分考量，多次实验调整后，应用成功的听觉设计内容。

在产品设计中，还有一类不可避免的，便是触觉设计。对于现代数字产品设计来说，触觉反馈（如振动等）技术已经成为增强用户体验的重要手段。这些技术的加入能够为用户创造出绝佳的沉浸式互动体验，使用户在操作过程中，能够产生真实的体验感，与产品界面产生实体上的联系。并且，在未来，该设计思路还将在移动设备和可穿戴设备中发挥出巨大的潜力。而相比之下，嗅觉和味觉在设计中的运用较少，只有在一些特定的情境下才会使用，但是这两种感官的刺激也能显著提升用户的体验感。例如，在食品展会和某些消费类的场合，通过气味营造特定的氛围，可以在用户与品牌之间建立起深刻的情感连接。味觉的运用相对更加特殊，可能需要借助于食品体验类活动来进行。然而，正因这种方式运用得还比较少，一旦实现，将为用户带来难以忘怀的体验。

第三章　新媒体时代文创产品的设计原则

第一节　市场导向原则

一、市场导向原则概述

市场导向原则是指企业在制定战略和决策时以市场需求和客户需求为导向的一种经营哲学。强调企业应当密切关注市场变化，以满足顾客需求为首要任务，从而实现企业的长期发展。市场导向的核心在于企业需要不断地收集目标顾客需求信息和竞争者能力信息，并使用这些信息持续地为顾客创造价值，其特点主要表现在以下几个方面：

一是以顾客需求为中心。企业应当从顾客的角度出发，深入了解顾客需求，并为满足顾客需求做出一系列努力。

二是重视市场信息。企业需要对市场信息的变动保持高度关注的状态，及时收集市场信息的相关内容，并及时进行分析，利用其中的有效信息对企业经营做出调整。

三是跨部门协作。在市场导向原则下，企业各部门之间需要保持协同工作模式，其最终目的是将顾客价值提升到最大化，从而带来产品销售价值。

四是持续创新。市场导向鼓励企业创新，使产品、服务以及管理模式能够适应市场的变化，具备长久的生命力。

以市场为导向，进行企业经营和管理能够明确提升企业的竞争优势。因此，在制定企业战略规划时，市场导向的应用需要从市场调研与分析、产品与服务创新、市场细分与定位、营销策略与渠道拓展以及组织结构与流程优化等内容入手，始终坚持以顾客为导向。这些方法将大幅提高顾客的满意度，相应地，其市场实用性、创新性以及企业形象也会有不同程度的提升，这些都是提升企业市场竞争力的重要标志。

二、市场导向原则下的文创产品设计

市场导向原则强调，产品开发应该始终坚持以市场需求为出发点，在发展过程中与市场相结合，而不是在凭空设想中生产产品。在设计文创产品时，设计师需要有自我评判的标准，能够辩证地看待市场导向和文化内涵之间的关系，努力设计出既符合市场需求又富有文化内涵的产品。

20世纪50年代以来，随着西方发达国家买方市场的出现，现代经营思想逐渐由成型走向成熟。历经数十年的更新后，这一理念最终成为当代市场营销学的主要依据。该理念的核心强调，企业应紧随消费者的实际需求来生产和销售产品，而不是依赖已有产品去吸引消费者。这就是后来人们所说的市场需求驱动模式，在该模式下，企业对产品的生产规划以及销售等行为必须在紧密的市场调研后进行，彻底了解消费者的实际需求。企业应关注长期的市场占有率，而非短期内的销售业绩增长。因此，很多企业都非常重视市场调研的结果，试图在持续变化的市场中发现尚未占领的空白，研发创新产品，并通过精细化的价格、渠道和销售策略去占领这些市场空白，从而满足市场和消费者的期望。值得肯定的是，这是一种非常有效的经营模式，既能帮助企业实现短期内的销售目标，又能为其长期盈利打下坚实的基础。

市场经济机制中，文创产品的需求和供给主要依靠市场这一机制来完成动态连接。需求与供给之间形成了一个既矛盾又统一的关系，而这种关系又恰恰是文创产业发展的驱动力之一。因此，人们既可以将供需关系视为经济活动中的基本矛盾，也可以将其视作促进两者经济联系、发展和变革的重要因素。在这样的思维模式下，其自然也是经济活动的主要内容。为有效缓和供需之间的矛盾，需要加强市场运作，使双方达到协调发展。而文创产品结构的整体平衡，实际上就是供需结构的平衡。为了达到这种平衡，需要创新思维的加入，管理者能够精确分析市场动态，并根据市场变化适时调整产品生产模式以及市场销售策略，以期获得文创产业的稳定发展。

现阶段，文化创意市场呈现出快速发展变化的态势。在消费者的需求不断变化的过程中，竞争对手为了实现盈利效果，也在不断变换着销售及经营策略，而与之相关的制度和法律也在这一过程中逐渐走向完善。该变化表明，文创产业的相关企业也在不断适应这种发展趋势，并且随着市场变化一同发展，这对于文创产业而言也是一场挑战。一个文创产业是否能够在市场中赢得生存和发展的权利，关键在于其能否适应文化创意市场中种类繁多的需求变化。为此，文创产业的发展方向必须以市场为导向，及时调整自身规划，对资源进行合理配置，同时要发挥自身优势，跟随市场变化及时进行创新型的营销活动，制订适合自身发展的市场营销策略。可以说，市场营销策略会直接关系到文创产业未来很长一段时间的发展目标，这也是文创产业制订市场营销计划的重要依据。若一个企业的市场营销战略偏离方向，即便其将行动方案设置再详细、执行团队再强大，也有可能在激烈的竞争中失去目标，威胁企业的生存与发展。

第一财经商业数据中心（CBN Data）发布的《2018 中国原创设计创业与消费报告》显示，不同年代的消费者对文创产品的偏好不同。"80 后"更青睐如对联、贴纸、台历、红包等实用型文创产品；而"95

后"则倾向于选择手链、项链和吊坠等产品，他们认为这些产品更能提升个人品质。根据这一趋势也可以判断，设计师在选取文创产品品类时，需要紧密结合市场需求。另外，随着时间的推移，人们对文创产品的功能、设计、体验等方面的要求也在不断提升，为了满足这些不断变化的需求，企业需要继续坚持市场导向原则，以开放和创新的态度研发出更具前瞻性和多样化的文创产品，从而在市场中获取竞争优势，赢得更多消费者的喜爱与信赖。

第二节　差异化创新原则

差异化设计本身也是针对设计进行创新的一种策略，设计者为了让自己的作品与其他产品区别开，就必须寻求新颖的设计点，从多个角度展开思考，寻求合适的市场定位。其中，比较常见的一种方法是，针对目标市场进行定位分析，设计者在面对客观存在的不同消费群体时，能够根据每种消费产品的特性，采取不同方式进行设计创新。该策略的实施开始于针对市场进行的全面调研和分析。在对市场信息进行细致收集和研究后，依据消费者的不同特性，将整体市场细分为若干具有相似特征的群体。每个群体都代表一种独特的市场需求或消费行为。经过这种市场细分，设计师可以对产品品类做出更为准确的定位，进而促使产品创新。设计者进行差异化创新时可以从以下几个方面入手：

一、地域创新

地域创新需要在特定的生活环境中，在悠久的文化积淀下展开，只有在深刻了解本地域文化的基础上，才能进行灵活创新。地域文化经过漫长的历史演进，逐渐形成当地所特有的文化符号，随着时间和空间的演变，地域文化逐渐变得丰富多样起来。也正是这种丰富的特点为地域文化创新带来诸多灵感，使设计者得以构建更多的设计理念。

对于设计者来说，若能将丰富的地域文化融入产品设计中，便能为产品注入独特的地域韵味。这类方法有很多，例如设计者可以对文化进行再创造，将历史积淀与现代设计技巧相结合，为产品提供一定的文化深度。在地域文化元素的加持下，人们将对产品的文化根源产生强烈的认同感，大幅增强产品的吸引力。

文创产品设计，作为现代设计与传统文化交流的桥梁，肩负着延续文化、创新表达的双重使命。在设计过程中，尊重并保持地域文化特色本身也是设计工作者的一份义务。这一行为既是文化的再现，也是文化的复兴。在经过产品设计之后，地域文化将以更加鲜活的姿态，再次被展示于公众视野，真正实现传统与现代的完美融合。

二、产品品类创新

产品品类创新是现代企业提升市场竞争力的路径之一，其常用设计思路体现在对产品质量、风格以及规格等方面的创新上，使其在满足消费者的不同需求的基础上，又能体现出与同类型商品间的差别。在进行产品创新的过程中，需要注意包含多个创意点，以达到吸引消费者的效果，同时可以从产品的品牌化、系列化入手，打造产品的统一形象，使其区别于同类型的商品，使消费者能够在琳琅满目的商品中一眼辨识出其品牌独特的风格和品质。另外，在针对产品进行品类创新时，可以注意以下几个方面，使品类创新的效果发挥到最大化：

第一，产品品类创新需要注意产品的多样化设计。在消费者需求日益多元化的今天，产品需要有足够多的品类支持才能满足消费者不同层次的需求选择。无论是从产品的外观设计，还是功能特性上，都应进行创新，以便消费者根据自身的生活方式、品位和经济能力做出最佳选择。例如，针对年轻消费者可以在产品中加入更加新潮和时尚的设计，而针对年长消费者则可进行更具实用性和传统感的设计。毋庸置疑的是，灵活多变的设计思路能够在市场中有效地增强产品的竞争力。

第二，产品品类创新需要注意主题设计。在进行这类设计时可以选取一条统一的故事线，或者某个固定的概念，给消费者营造一种精神消费的归属感，提升用户的消费体验。在进行主题设计时，还应考虑到当下的文化背景、社会潮流以及环境需求，对此，设计师需要精心挑选每一个细节，确保产品与主题相呼应。例如，设计环保主题的产品时需要选择能够循环利用的材质，并且在视觉设计上也要传递出人与自然和谐共生的理念。

第三，在进行品类创新时，还要注意市场调研。企业发展过程中需要根据市场调研以及消费者的反馈来不断优化产品设计，其调研的关注点主要集中于消费者的现有需求，以及未来需求，这些能够彰显未来潮流趋势的内容，皆可以从市场调研中提取出来。在对市场进行深入分析后，设计者可以辨识出未来的流行趋势以及消费者的潜在需求，接着对产品进行有针对性的开发即可。

三、消费群体差异化创新

消费群体差异化创新是指企业在了解不同消费者的消费需求和心理倾向后，进行的差异化设计。企业了解消费者需求的常用方法便是进行系统化的调查研究，根据研究结果，企业能够掌握消费者的多样性需求，然后依次对市场进行细分。

在掌握消费者的具体需求之后，接下来就是产品的差异化设计。在设计的过程中，企业应注意将创新设计与产品多样性结合在一起，利用产品特点及其提供的服务体验，来满足各类消费者的期待。当然，这些产品设计既可以从产品功能入手，进行差异化创新，也可以从产品包装、品牌定位等市场角度进行创新。在各个环节的综合运用下，产品将呈现出个性化特点，营造出良好的品牌形象。

四、消费手段差异化创新

消费手段的差异化创新实际上也是对营销手段的差异化设计，服务者通过不断更新营销方式，为消费者展现产品的创新点，以及其他同类型产品所不具备的优势，激发消费者的购买欲望。

除了获得情感认同之外，该营销手段还能够为消费者带来不一样的消费体验，为其带来具有吸引力的消费回报，而这又能为产品带来很大的市场优势，提升其市场竞争力。

第三节　系统分层原则

在设计文创产品的过程中，需要遵循多层次、系统化的设计原则。这是因为消费者的需求并不是统一的，也不是一成不变的。面对不同年龄群体、不同性别、不同爱好以及不同文化背景的消费群体，若产品种类过于单一，则不能满足消费者多样性的消费需求，那么这个时候就要针对产品进行多样性设计。而这个多样性也不是凭空产生的，其常见的理论依据源于具体的社会分层，为了使产品设计更加合理，企业和设计师可以制订不同种类的方案，从规格、价值、档次等方面进行分层，以便满足更多消费者的需求。下面是以档次分层为例，进行产品设计分层。

一、高档文创产品设计

在进行高档文创产品设计时，一定要注意进行品牌的塑造。当品牌塑造成功后，人们将能够直观地感受到产品的独特性以及其背后蕴含的文化内涵。

从品类和价值观的角度来看，高档文创产品之所以能够吸引消费者，其原因在于人们能够从中获得丰富的文化内涵以及良好的情感价值体验。这两方面对于文创产品的品牌塑造而言是非常重要的，其中体现出来的既是对历史的传承，也是对现代思想的文化解读。无论从哪方面进行塑造，都会在潜移默化中影响着消费者的价值判断和审美。因此，在品牌塑造过程中，融入文化内涵，以故事化的方式叙述产品的背景和价值，是提升消费者黏性以及品牌长久发展的关键。

为了体现文创产品的高档性，设计者需要在制作过程中注意保留手工制作的痕迹，彰显其精湛技艺。高档文创产品之所以受人追捧，其原因之一就在于产品的用料非常讲究，具有普通商品无法比拟的优越性，另外便是制作工艺非常巧妙，堪称是一项艺术的展现。而其除了为消费者带来精妙的触感之外，还有无与伦比的精神体验，传递出的更是一种高品质的生活方式，这正是其他品类产品所没有的。

为了提升文创产品的档次，很多企业还会从包装设计方面入手。高档文创产品的包装除了应该具有保护产品的基本功能，还应该传达出产品文化的特征，使人一看到该产品的包装，便能体会到与产品同属一体的浓厚文化氛围。因此，在进行包装设计过程中，应当紧密联系产品主题，从视觉、触觉乃至嗅觉等多角度入手，为消费者营造多重感官体验，将丰厚的文化内涵传达给消费者。一般而言，判断一个产品包装设计好坏的标准就在于这个包装是否能够在瞬间吸引消费者的目光。为了提高包装设计的吸引力，可以将色彩、图案以及材质巧妙结合在一起，传达出一种高雅且富含文化底蕴的精神气息，既能提升产品的附加值，又可展现品牌独特的文化底蕴。

最重要的一点是对高档文创产品进行合理定位。当然，一般这类产品不一定是企业的主要盈利来源。更多时候，其扮演的是提升品牌价值和影响力的角色，依靠这种定位，打造市场中独一无二的品牌特色，使本系列产品能够在激烈的竞争中脱颖而出。

二、中档文创产品设计

在进行中档文创产品设计时，需要深入了解消费者对产品的情感需求，再结合特定的文化元素，创造出充满趣味与吸引力的文创产品。

以西瓜元素的系列文创产品开发为例，此类产品在设计上注重对造型、纹样和颜色进行富有创意的再设计。在造型的设计上，以西瓜的独特形状和分割方式为灵感，通过产品外观的创新来吸引消费者的注意。在这方面，西瓜特有的圆形或椭圆形可以被重新解构为不同的器物形态，如将其应用于杯子、碗碟等常用的日用产品中，赋予产品崭新的造型特点。与此同时，以西瓜外皮为灵感来源的纹样设计也可以作为设计的创意点。那些特殊的条纹和斑点设计可以采用不同的排列方式，运用特殊的艺术手法，形成一系列独具特色的图案，使产品在视觉上具有更强的吸引力。此外，还可以从颜色入手，进行产品设计。西瓜的绿色外皮和粉嫩果肉的颜色搭配成为设计师取材的重要来源。在产品设计中，可以通过对色彩的重新组合和调和，营造出一种清新、自然的视觉感受，为消费者带来愉悦的视觉体验。这样的颜色设计既能强化产品的视觉吸引力，又能唤起消费者内心深处自然纯真的情感触动。

三、低档文创产品设计

设计低档文创产品时，需要考虑如何在保持文创产品独特性和高品质的基础上，实现大规模生产。为了达到这一目标，比较常用的方法是选择价格低廉且易于加工的原材料，这样能在一定程度上降低成本，还能够在满足消费者需求的同时，将文创产品的价格保持在合理的区间范围内，使其更具市场竞争力。

另外，还需要走系列化产品开发路线。现今的市场经济环境是以需求为导向的，面对多样化的消费者需求，单一的产品形式已难以维持较长时间的市场热度。采用系列化开发手段，可以在产品线上扩展更多的变种和衍生产品，提供给消费者更丰富的选择空间。这种生产策略一方面可以激发消费者的购买兴趣，另一方面能强化产品在市场中的竞争力。对于文创产品而言，系列化开发是顺应市场多元化发展趋势的体现，该生产模式下，可以将产品的创新性、实用性与艺术性进行有机结合，为消费者提供更具个性化的产品体验，使产品能够在充满竞争力的市场中脱颖而出。需要注意的是，为了发挥产品的品牌效应，在进行系列化开发的同时务必要强调设计理念的协调统一。只有围绕同一主题进行延展或者关联更多产品，才能使消费者感受到品牌独特的价值魅力。

第四章　新媒体时代文创产品设计的
构成要素和常用方法

第一节　文创产品设计的构成要素

一、字体

（一）字体设计的原则

1. 简洁性

文字无处不在，是作品设计中不可或缺的视觉传播载体之一。在设计文创作品的文字部分时，需要有细致的规划。字体设计的首要原则便是简洁性，以简洁的方式将文字编排在版面上，是提升文本辨识度的基本要求。为了实现字体设计的简洁性特点，设计者需要从布局和形式方面进行细致考量，以确保文字的清晰度不受影响，还能为消费者带来一定的可读性。

设计者进行布局时需要充分考虑文字结构及其逻辑关系，因为这两部分内容可以优化文字的排版效果，使其既方便阅读，又能在视觉上营造整体的和谐氛围。为了实现这一目标，设计者可以在字体设计中运用

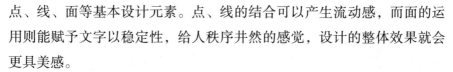

点、线、面等基本设计元素。点、线的结合可以产生流动感，而面的运用则能赋予文字以稳定性，给人秩序井然的感觉，设计的整体效果就会更具美感。

除了关注个体文字之外，设计者还应明确文本的整体布局。为了让文字更清晰地呈现在读者面前，字体的大小、比例等所有能够体现在版面上的细节内容，都需要经过精心斟酌。将这些元素合理组合在一起，在无形中提升了文字的可读性，甚至还会提高整个产品设计的视觉冲击力。

当然，在设计中，简洁并不等于简单，而是经过精心打磨后的纯粹、细致。当文字出现在设计中时，便应该以简约又不失内容的形式呈现，让读者在阅读的过程中感受到愉悦。

2. 易读性

文字是日常生活中重要的记录符号和表述语言，也是不可或缺的信息传播手段。在产品设计过程中，文字的编排和设计能够对信息传播起到重要影响，为了提高信息的传播效率，设计者必须在创意过程中将文字的易读性考虑在内。

字体设计的易读性原则是建立在文字在视觉表达中能够迅速、准确被观众识别和理解的基础之上的。有效的字体设计需要在视觉风格和功能性之间寻找平衡，以满足文字设计中的审美需求以及实用性特点。首先，需要选择适合的字体风格。不同的字体风格传达着不同的情感和文化内涵，这将直接影响消费者的阅读体验。因此，设计师需要根据特定情境和目标受众选择能够清晰传达信息的字体风格，使之与整体设计风格形成和谐统一。

其次，需要考虑的是字体大小和字间距问题。选择合适的字体大小可以确保文字在不同尺寸的页面上被读者轻松阅读，而适当的字间距则可以使读者在快速浏览的状态下不会出现文字重叠或者混淆的情况，这样能够进一步提升信息的可读性。

最后，还需要注意字体的色彩选择以及对比度，这些内容也将影响文字的易读性。背景色和字体颜色之间的对比应足够明显，以便于读者在各种环境光线下，仍能清晰辨认出文字内容；而色彩搭配则应当符合文字的内容语境，以强化信息的有效传达。

（二）字体设计的创意点

采用艺术性的表现手法，能够将设计者的艺术思维和创造灵感融入字体中，赋予字体新的形态和灵魂，从而引发读者对画面空间的想象，增加读者对产品画面的领会。特殊的创意表现手法多种多样，要求设计者在大胆创新的同时，注意把握对字体基础性内容的理解，遵循字体设计的原则，准确把握问题，使字体在版面中将主要内容有针对性地表达出来，这样才能使对象语言得到更好的传播。

1. 将文字具象化可以使设计生动直观

文字具象化的过程即将文字进行设计和编排，使其与图形意义结合在一起之后，以具象化的形式展现在读者面前，看起来更加生动直观。将文字进行图像化的设置可以帮助人快速抓住产品所要传达的信息内容，深刻体会画面传递出的情感震撼力，非常直观地给人留下深刻印象。在设计过程中，设计者需要找到文字与图形之间的共同点，将二者之间的属性或特征关联起来，再通过版面的布置对其进行中心整合排列，为产品构造出一幅生动有趣的画面。

2. 抽象字体的使用可以提升版面的艺术性

与具象化文字表现相对的是抽象字体的运用，该字体的运用将赋予版面内容变化丰富的特质，成功凸显出版面设计的艺术层次。抽象字体的灵感表达特点在于其不拘泥于固定的形式，像这种打破常规的创造模式可以为产品营造出无与伦比的魅力，在观者看来，该设计仿佛在自由状态下随意形成一般，但是又充满吸引力。可以说，在视觉效果上，抽象字体的呈现成功为版面营造了艺术美感，同时也为观者带来无尽的想象空间。

在欣赏这一类艺术作品时，观者往往会被其深邃而灵动的画面所吸引。一个个灵活与跳脱的元素，使其不再是单一的视觉传达工具，而是成为一种富有动态感的艺术。

二、图形

（一）图形的类别和发展

1. 东方传统图形符号

东方文明以其深厚的文化底蕴和博大精深的思想体系而闻名于世。以中国的传统文化为核心的东方文明，强调天人合一的理念，并追求形神兼备的境界。这一特征在美学设计中表现得尤为显著，这是因为对于东方的艺术创作而言，只有达到形态完美，并具备形神和谐统一的要求之后，才能算是一幅合格的创作。该精神理念的表达常常充满着浓厚的主观想象，并为作品赋予惊人的艺术魅力。

在中国古代的神话与传说中，龙是一种极具象征意义的神异动物。龙的形象是由各种动物特征集合而成，于是就有了"九不像"的独特属性。作为图腾崇拜中的标志，龙的形象在原始社会便已成型，其意义随着文化的发展而显得越发重要。由于人们对龙的尊崇，当将这类图形刻画于产品之上时，人们会自然感受到一种威严而具有神秘感的气息。

2. 西方图形符号

在西方早期文明的发展历程中，理性思想一直占据着重要地位。文艺复兴以前，图形多被排列在无纵深关系的平面上，这种图形表达方式多受到当时文化、宗教以及思想的影响。当时的艺术家更注重表现事物的象征意义与内在精神，其外在形象经常被忽视。虽然这种图形表达方式比较容易受时代影响，但是这也是一种极具特点的视觉创作，并且在之后很长一段时间内影响着同时期西方文化艺术的发展。

文艺复兴时期是一个艺术革命的时代，是西方图形符号发展的分水岭。在引入透视法创作后，艺术作品的平面创作开始向着三维空间的范围内扩张，在这种形势下，艺术家的绘画创作不再受平面和线条的局限，他们可以灵活运用光影进行创造，通过调整比例以及色彩等内容，为画面塑造出真实的空间立体效果，如达·芬奇的代表作品《最后的晚餐》便是对这种艺术技法的完美体现。

随着时间的推移，印象派开始崛起，这次发展再次为西方图形符号谱写出崭新的篇章。印象派艺术家强调捕捉瞬间的视觉印象，利用色彩在自然光下的微妙变化，为图形表现增加瞬时变换的表现特点，这使画面看起来自然又具有灵动性。在这一时期的图形创作中，加入了大量的主观情感内容，这一艺术创作形式成功打破传统绘画中刻板、拘谨的创作方式。

进入20世纪，立体派开始兴起，其引领着西方图形符号又进入下一个崭新的领域。立体派艺术家尝试从不同角度、多个视点，去分析与表现对象，创造出别具一格的"块面结构"构图方法。该表现方法要求采用立体的方式解构物体，为画面创造出独立于自然的艺术空间画面。立体派强调从不同层面看待事物，这样人们对于空间的理解也不再局限于透视的某个单一视角，而是从多角度出发进行综合考虑。

立体艺术的特色在于表现整体与面之间重叠、交错的美感，从全新的角度揭示图形符号中空间关系和物体特性的联系。随着西方图形符号的进一步发展，抽象艺术、现代主义等思潮开始涌现，西方图形在艺术范畴与视觉表现上开始进行又一轮的探索。在这一过程中，图形符号

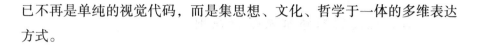

已不再是单纯的视觉代码，而是集思想、文化、哲学于一体的多维表达方式。

3. 图形的发展历程

图形在历史发展进程中经历了三次革命性变革。

第一次重大变革可以追溯到人类社会的原始时期，在这一时期，符号诞生并最终演变成文字。文字的出现使符号得到进一步标准化发展，也逐渐成为人们记录信息、传播交流的重要工具。这一时期，文字的进化发展推动着信息传播，使部落间甚至更大区域间的联系更加紧密，人类文明得到进一步发展。

第二次革命的到来以中国的造纸术和印刷术的发明为标志。在纸张发明后，人们开始使用书信的形式传递文字和图形，大幅扩大了传播的范围，并提高了效率，而印刷术的发明则在很大程度上满足了人们对视觉信息进行批量复制生产的需要。这场重大变革改变着人们传播信息的方式，同时将知识和文化推广到大众人群中，使普通人也有机会获取这些曾经被垄断的宝贵资源。

到了19世纪，随着科技与工业的变革，图形发展迎来了第三次革命。最具有代表性的便是摄影技术的创新发展，以及由此带来的制版和印刷技术的革新。这一转变使图形的传播范围变得更加广泛，逐渐摆脱民族性和地域性的束缚，成为真正的全球性语言。在此革命背景下，图形的表达能力和影响力皆达到前所未有的高度，为全球文化的交流发展搭建起一座沟通的桥梁。

如今，现代电子技术的不断发展推动着第四次甚至是第五次革命。高科技的应用使图形的传播速度加快，甚至能够超越时间、空间的限制，进行实时传递，只需轻触指尖，便可瞬时传递至地球的每一个角落。信息覆盖的范围之广、影响的人数之多，前所未有。

（二）现代图形特征及设计原则

1.现代图形的特征

现代图形艺术，无论在表现风格上如何千变万化，都是为了追求某种层面的共性特性。该特性可以归纳为三个字：准、奇、美。

"准"在这里指的是信息传达的精准性。现代的图形设计不单是为了追求视觉上的新奇体验，更重要的是对其中所要传达内容的核心内涵进行深度挖掘。一幅优秀的图形作品，往往能够让观者直观地感受到其具象表达的内涵深意。因此，设计师需要选用恰当的形象语言，将抽象的理念化为具体的图像，让信息直达内心。像这样直观有力的视觉冲击，除了需要对构图进行巧妙设计之外，还需要对信息传达的清晰度有所保证，以实现准确无误的信息传达，这也正是"准"的魅力所在。

"奇"着重于针对图形进行的创造性设计。图形设计之所以打动人，其中一个重要因素就是其强大的吸引力，而这种吸引力正是由独特的视觉形象带来的。为了显示出视觉形象的独特性，就需要在设计过程中加入一些创新性的内容，因此，人们在拿到一幅作品时，首先会从差异、个性以及原创的各个角度进行评判，看其是否具有创意。在现代设计领域，设计者需要发挥自身非凡的想象力以及创新思维，打破传统形象的桎梏，赋予作品全新的面貌。当视觉效果足够新奇时，观众便可以在欣赏作品的过程中感受到设计者的独特视角和艺术个性，其思想也将被深深吸引。

"美"即图形的艺术性特征。在现代图形艺术中，无论是简洁优雅的设计，还是繁复瑰丽的构图，无时无刻不在追求美。而图形则拥有着无与伦比的审美价值，人们不仅可以用其准确传递信息，还可以利用其在视觉层面上创造出一种诗意般的唯美体验。图形的风格多种多样，无论是传统风格还是前卫风格，现代图形都可以采用生动的线条、完美的色彩以及巧妙的构图等形式，为其赋予新的灵魂，创造出符合形式法则的艺术形象，给观者带来审美与思想的双重满足。

2. 现代图形的设计原则

根据现代图形的基本特征可以大概总结出图形设计的基本原则，可以概括为下面的三个方面：

（1）通俗性、准确性。图形是一种含有象征意义的艺术符号，可以采用形象的表达方式完成信息传递的基本过程，因此设计者在进行创作的过程中，需要站在受众的立场上，深刻理解大众的期望，使人们一拿到产品便能明白其想要传递的信息是什么。

（2）创造性。创造性通常包括两层含义：一种是创造性地挖掘出图形语汇。这一层面需要设计者对语言和符号拥有敏锐的洞察力，从中发现新的组合方式，并将其运用进产品设计当中，使潜在意义价值能够呈现在大众面前。这一过程就如同在一片看似平静的湖水下，探寻那些尚未被注意到的宝藏。整个探索的过程也会充满乐趣，并且在探索之后还能提炼出新的视觉语言符号，为语言艺术注入新的活力。

另外一种是在表现手法上进行不断创新。在艺术创作过程中，需要突破固有的表现形式、挑战既定的创作框架，这也是实现艺术性创造的必然经历。在设计过程当中，设计者应尽可能多去尝试各种样式的技巧以及媒介，努力将产品富有创意的一面展现给观众，这也是增加产品吸引力的重要步骤。

（3）艺术化。现代图形设计在信息传达的过程中越发注重形式的艺术化特征。图形的基本功能便是传递信息，但是随着人们审美理念的增强，图形功能逐渐向着更高层次的美学层面发展。在借鉴多种艺术流派的风格特征后，图形设计内容越发展现出形式多样的美感，并且在其中融入了丰富的中外文化元素。在这种文化艺术多元交融的背景下，一方面满足了图形设计给人带来视觉冲击力的需求，另一方面在融合过程中提升了图形设计的文化内涵，使其在诠释时代精神和彰显文化内涵方面发挥更大的作用。

人们在进行产品设计的过程中，需要综合考虑不同文化中的艺术审美趣味，最大限度拓宽作品中艺术的表达维度，增强产品的文化艺术价值。这样既能提升图形传递信息的效率，又能引导观众在欣赏的过程中获得更深刻的文化体验，并以此为图形设计赋予新的时代意蕴。

总之，对于现代图形设计而言，既需要追求"意料之外的外在形式"，又要体现出"情理之中的内在逻辑"。可以说，图形的想象空间是无穷的，只要人们敢于发挥想象，就能从中体会到不一样的文化内涵。

（三）图形设计的价值与意义

1. 图形具备信息传播功能

现代图形最基本的特征是简洁明了，人们看到该图形后能够快速识别和记忆，具有超越时空、地域、文化等障碍的信息传播能力。这种能力使图形设计逐渐成为一种全球通用的交流工具，无论是公司标识、公共标志，还是广告和包装设计，都可以运用图形来最大限度地传递信息。在这个信息爆炸的时代，图形以其精简的信息容量和迅速的传播速度，为信息的高效传达提供了保障。其涵盖的高精准、高清晰度的特征意味着无论传递的信息概念多么复杂，图形设计都能够将其化繁为简，帮助受众快速领会其中的核心内容。

2. 图形语言直观，传播效率较高

语言文字以其抽象性而著称，所传递的信息需要依靠视觉或听觉通道，进入大脑后方进行分析和处理，构成理性思维过程。在这个过程中，大脑将文字和声音信号转化为具体的形象，然后通过逻辑判断和

想象的方式去理解和体会。因此，这种交流方式本质上也是一种理性的行为。

与此相对的是图形信息，图形的表现形式就非常直接，只需通过眼睛便能迅速将信息传达到大脑，使其立即做出相应的判断。在这一过程中，不需要额外的分析与逻辑推导，这是因为图形凭借视觉冲击直接刺激大脑反应。所以说，图形是一种感性的艺术形式，能够以直接而强烈的方式影响观者的情感态度。

3. 图形具有潜在的商业与社会价值

图形设计能够为现代社会、文化、商业经济等活动的运行提供一系列基础服务，其凭借独特多样的造型设计将信息精准传递给群众，满足群众的视觉审美和艺术创新需求，同时能通过形象生动的符号语言，唤起群众与信息之间的情感共鸣，使群众能够直观地感受到其中所蕴含的价值、理念等内容。

在现代商业社会中，图形设计已经成为企业构建品牌形象的重要一环，在产品与消费者间架起一座沟通的桥梁。随着全球化进程的加快，不同文化之间的交流和融合越来越频繁，优秀的图形设计将跨越地域和语言的限制，将更多精彩的文化内容传递给大众群体。

三、色彩

（一）色彩的种类

1. 原色

在色彩中，无法再细分的基本色被称为原色。这些原色可以组合成其他颜色，而其他颜色却无法再还原成本来的颜色。原色主要有三种，按照不同的分类标准可分为色光三原色和颜料三原色。色光三原色包括红、绿和蓝，将这三种色光混合在一起，可以创造出众多的色调。当色光三原色以适当比例叠加时，最终会得到白色光。如今这种色彩放映被广泛应用于各种光学显示器和投影设备中，成为色彩显示技术的基础。

颜料三原色则由品红、黄色和青色组成，从理论上说，这三种颜料能够调配出其他任何颜色，而且这三种颜色相互混合时，应该会生成黑色。然而，由于实际场景中，这三种颜料中除了含有色素之外，还含有其他的化学成分，因此当两种或者多种颜料混合在一起时，会影响色彩的纯度。并且调和的颜料种类越多，得到的颜色就越不纯粹，甚至会失去原本鲜明的颜色。所以，颜料三原色混合在一起后虽然会呈现出黑色，但是这个黑色会带有混浊的颜色，并非纯黑。

而这也正是颜色在化学构成和光学表现中的一个差异点，人们可以利用这些差异性，根据不同色彩系统中的缓和原理，将其应用于艺术、设计和图像处理等领域。其中，在艺术创作中，画家可以对三原色进行灵活调配，营造出丰富多彩的画面效果；而同样的内容应用于印刷技术中，人们将利用各种颜色再现的基础功能，通过精准调色来完成图像和各类印刷品的真实再现。

2. 间色

由两种原色混合可以形成间色，在颜色的世界中，间色是一个独特的概念，大致可以将其分为两大类，一种是色光的三间色，另一种是颜料的三间色。

色光的三间色包括品红、黄、青（湖蓝），将两个颜色组合在一起就能产生新的视觉效果，尤其是在光学领域，色光间色能够充分显示出色彩互补的特性。

颜料的三间色又被称为"第二次色"，主要包括橙、绿、紫这三种颜色，经常在艺术设计中使用。

有趣的是，色光的三间色与颜料的三原色之间形成的这种差异性正好相对应，人们可以通过这种交错关系感受色光、颜料与色彩视觉的深层联系，并最终将其应用于科学、设计、生活的方方面面。

3. 复色

复色是由两种间色或一种原色与其对应的间色结合而成，例如红与绿、黄与紫、蓝与橙的组合。复色是视觉艺术中一种复杂而又丰富的色彩表现形式，其中涵盖着所有的原色成分，只是各原色间的比例不等，因而形成了红灰、黄灰、绿灰等不一样的灰调色。每种复色都犹如自然产生一般，巧妙地将不同原色的色调和谐地融合在一起，衍生出无数种柔和、优雅的色彩。

从光学的角度观察色光的融合规律，能够发现和颜料混合不同的现象。色光的原色与颜料的原色有着明显差别，在色光世界里，将三原色叠加在一起后，会产生出一种独特的白色光。而这一现象就不会在复色的色光中产生，转而形成一种灰色调的色彩。若将这两种色光间色相加，例如黄色光与青色光相结合，将会产生出一种浅淡的原色光。因为黄色光由红色光和绿色光组成，青色光由绿色光和蓝色光组成，红色、绿色、蓝色三种光组合在一起会产生白色光。因此，该现象可以通过公式进行描述：黄色光 + 青色光 =（红色光 + 绿色光）+（绿色光 + 蓝色光）= 绿色光 + 白色光 = 亮绿色光。

对于艺术家和设计师而言，运用复色将会在很大程度上拓展创作空间。在色调的变化中，每一丝细微的色彩对比和组合都可能产生出截然不同的视觉效果。人们将从调和的色彩中感受到静态的视觉体验以及其中蕴含的情感魅力。

（二）色彩的要素构成

色彩源于光的现象，而物体的色彩则是光照的结果。真正揭开色彩产生之谜的是英国科学家牛顿，他通过精巧的实验设计，将阳光穿过一个小孔后，利用三棱镜将阳光进行分解，从而展现出光的七彩光谱。该光谱包括红色、橙色、黄色、绿色、青色（或蓝靛色）、蓝色以及紫色七种颜色。

1. 色相

色相是指色彩中的不同相貌和特征。在生活中，人们经常利用色相来识别和区分各类颜色。人们对于色相的研究最初是从光学领域展开的，因为色彩主要是由光的波长来决定的，并且不同波长所对应的色彩也不相同。根据这些不同的色彩变化，人们制定出一整套的色彩体系。

举例来说，黄色是色彩中一种常见的色相。如果加入白色，黄色可能会变成奶黄或麦芽黄，这就是其变化反应。然而，颜色的变化并没有改变黄色的基本性质，其依然保留着黄色原本的色相。由此可知，色相作为色彩最基本的特征，主要是由色彩的物理性能决定的，而这一概念也一直被应用于绘画、设计等视觉艺术领域。

色相的数量也并非固定，因此人们在研究色相时，需要从多个角度出发。从三棱镜中人们通常会看到七种颜色：红、橙、黄、绿、蓝、靛、紫。而这些颜色之间，往往没有明显的分界线，都是渐变而来的。因此在某些研究中，人们又对色相进行了种类划分，大致分为 8 种、20 种、24 种乃至 100 种。之后，再对色相进行排列，这个排列过程主要是根据光的波长顺序来进行，人们将该表示方法称为"色相环"。

色相环是一种常用的颜色表示工具，它可以帮助人们更好地理解不同色彩之间的关系，以便后期应用。最初，色相环的基本色相中只有红、橙、黄、绿、蓝、紫这六种颜色，后来在这些基本色相中间，又插入了中间色，形成更加细致的分类。例如，在红色和橙色之间加入橙红色，在黄色和绿色之间加入黄绿色等，以此类推就形成了十二色相环，若再进一步细化则可以形成二十四色相环。色相环是一个圆形结构，在这个圆环内，不同颜色按照一定的角度进行排列，其中十二色相环的每

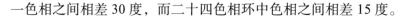

一色相之间相差 30 度，而二十四色相环中色相之间相差 15 度。

在设计领域，人们非常注重对色相的正确选择，该选择将影响到作品的最终效果。某种色相一旦与黑、白、灰结合后，无论之后进行多少种亮度或者纯度的变化，都将归于同一种色样。这也为设计师提供了更多的操作空间，在众多色相中，设计师需要仔细斟酌，从色系中挑选出最适合的那一款。该过程需要设计师结合自身经验和理性分析进行，例如在选用红色系进行设计的过程中，就需要考虑到不同红色之间的差别，从朱红到大红，再到深红，每种颜色所传递出的感觉并不一样，设计师需要根据具体的需求和目的，选择合适的红色来完成设计目标。

国外的颜料通常会在外包装上附有色相的明确标识，比如 10PB 代表的是带紫色的蓝中的第 10 种色调。有了明确标识之后，人们在选用色彩或者配置色彩时就会更加精确可靠，同样在艺术创作或者工业设计中，这一行为，也为设计师提供了有力的支持。

后来人们还发现，色相除了是色彩的基本属性之外，还能够传递情感。不同的色相能够给人带来不同的心理感受，例如，暖色调通常令人感到温暖、积极，而冷色调则传递出宁静、理智的感受。因此，在设计作品时，设计师需要根据目标受众确定设计意图，并最终选择合适的色相，这样才能更好地传递出产品信息。

关于色相的研究以及应用领域已经非常广泛，从绘画、广告设计再到室内装饰，无一不受其影响。设计师需要在准确掌握色相的前提下，将其灵活应用于产品设计中，提高产品的视觉吸引力，以达到塑造品牌形象、推动消费的目的。

2. 明度

色彩的明度是指颜色在明暗程度上的变化，人们也将其称为光度或深浅度。明度在某种程度上可以决定色彩在视觉感知中的层次变化，也是形成色彩层次差别的重要影响因素。

从最基础的黑白灰无彩色调开始，白色代表着明度的最高点，而黑色则是明度的最低点。在这两者之间存在一系列灰色，由明度阶梯中的亮灰色逐渐过渡到暗灰色，每一步都能体现出明暗度的渐变，变化期间经过的所有颜色都被归纳在明度系列范围内。

而在彩色色调中，明度的变化更加丰富多样。不同色彩的固有属性不同，其展现出的明暗程度也会有所不同。黄色是最亮的颜色，其营造的视觉效果非常醒目，能够让人一眼识别。相比之下，紫黑色则处于较低的明度范围内，给人以沉稳、深邃之感。其他色彩如红色、绿色、蓝色等，依次排列，在色谱中占据着自己的位置。这些色彩在不同明度下有着不同表现，可以通过调整黑色或者白色的混合比例来获得所需的明度。

例如，当一种颜色中混入更多的白色，其明度提升，就会呈现出更为明亮的色度外观。反之，若是加入黑色，明度则降低，同一种色彩看起来会更加暗沉。人们掌握这一色彩搭配规律后，便经常用于调整色彩的视觉呈现，并为这些色彩赋予不同的情感和文化内涵。

色轮主要用于展示色彩之间的关系，体现出明度的差异效果。在色轮上，颜色的排列顺序从中性明度开始，从黑到白依次排列，使观察者可以直观地了解色彩是如何在明度层面上完成转换的。在了解这一排列方式后，设计师、艺术家以及色彩理论的相关学习者，将更为直观且清晰地运用明度中的色彩组合。

3. 纯度

色彩的纯度，又被称作饱和度，特指色彩的鲜艳程度和纯净度。在自然界中，人类的眼睛能够辨别出带有色相感觉的色彩，这些色彩总是含有某种程度的鲜艳度。然而，当色彩受到光色、空气以及远近变化的影响时，其纯度都会发生变化。

一般而言，人们在近距离观察物体时，该物体的色彩纯度看上去会比较高。例如树的叶子，近看时是充满活力的绿，而随着距离的增加，叶子的颜色逐渐显得灰绿或蓝灰。根据这样的视觉变化可知视物距离的远近会影响到人们看色彩的纯度。

在光学领域，各单色光代表着最纯净的状态，而颜料则无法与这些单色光的纯度相比。在颜料中，色相环上的色彩能够表现出较高的纯度，然而每增加一种间色都会削弱这种纯度。事实上，人们视觉所能捕捉的绝大多数色彩其纯度并不高，绝大多数色彩中含灰度，而这种变化也使得色彩呈现变得更加丰富多样。

另外，不同色相的纯度与亮度之间也有着高低之分，例如红色的纯度为所有色彩中最高，黄色在纯度上也相对较高，而绿色的纯度几乎只有红色纯度的一半。关于这些纯度之间的差异，也需要人们对其细细考量，在进行设计应用时，需要谨慎选择。

四、编排

（一）视觉流程与编排空间构成

1. 人的视觉流程

视觉流程是指视线在画面空间中流动的过程。在阅读版面时，人们的视线通常沿着特定的轨迹运动，慢慢形成一种独特的视觉习惯。该视觉习惯一般表现为从左到右、从上到下，或者由左上沿着弧线向右下移动，这一运动方式也被视作视觉的"空间运动"，各种设计版面进行排版的过程中都需要将这一视觉要素的运动过程考虑在内。

在一定比例的空间中，版面中不同部分承担的视觉吸引力及其功能表现各不相同。一般画面的上半部分会比下半部分更具视觉冲击力，而同样的位置，版面左侧位置又比右侧部分更具视觉吸引力。在这种情况下，设计师在进行画面编排时就要仔细考虑各个区域应承担的功能，以及其在某个位置会产生怎样的心理影响。一般版面上半部分给人一种轻松、积极向上的感觉，而下半部则更可能给人稳重、消沉和压抑的感受；左侧的视觉元素带来一种自如和舒展的印象，而右侧则可能营造一种束缚和紧张的气氛。

然而，即便设计画面及其视觉元素在本质上是静止的，但观者的视线却会发生变化。为此，设计者需在设计中结合色彩、形状、线条等诸多元素，创造出能够引导视线移动的视觉秩序。在这种秩序下，画面整体会显得自然严谨，使信息传递得具有层次感，观者接收信息、理解信息的效率也会提高。

从视觉流程的种类来看，人们大致可以将其分为5种类型：重心诱导、位置关系、导向式、形象关系、散点式。而从视觉顺序的角度又可归类为反复式与单向式。

（1）重心诱导流程。重心诱导过程常用于信息传达主次不甚明晰的主题。设计版式时，对相关元素的编排需要按照引导观者视线的顺序来进行。通常情况下，设计师会将观者的视线开端设置在版面重心位置，这样安排并非随意，而是经过精心策划和设计。为了突出设计效果，在版面的设计过程中，还需要加入一个和重心点位置相反的图形设计，该方法可以增加画面的视觉张力。

（2）位置关系流程。位置关系流程是一种追求单纯感的设计方法，其本质在于呈现作品的秩序和条理，是编排设计中常用的技巧之一。在运用这种设计方法时，需要注重元素在排版中的结构顺序，为了加强整体的视觉秩序感，一般按照上下、左右或对角线等关系来排列。在该设计方案下，画面看起来更有秩序感，还能引导观者的视线，使其按照设计师所设定的路径进行浏览，为人们理解设计中各元素的含义提供帮助。

在页面的设计中，同样需要采用位置关系流程的设计方法。设计师需要对文字、图像等内容的位置进行合理安排，以实现传递信息的目

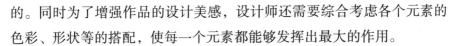

的。同时为了增强作品的设计美感，设计师还需要综合考虑各个元素的色彩、形状等的搭配，使每一个元素都能够发挥出最大的作用。

（3）导向式流程。由潜在（虚示）或显在（明示）骨骼引导的视觉流程被称为导向式视觉流程，其转化为视觉元素后呈现出的组合关系主要有两种，分别是以连接的形态引导出视觉主体和以分离但相互呼应的形态（动作、姿势或眼神）引导出视觉主体。

（4）形象关系流程。形象关系流程运用的形式手段主要采取形象吸引力的方式来区分视觉元素的主次秩序，以更好地实现信息的有效传递。在具体的安排布局过程中，常采用点与面的对比关系来衬托视觉主题。其中面多用于充当背景角色，是画面的底层设计；而点则作为画面的视觉主题，置于最上层。两者之间经过巧妙搭配，能够发挥出强大的视觉作用。

在设计过程中，人们会利用明度、色彩、大小以及虚实的变化来体现出点与面的对比关系。该方式能够增强视觉主体的存在感，使其在观者眼中更加突出。面作为背景设置，通常覆盖着较大的画面区域，可以调节整个视域的平衡与稳定，而点的存在一般比较鲜明，起到聚焦的作用。两者之间的对比关系大幅增强了整个画面的层次感，为观者营造出流动的视觉效果，引导其将视线自然而然地聚焦在视觉主体上。

（5）散点式流程。散点式流程是一种应用于多样化视觉元素的设计方法，在需要同时展示多个元素的情境下，其作用更加明显。以需要进行全景展示的商品广告设计为例，该构图方式可以将视觉焦点分散在各个关键位置，从不同角度展现产品的特点，给人以身临其境的感觉。

在设计过程中，散点式流程会将不同元素以合理的布局展开，将其中丰富的信息内容有序地呈现给观众。该方法能够在每个阶段捕捉观众的注意力，并成功将其引至下一个阶段，使观众能够在观看的过程中不断发现新的细节以及其他产品特性，给观众留下深刻印象。在此基础上，设计师还可以加入调和色彩、对比强度及空间安排等手段，进一步强化品牌的视觉识别度，使其品牌形象更加丰满立体。

除了营造视觉上的冲击力，散点式构图还具有引导交流的特性。当观众逐渐了解产品的全貌后，会自然而然地产生一种紧迫感，驱动其产生深入了解的欲望，进而提升产品销售量。

（6）反复式流程。反复式视觉流程是将画面中的视觉元素平均分布，或将其引入一个视觉循环系统，使得观众在浏览过程中不断地重新审视这些设计元素。该方法的使用能够增强观众视觉体验的深度，引导其目光在特定路径上行进，彰显出产品设计中视觉设计的整体吸引力。

一般在运用该视觉样式时，需要将多个视觉元素并列展示在设计中。例如，在散点式流程中，各个元素以相对距离分散排列，使观众的视线在各个元素间不断切换，在无形中产生连贯感。此外，还可以采用重心流程，利用画面的动势及视觉张力，使不同元素能够反复出现在作品中，提升观众对图片的聚焦能力。

（7）单向式流程。单向式视觉流程是指版式设计中的强势诱导因素占据主动态势，逐步建立起视觉主体的设计方法。在这一设计方法中，需要对排列和组合方式有明确要求，将各个元素放置于版面上后，能够传达出鲜明的视觉效果。通常，该效果的实现主要依据位置关系、形象关系等内容的调整来实现，按照提前安排好的顺序来进行，逐渐形成展开式的视觉引导效果。

进行位置关系调整时，需要考虑各个元素间的位置，按照引导观者视线的原则进行排列，以突出重点内容。进行形象关系调整时则主要从待调整对象的大小、色彩以及形态等方面入手，利用各个单位间的对比关系营造视觉焦点效果，使观者的视线总能处于关注重点内容的状态下。而导向式的视觉要素则包括箭头、线条以及渐变的练习，这些内容可以更加直观地引导观者视线流动，形成有序且更为明确的视线观察路径。

在这种单项式的流程策划下，整个编排的视觉流程会变得更加连贯

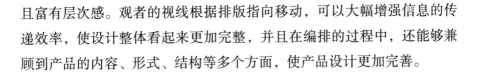

且富有层次感。观者的视线根据排版指向移动，可以大幅增强信息的传递效率，使设计整体看起来更加完整，并且在编排的过程中，还能够兼顾到产品的内容、形式、结构等多个方面，使产品设计更加完善。

2. 编排空间构成

版面的编排设计主要依据空间分割来进行，即将版面上的各类信息依据各自功能进行排列，使其更具有逻辑性。对于空间构成的分割，主要从三方面进行，分别是理性化的分割、感性化的分割以及虚实空间的分割。

（1）理性化的分隔。在视觉设计领域中，理性化分割最常见的设计形式便是网格设计。网格设计又被称作网格系统，是一种在国际范围内受到广泛推崇的编排模式。该模式的设计流程是提前做好预设，将版面划分为等比例的小方格，然后按照顺序依次对文字和图片进行布局。这样一来，版面整体看起来会更加清晰、有序，富有逻辑感。从观者角度来看，其获取信息的效率也将大大提高，避免时间浪费，其整体的体验感也会增强。

现在，网格系统的应用领域十分广泛，包括书籍编排、杂志页面编排以及产品样本设计编排等领域。在书籍设计中，运用理性化的网格设计可以帮助书籍内容依据逻辑顺序进行归纳，使其具备视觉层次感，当读者在阅读此类书籍时可以轻松捕捉到其中的重点信息；在杂志设计中运用网格系统能够确保不同栏目内容之间的风格统一，使各板块之间能够维持视觉流畅、连贯的效果；而在样本设计中应用网格设计则可以使产品信息看起来更加简洁，大幅提升展示产品的整体美感。

（2）感性化的分隔。感性化分隔的特点在于创新性和突破性，其打破了传统网格设计的界限，主要依据设计者的直觉来进行版面区域划分。相对于传统设计中根据线性逻辑进行的明确划分，这类编排的构成方式更加自由灵活，信息的主次顺序不再受到条条框框的束缚，直接根据设计者对内容和整体视觉效果的直觉来把握。

从某种意义上来说，感性化分隔更像是一种艺术创作，因为设计者可以根据感官或直觉来处理信息在空间中的搭配顺序。该方式能够给予设计者更多发挥空间，使其创作出的作品更具个性化特点。感性化的分隔方式还强调从直观的视觉感受出发，将视觉元素和情感连接起来，意图从视觉上引起观者的共鸣，从而提升整体版面的吸引力。

（3）虚实空间。虚空间是相对于占据版面形体的实空间而言的，由于该空间经常用于表现形体之外或者形体之后的背景内容，因此经常容易被人忽略。然而实际上，虚空间和实空间一样，都有着同等重要的意义。如果没有虚空间的衬托，人的视觉就无法集中于实空间的某一处重点内容上。在虚空间的处理方法中，有一项特殊的表现手法，即留白。如果把空白当作实体，把文字和图当作空白，就会发现空白的形状、衔接方式、大小、比例、方向等内容正好可以决定版面的设计质量。由此可见，在编排设计中注重对虚实空间的处理，其主要目的还是更好地烘托主题，渲染氛围，只有虚实关系处理得当，才能更好地突出主题，给观者留下深刻印象。

适当的留白可以为作品的整体画面营造一定的审美意境，相较于满版的编排设计更加具有人文气息，使画面产生有序、沉静、沁人心脾的澄澈之美。

（二）编排的形式

1. 标准型

标准型是一种十分常见的编排形式，其在设计过程中倾向于将图设置在版面上方，并借助醒目的标题引导观者的视线去往广告文与商标字体的组合区域。该设计方式比较简单，但是很有效果，能够以最直接的方式吸引观者的注意力，在视觉上营造出先声夺人的效果，使观者能够

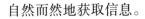

自然而然地获取信息。

2. 对称型

对称型编排在设计过程中比较追求产品设计的完整性和匀称性，该设计方法以其庄重大方的美学准则赢得众人青睐。

3. 图片左、右置型

该布局方式采用将图形居左或居右放置的方法，为文字的放置留出足够空间，形成对比强烈却互不混淆的视觉效果。整体流程十分清晰，当观者浏览过作品内容后，能够轻松接收到信息传递的主要内容。

4. 重复型

重复型编排设计即让画面中的视觉元素和信息元素多次重复出现，达到吸引消费者的效果。整个画面完整统一，在简介、说明书、书籍的版面设计中应用较多。

5. 自由型

自由型编排主要追求的是不拘一格的布局形式，其整体版面比较活泼多变，给人耳目一新的感觉。常在报纸版面、连环画、杂志读物、路牌广告等文案设计中使用，达到吸引观者视线的效果。

6. 中轴型

标题、广告文、图片与商标字体交互放在轴线的两边，这种编排类型给人冷静、平衡之感，未必一定用线条来表示，也可利用中间的空隙作为轴心。

7. 四点型

这种类型布图时均有一单元与画面的四边接触，一个单元碰到另一个单元边，而其他的各边由其他单元去接触，画面生动、醒目。

8. 文字型

文字型，顾名思义就是以字体为主的编排形式

9. 上下横跨型

标题或图片开始往下延伸，广告文、字体或其他单元横跨右边缘，这种类型既稳健又值得重视，容易引起读者的兴趣。

10. 字图形

图形排列成字体，并将设计物的各单元排列成字体形式。

11. 指示型

指示型是指图形或者图表指向广告内容。

（三）版面中的骨骼

在视觉设计过程中，构图的首要步骤是对画面进行分割。通过分割，设计师可以更合理地安排画面中各个视觉元素的位置。先前提到的对称性可以被视为一种等形分割，而平衡则代表着自由分割。许多设计作品中都存在着"骨骼"，而骨骼的作用就是负责规划设计中各个形象的位置，并维持整个设计的秩序。在设计过程中感知到骨骼的存在可以帮助设计者进行整体构思并组织好基本形态，将设计意图呈现出来。

1. 规律性骨骼

规律性骨骼是指画面中的基本形、骨骼点、骨骼线按照严谨的数学方式进行有序排列，引导形象的编排。这些骨骼将空间划分为若干相同或相互关联的空间单元，使编排的整体效果呈现出强烈的秩序感。同时，规律性骨骼具有一定的灵活性，其允许某些单元之间进行相互合并，并由此创造出在大小上截然不同的形式变化。即便如此，由于比例关系的存在，整个设计过程中仍然能够呈现出严谨的美学规律。比如报

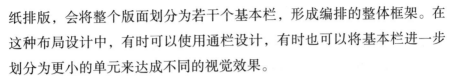

纸排版，会将整个版面划分为若干个基本栏，形成编排的整体框架。在这种布局设计中，有时可以使用通栏设计，有时也可以将基本栏进一步划分为更小的单元来达成不同的视觉效果。

比较常见的规律性骨骼主要包括重复、渐变、发射等。

（1）重复。重复是指在设计中将相同形象按照规律排列的方式令其反复出现，创造出整齐一致的视觉效果。重复的形象可以带来整齐、统一的效果，给人留下深刻的印象，但是由于重复还带有极强的规律性，一旦处理不好，就容易使作品陷入机械单调的困境中。

（2）渐变。渐变又称为渐移，是一种富有逻辑性的渐进变化。其采用逐步调整的方式，令相似的结构或形状发生改变，使其发生条理性和阶段性的变化，并从中体现出一定的秩序感。在设计领域中，渐变被视为一种重复构成的特殊形式，其魅力不仅在于形态上的渐次变化，还在于其能够传达空间、时间、距离以及数理等多重意义。

①规律性骨骼以基本形为核心元素，注入形状、方向、大小、位置与色彩的渐次变化，每一个元素的调整，都将为作品带来灵动无比的效果，涌动出内在的生命力与节奏感。

第一，形状渐变。从一个形象逐渐变化为另一个形象的渐变称为形状渐变。在所有形象变化的范围中，形状渐变是变化最大的一种渐变方式，不仅可以从简单形象转变为复杂形象，还可以从具象过渡到抽象，从完整变为部分缺失，或者从一种形状变换到另一种形状。而设计师就是利用这种形象之间巧妙的变化，为视觉设计营造出富有层次感的变化效果。

第二，方向渐变。该方法主要通过改变动作的方向和角度序列来实现，使画面产生起伏变化的效果，增强作品整体的立体感和空间感。

第三，大小渐变。大小渐变是指基本形状的面积从开始变化到结束一直按照从小到大或者从大到小的顺序进行排列，该变化方式可以为画面增加空间感和流动感，使观者的视觉体验效果更佳。

第四，位置渐变。位置渐变是指基本形在构成骨骼过程中的位置逐渐发生变化，使其变得不再完整，并由此而产生的一种动态视觉效应。变化中能够展示出画面的节奏感和韵律感，为其带来较强的视觉表现力。

第五，色彩渐变。该方法主要在同一基本形间发生，对其色相、明度以及纯度进行调整，使其产生渐变推移的效果，为观者带来视觉上的轻重变化，进一步增强构成形式的感染力。

②骨骼渐变是指骨骼单位的间距、形状、大小按一定比例渐变，骨骼的变化并不是针对某种形式的重复变化，而是依照规律在宽窄、方向以及疏密等形式上进行渐次的变化，从而使基本形产生依次渐变的效果。

第一，单元渐变。只针对其中一组骨骼线进行逐步扩宽或缩窄的调整，逐步制造出渐变效果，而其余骨骼线则保持重复排列的形式。

第二，等级渐变。将骨骼做竖向或横向的规则性错位移动，使其产生梯形变化的效果。

第三，双元渐变。该方法是指同时对两组骨骼线进行渐变变化的设计手法。

第四，折线渐变。该方法是指将竖直或水平的骨骼线进行弯曲或折叠，从而形成变化的一种设计手法。

第五，联合渐变。该方法是指将多种骨骼以渐变形式结合在一起的设计技法，其能够构建出更加复杂和多样的骨骼单位。

③自由形态的渐变设计主要是对基本形态及其骨骼结构进行调整，使其发生规律性变化，并最终产生多样的视觉风格。此类型的渐变形式在设计意图、构思方面具有挑战性，需要充分考虑基本形态和骨骼变化的维度。例如，当骨骼结构发生变化时，基本形态的调整需要简洁明了，以适应骨骼的变化，反之亦然。这种设计形式在构思上独具匠心，能够凸显设计者独特的设计风格。

（3）发射。发射构成是指在重复和渐变构成的基础上，基本形、骨骼围绕明确中心向外发出或向内收敛的构成。发射属于规律性骨骼中比较严谨的一种渐变形式，主要是由有秩序性的方向变动形成的。近发射中心的部分空间较拥挤，远发射中心的部分空间较宽绰，由此产生强烈的视觉效果，体现出较强的节奏感和动感。

①离心式发射是指发射的起点通常位于画面的正中心，并以此为核心向四周扩散的构成形式。这种构图设计给人一种向外运动的感觉，是比较常见的一种发射形式。离心式发射的表达方式有很多种。其中，直线发射和曲线发射是最常见的两种表现形式。

直线发射是从发射中心开始，以直线方式向外放射扩散，可以分为单纯性构成和复合式构成两种。这种构图体现出强烈的放射性，给人带来闪电般的视觉冲击效果，力量感十足。而曲线发射则因发射线方向的逐级变化而展现出柔和且多样的线条变化，为画面带来一种旋转运动的效果。

②向心式发射与离心式发射相反，是一种由外向内的构图方式。其发射点位于外围，线条和元素朝着中心汇聚，展现出一种从周边向中心凝聚的态势。

③多心式发射是一种以多个中心为发射点而构成的复杂而富有表现力的布局形式。该形式中，往往有一个主要发射点作为核心，并配合多个次要发射点共同构建图像的整体结构。主发射中心依靠发射骨骼线与其他次要发射点相互连接，形成紧密的关系，为画面创造出强烈的动感，并在视觉上制造出极具吸引力的空间效果，让人目不暇接。

④同心式发射是一种依托于单一发射点，通过扩散的骨骼线形成封闭环形的表现方式。在这种布局中，所有线条都会从中心点向外辐射，彼此相连，最终构成一个完整的圆环。

⑤移心式发射是由多心式发射构成的特殊变体，其发射点会根据图形的需要而有序、依次地变换位置。该设计使整体结构产生规则化的变

化，进而展现出强烈的空间感与曲面的视觉效果。

⑥螺旋式发射是指以螺旋状的发射架构以及与之匹配的基本形为基础，构成富有动感变化的发射形式。在该设计中，旋转的基本形态逐步放大，营造出动态的视觉效果，其构成形式活泼生动，极具观赏性，容易吸引观者目光。

（4）近似。近似指的是在某些因素上具有共同特征的形象之间虽然不完全相同，却能呈现出一种统一而生动的效果。近似程度能够灵活变化，当相同因素增多时，效果趋于统一；当相同因素减少时，则容易产生对比效果，并以此增加产品设计的多样性。生活中，这种现象很常见。例如，海滩上的那些石子，虽然有很多相似，但是却没有完全相同的，而由其组成的图景却依然十分美丽。

在构成手法中，近似相较于重复手法而言更具有灵活多变的特点，富有趣味性。这是因为重复方法可能带来机械化的感觉，虽然统一，却不够生动，而运用近似手法时，更注重在统一中保留一丝变化的可能。在运用近似构成的设计方法时，需要注意"求大同存小异"的原则，使主体因素保持一致，而在小部分元素上留有差异，这样方可取得整体上的统一，又能展现出丰富的层次变化。

①骨骼近似构成是在单元骨骼发生变化时，基本形也随之进行调整，以构成新的形式。当对骨骼单位的大小和形状进行适度的变化时，可以使本来重复稳定的基本形变得更加生动且富有变化。

②形状近似构成即在不改变基本骨骼的条件下，通过对基本形的大小、色彩、方向、角度、肌理或加减等方面进行适度变化，来达到形状近似的效果。在进行形状变化时必须把握好幅度，如果过小，就会构成简单重复的效果，而过大又会失去近似的美感，导致产生杂乱无章的视觉效果。相较于重复构成，近似在设计中的应用更为常见，因为其既含有重复的统一感，又可在局部展现变化，容易营造出协调且富于变化的整体视觉形象。

有时候会将几种形式共同放在一起使用。例如，在重复的骨架中，融入渐变的形状，或者将同心发射和离心发射放在一起混合使用等，这些方式都可以有效地丰富设计的层次。半规律性的骨骼通常是建立在规律性骨骼的基础上，只是稍作不规则的变化。有时，这种变化在形态或色彩上会发生突变，形成强烈的对比感，而有时候，这些元素则以三五成群、斑斑点点的形式表现，使画面显得生动有趣。

2. 非规律骨骼

非规律性的骨骼一般没有固定的骨骼线。这种灵活的编排方式给予了设计很大的自由度，设计者可以采用多种样式进行呈现，如均衡布局或选用各式密集排列等。骨骼可以被分为有作用性和无作用性两类。

（1）无作用性的骨骼多被视为纯粹的概念性指引，其存在的意义在于为形象编排提供一个协助的框架。这类骨骼线虽然能够有效地引导布局，但其始终保持着形式上的中立，不会干扰所描绘形象的具体形状，也不会对空间进行实质性的分割，使其成为若干互相独立的空间单位。

（2）有作用性的骨骼除了具有无作用性骨骼的基础作用之外，还含有更多的互动元素。通过对色彩或者图形的调整，可以使相邻骨骼单元之间的空间表现出截然不同的效果，该变化可能以颠倒的空间感呈现出来，也可能通过色彩变化体现出来。

（四）美学表达

1. 对称与均衡

（1）对称。对称是人类文化和自然界中最常见的表现形式之一。无论是大自然孕育的动物、植物，还是人类精心创作的建筑作品，对称几乎无处不在。中国古代的建筑艺术便能充分体现这一点，古朴而壮丽的宫殿和辉煌的庙宇，皆以严格的对称原则为骨架，显示出庄严感。而若翻开西方古希腊与古罗马的建筑史卷可以发现，对称也是其一以贯之的主旋律。对称这一形式能够传递出来的是一种十分威严的气势，其营造的庄重氛围以及充斥的严谨风格，正是其他任何风格都无可比拟的。

在平面设计中，对称形式往往被应用于严肃庄重的场合。例如，报纸版面中重要新闻的排版设计，或是工具书如字典与《辞海》的装帧设计等，利用对称手法，能够突显严肃且一致的美感。然而，尽管对称带来的稳重感是无可替代的，但亦有可能因其过于稳定而显得单调。为了打破这一点，设计师通常会在设计过程中加入一些微妙的变化，如将中心位置进行适度偏移，或是对形状、色彩、大小进行细微调整等，来打造一种"相对对称"的结构。

"相对对称"可以产生更多的变化，例如形状、大小、色彩及肌理等视觉元素，都可以在设计时进行灵活调整；而元素间关系如位置、方向、重心等也可以进行适当变化，创造出变化丰富的对称效果。这种等形不等量、等色不等形或是位置重心的轻微偏移，均是实现"相对对称"构图的有效方法。

"相对对称"所传达的是感官上的对称，其与实质性对称还存在着微妙差异，其既具备着稳定端庄的特征，又富有变化感，因此成为广告、报纸及书籍封面设计中的宠儿。

（2）均衡。在严谨的设计风格中寻求突破与变化，是符合现代人追求进步、灵活和进取的审美观念的。在中国，建筑、产品造型和雕塑等必须在物理层面上达到均衡，否则整体结构将无法成立。在艺术设计的平面造型中，这种均衡更多地体现在心理层面的平衡，即幻觉均衡。均衡往往从整体全面的角度体现出来，是一位设计师需要具备的基本能力。

在基础训练过程中，进行大量的练习如素描、彩画和速写，可以培养这种均衡能力。最初可能需要花费较长时间去发现和理解其中的细微差别，但在反复练习后，眼睛会逐渐变得敏锐。随着能力的提高，设计

者能够在很短的时间内发现作品中的问题，并快速予以调整。

2. 节奏与韵律

节奏原本是指随拍子变化而形成的动态规律，但在视觉传达设计中，节奏则表现为视觉元素在变化中按照特定法则和规律进行的重复排列，并由此形成律动的形式。这种规律性和重复性是节奏产生的基础条件，将其应用于视觉传达中，能够强化画面的视觉效果，提升作品的时间性概念，带来纵深感和哲理性——对视觉和构成形态都可以形成多次的重复效果，帮助设计者有效传达出设计意图。节奏隶属于秩序，节奏美便是秩序美。

人们在努力追求一种秩序，创造秩序，并试图将秩序进行美化设计，使其成为清晰可见的视觉形象，从该形象中可以看出每个民族对美好的追求，这些形象也成为代代相传的视觉艺术品。随着现代审美能力的提升，设计的重要性日益凸显，艺术设计美学的原则也变得更为复杂，但同时更好地表现了人们对秩序美的探索与应用。

3. 对比与统一

对比是一种提高视觉冲击力与吸引力的有效手段，然而，在运用对比的过程中，必须注意到画面中的某些因素具有统一其他因素的作用，以此减少无谓的竞争关系。通常，达到统一的方法有两种形式：一种是通过多数控制少数来实现的统一；另一种则是以一种突出的、引人注目的方式产生来达到控制整个画面的效果，从而形成统一感。这两种方法并不一定互相排斥，在某些情况下，二者可以相辅相成。设计时，必须始终从整体角度进行观察，寻找造型中的相似元素，并进行有序组织，以便营造出统一的观感。因此，设计不仅需要依赖对比激发作品的活力，还需要进行适当的统一安排，使作品整体上和谐美观。绝对对比的运用中，统一性始终是实现和谐的重要基础和前提。

在设计构成中，形态、色彩、质地、空间等要素之间的关系十分密切，当各元素能够协调一致出现时，便可以充分体现出作品的高度统一性。对设计而言，各美感要素之间同样需要遵循多种样式的统一原则。统一是一种有序的安排，亦是设计中对整体美感进行掌控的重要方法。

基本可以肯定的是，统一原则与和谐有着密切关系。在设计中强调统一的相对性往往具有重要的美学意义，因为统一通常会引发和谐，而和谐需要在差异中寻求对立。平面设计中的统一原则以对立的原则为基本前提，通过这一方式追求作品局部与整体的和谐关系。

第二节 文创产品设计的常用方法

一、头脑风暴法

"头脑风暴"一词的起源，可以追溯到精神病理学研究领域，其最初被用来形容精神病患者的精神错乱状态。随着时间的推移，这一术语逐渐被赋予了新的含义，成为用来激发创意的方法。在该方法中，参与者可以不受限制地进行自由想象和讨论。头脑风暴法的具体实施通常是从给定一个中心词开始，参与者围绕这一词汇进行思维发散。过程中，每一个与中心词有关或有趣的文化元素都会被记录在便条纸上，之后再进行分析和整理工作。

群体头脑风暴会议中，主持人需要召集相关专家参与专题会议，准确清晰地阐述会议主题，划定规则，并营造出轻松、和谐的氛围，确保头脑风暴顺利进行。为了让参与者能够自由且多元化地提出解决方案，主持人则须保持中立，不对主题发表个人意见，其具体过程如图 4-1 所示。

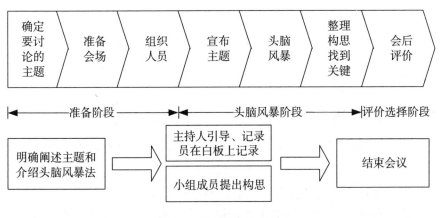

图 4-1　头脑风暴法示意图

（一）头脑风暴法的基本原理

头脑风暴法的目的在于激发集体的创造性思维，该方法由美国创造学家 A.F. 奥斯本（Alex F.Osborn）于 1939 年提出。该方法的基本原理包括以下几点：

1. 自由联想

参与者被鼓励在没有批评的环境中自由地表达和提出想法，无论这些想法多么离奇。

2. 延迟评判

在头脑风暴过程中，不允许对任何想法进行批评或评价，以避免抑制创造性思维。

3. 追求数量

鼓励产生尽可能多的想法，因为数量的积累往往能够带来质量的提升。

4. 结合和改善

参与者可以将他人的想法作为灵感，进行改进和扩展，以此激发更多的创意。

（二）头脑风暴法的要求

在使用头脑风暴法进行思维创新时注意以下几点要求：

1. 确定主题

需要先确定一个明确的主题，这也是头脑风暴活动得以成功进行的前提。并且主题的选择需要精准且专一，避免同时涉及多个议题，以免打乱思路，使讨论陷入杂乱无章的境地。

2. 将大问题细分为小问题

当面对过于庞大的主题时，需要将其细化为多个具体的小问题。在小问题的引导下，人们思考问题可以更加深入、细致，最终汇集到一起形成完整的解决方案。

3. 强调创造力和分析力

创造力和分析力是头脑风暴法的两大支柱，并不只是要有天马行空的想法，还需要严密的逻辑分析及独特的幽默感来丰富讨论和活跃氛围。

4. 进行时间管理

时间管理是头脑风暴中非常重要的一部分，通常在设定的 45 至 60 分钟的时间框架内，团队需要高效地展开讨论，确保输出内容具有足够的深度和广度。

5. 发挥主持人的激励作用

一个优秀的主持人是整个活动的引导者和记录者，其需要将构思精准地写在白板上，确保表达的清晰性，以便于激发其他参与者的新一轮联想和灵感。

6. 结束后对创意进行评价

会议结束后，需要对创意进行评价。此时不宜过早下结论，而是要对所有建议进行分类处理，寻找出其中可行的观点和创新点，为最终决策和实施提供有力的支持。

二、卡片式智力激励法

卡片式智力激励法，又称 CBS 法，该方法采用对每个人提出的设想进行质询和评价的方式，激励参与者爆发出更多创意与智慧的火花，其实施要点如下：

（1）会议的参与者一般由 5 到 8 人组成，每个人手中配备有 50 张卡片，并额外准备 200 张备用卡片，整个会议安排约为 60 分钟。会前，参与者会收到有关会议的主题内容提醒，并开始进行头脑风暴。每人需要在 10 分钟内将自己的设想写在卡片上，每张卡片只写一个设想，总计提出 10 个以上的设想。

（2）会议进行过程中，参与者需依次解释自己的卡片内容，并将每个设想都展示在桌面上。在此期间，聆听者可以随时提出自己的疑问，并且鼓励与会人员在听取他人想法的过程中，如果产生新的构思，则立即记录在备用卡片上，并将卡片摆放在桌上，此过程持续 30 分钟。

（3）参与者全部发言结束后，需将内容相近的卡片集中在一起，并为其添加合适的标题。随后，对卡片进行分类整理，将标题置于最前，列成一列，接下来是对每个设想的深入讨论和完善。

（4）最后，由主持人评估分类题的优先级，用时应控制在 10 分钟内。整个过程确保在系统化的管理范围内，使每一个人员的想法都有机会被展示出来，为设计思想提供更多创意内容。

三、奔驰法

奔驰法（SCAMPER）是一种辅助创新思维的方法，主要依靠多样化的思维方式来启发实践，其思维方式大致可以分为以下七种：

1. 替代思维

引导人们探讨创意中的哪些元素能够进行替换，并以此不断改进产品性能。在这一思维方式下，人们可以思考能够被替换或互换的材料和资源，以及利用其他产品进行替换的大概流程，确保最终实现的目标是一致的。

2. 结合思维

使用结合思维的过程中，需要人们将不同元素整合在一起，从中挑选出最具创意的内容。在此期间还要考虑当产品与其他产品结合时有可能产生哪些新事物，或者将不同设计目的结合在一起后又会产生哪些新的理念，为创意思维的产生铺路。

3. 调适思维

该思维方式的主要目的在于引导人们关注创意中需要调节和改良的元素，在对产品进行调整的过程中，一方面能够实现本产品的设计目的，另一方面可以在优化的过程中催生出一系列新的元素或产品内容，这也是创意激发的一种形式。

4. 修改思维

修改思维是站在创意的角度进行修改的，以促进创意点的优化提升。在该思维过程中，参与人员需要思考如何修改创意的现有形态才能带给消费者不一样的体验，以及改变产品尺寸可能带来的不同结果。

5. 其他用途思维

该思维模式是从创意跨领域的角度进行讨论的，即研究创意点是否可以应用于其他产品或行业，以及在不同情境下使用该创意点后会对产品产生什么样的影响。在可持续发展理念的推动下，人们思考比较多的一个问题便是将产品废料进行回收后是否还具有再利用的可能性。

6. 消除思维

该思维方法的目的在于简化创意过程，甄别出可以去掉的元素。另外，还可以探讨如何简化现有创意，省略掉一些不必要的特征、部件或规范等内容。

7. 反向思维

反向思维主要是鼓励人员在思考问题时从与现有创意完全相反的角度进行考虑，例如，颠倒使用顺序或改变可能产生的结果，以启发新的视角。

四、思维导图法

思维导图是一种视觉呈现的形式，其将一个主题以及围绕该主题的思维和创意之间的关系呈现出来。研究思维导图，可以帮助人们发现思维和创意之间的关联，再结合这种关联便能设计出一整套的解决方案。设计师需要运用思维导图将主题及与主题相关的所有延展性思维和创意通过视觉的形式呈现出来，进行主题的结构化分析。例如，可以在一张空白纸上写下主题的名称并将其圈起来，然后对主题进行头脑风暴，由中心向外绘制发散线条，再将想法标注在线条旁，并根据实际需要在主线上增加分支，这就是思维导图法的操作流程。

除此之外，设计师还可以使用一些其他的视觉技巧，例如利用不同颜色标记几条思维主线，用圆形标记关键词或频次较高的想法，并利用线条连接相似的想法，帮助思维过程的视觉化呈现。在绘制思维导图时，可以参考以下步骤：准备一张 A3 纸、若干彩色笔（至少包含 3 种不同的颜色）以及一支水性笔，在此期间要注意，纸张必须横向摆放。以上工具准备好后，需要在纸张的正中间画一个圈或框，并将主题词写进去，这样就完成了中心主题的呈现。

接着，需要绘制主干线条，在绘制期间应确保主干线条的柔和度并具有明显的色差。绘图顺序从右上角开始，沿顺时针方向到左上角结束。在主干线条绘制完毕后，需要提取主干关键词，并将其填写在主干线条上，由于每个人的理解方式不同，因此提炼出的关键词也有差异，在这一过程中大家都可以尽情发挥。在主线条的绘制完成后，接着需要绘制分支并填写关键词。在绘制分支线条的过程中，要注意先绘制第一层分支，接着是第二层，以此类推。当然，也可以选择直接将一个分支绘制到底，不必先绘制完所有第一层再开始第二层。

思维导图的一大优势在于其自身所具备的灵活性，人们可以不受限制随时添加新想法，当新的灵感出现时，便可以直接将其加入。同时，人们还可以根据个人理解在不同区域添加小图，以增加思维导图的美感，提升观者的理解度。

在绘制过程中，有一些需要注意的事项：一是图像，中间要用图像，分支也要多利用图像，全图多用图像有助于触发人们产生更多联想，增强其记忆力，不必担心画得不好，只要足够有效即可；二是关键词，如果部分内容无法借助图像表达，则应尽量选择简短的关键词进行概括，避免使用词组，可以选取单词来简洁明了地传达信息。

五、拼贴画法

拼贴画法作为一种展示产品使用情境、产品用户群及产品品类的视觉表现方法，具有帮助设计师完善视觉设计标准的作用。设计师借助此方法能够更好地与项目中的其他利益相关者交流设计标准。在应用拼贴画法时，需要注意合理选材，既可以使用 2D 材料，也可以使用 3D 材料。设计师可以凭直觉广泛收集原始视觉素材，这些素材需要根据目标用户群、使用环境、使用方式、用户行为以及产品类别等因素进行分类。同时需要将颜色、材料等内容的运用考虑在内。此外，还需事先决定好背景的功能与意义，例如构图定位（水平或垂直定位）、背景的颜色、肌理和尺寸等。

制作拼贴画的过程具体如下：首先需在草图上找到合适的构图，此时应将重点放在坐标轴与参考线的位置方面，仔细思考图层的先后顺序，明确图片大小，以及图片与背景之间的关系。接下来，依据构图的意愿，绘制出一幅临时的拼贴画。最后，对整体进行全面检查，确保图像大体表达出所需传达的意义之后，即可进行粘贴。

六、场景描述法

场景描述法，也被称为情景故事法或使用情景法，是以故事的形式讲述目标用户在特定环境中会有哪些行为的一种技巧。依据不同的设计目的，故事的内容可以是现有产品与用户的交互方式，也可以是未来场景中可能存在的不同交互类型。在运用场景描述法时，设计师需要明确场景描述的目的，提前规划场景描述的篇幅及数量，选择特定的人物角色或目标用户，以及其需实现的主要目标。同时，设计师还需要为各个场景设定撰写风格，并为每个场景拟定具有启发性的标题。当然，想要让场景描述更加生动形象，还可以在其中巧妙地加入一些角色对话，以提升其吸引力。此外，设计师还需为场景描述应设定一个起始点，利用某个事件来触发场景，专注地创造最具前景的场景描述。

设计的过程也被普遍视为解决问题的过程，想要解决问题，首先需要寻找并设计一些问题，这也是获得解决方案的重要前提。设计师在寻求帮助界定设计问题的过程中可以参考下面的几个问题：谁遭遇了问题？关键问题是什么？与目前场景相关联的因素有哪些？问题遭遇者的主要目标为何？需要避免当前场景下的哪些负面因素？目前场景中哪些行为值得采纳？

设计师需要将收集的结果整理成逻辑清晰、结构有序的文本，形成设计问题。其中应涵盖对未来目标场景的清晰描述，以及可能发展出设计概念的方向。明确界定问题，有助于设计师、用户及其他利益相关者进行有效的交流和沟通。在设计问题得到界定后，设计师还需进行分合思维。分合思维是一种在思维中将思考对象进行分解或合并的思维方式，以期产生新的思路和方案。

在场景描述中，启用分合思维可以帮助设计师从不同维度重审已有概念，进一步提升设计的灵活性和创造性。在这种思维方式下，设计师能够发现一些不易被察觉的信息或见解，最终实现创新设计概念的目标。

七、用户观察法

用户观察法是指为了了解产品内容、用户对象以及使用地点的方法，该过程通常采用访谈或问卷调查的方式，在无任何干预的情况下实现。而在真实环境或实验室等特定场景中观察用户对产品的反应则能够帮助分析用户对产品的反馈等内容。一般而言，观察者常见的方式有视频、照片或记录笔记等，利用这些方式来记录观察到的信息，并将这些数据整理成图片、笔记等形式来进行全面的定性分析，将所观察的用户行为转换为设计语言。

用户访谈一般应用于开发消费者已知的产品或服务，并深入洞察这些已知内容中会出现的各种独特现象、特定情境、特定问题，甚至还包括用户的常见习惯、极端情况和偏好等。

用户访谈的具体步骤如下：首先是编制一个访谈指南，其中包括与问题相关的多种话题清单，随后，邀请合适的受访者参与访谈，在选择受访者时，一般依据项目目标将其定为 3 至 8 人。此外，还要规定访谈时长，过长过短都不合适，最好安排在 1 小时左右。在访谈过程中，一定要注意录音，因为这将是形成访谈笔记的重要依据，因此务必要确保记录下的对话内容要足够详细。

问卷调查的原理是列举问题并从受访者处收集所需信息。在这一过程中，调查能够帮助设计师获取用户对产品的认知理解、意见、行为发生频率，以及对某种产品或服务的设计概念的感兴趣程度等内容，这些都是设计师在进行产品设计的过程中无法忽视的内容。有了这些信息的帮助，可以使设计师明确用户最感兴趣的产品目标以及用户群。

在进行问卷调查时，要注意以下几点：以研究项目的问题为基础确定话题；根据不同话题选择回答方式，可采用封闭式、开放式或分类式的形式来进行；对问卷进行合理、清晰的布局，这要求确定问题的先后顺序，并进行合理归类；正式投放之前对问卷进行测试和改进，因为问卷质量的高低将直接影响最终结果；根据不同的话题邀请合适的调查对象，可以随机取样或者有目的地选择调查对象；进行数据分析，直观地展示调查结果，以及被测试问题与变量之间的关系。调查结果可以为设计师提供关键的用户信息，有助于其发现设计项目中需要着重关注的方面。

第五章 新媒体时代文创产品的设计流程

文创产品将文化、创意、设计进行相互关联，创造出一个相互作用的系统，给予本身没有精神属性的客观事物以文化属性。本章将分别对文创产品项目的调研、文创产品的受众分析和定位以及文创产品的设计实践等方面进行分析和论述。

第一节 文创产品的项目调研

一、文创产品项目管理

文创产品的设计通常呈现为项目的形式，而文创产品项目管理则是在文化创意设计与项目相关的管理科学、技术之间的深度融合中形成的。这一管理领域的核心在于，通过有效应用项目管理理论和相关技术手段，实现预定的文化创意设计目标。在进行这一过程时，需要制订科学、合理的计划，在资源、时间、成本、技术和材料等方面进行权衡与协调，使项目任务得以有效推进。一个成熟的项目中，其管理能力高低是决定文创产品设计成功与否的必要条件，团队需在多重制约因素下完成文创产品的创新设计。

对于从事文创产品设计的专业人士而言，除了要有一般设计师所需

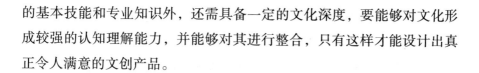

的基本技能和专业知识外，还需具备一定的文化深度，要能够对文化形成较强的认知理解能力，并能够对其进行整合，只有这样才能设计出真正令人满意的文创产品。

（一）文创产品项目管理的准备

对于那些设计经验丰富的团队而言，其需要做的准备工作通常都比较简单。这些团队凭借以往的项目经验，能够迅速识别和规避常见的问题与陷阱，进而更高效地完成从概念到产品的转变。他们通常拥有成熟的流程和模式，能够在各种复杂情境中游刃有余地调整策略和方法，以确保项目的顺利推进。

然而，对于新成立的设计团队或者过去很少涉足文创产品设计领域的企业来说，第一次进行文创产品设计的过程会比较有难度，而文创产品的准备工作又非常重要，往往是能够决定文创产品项目成功的关键。因此，各项目团队务必在开始前做好充分的准备工作，具体内容如下：

1.进行文创产品项目前期检查

在着手进行文创产品项目的准备工作时，企业需要对文创产品项目进行前期检查，这一环节直接关乎项目的成败。为了防止设计过程中出现方向性错误，确保项目能够顺利进行，必须对文创产业的内部资源进行全面评估。

文创产品项目的前期检查要点包括几个方面：一是对以往文创产品项目的成功与失败经验进行深入分析，找出其中的成败因素；二是必须深入检查项目技术的薄弱环节，确保技术层面不会成为影响项目未来发展的瓶颈；三是必须全面评估并提升文创产品项目管理的能力和水平，以保障项目按预期高效进行。

2. 编制文创产品项目规划书

编制文创产品项目规划书是文创产品项目筹备中的关键环节，一个科学、合理且完整的规划书有助于团队或企业明确项目的设计方向及目标，提前规避项目中可能存在的风险；能够帮助设计师提前掌握项目的相关信息，为前期准备工作奠定扎实的基础。

从文创产品项目管理者的角度来看，一个合理且完整的项目规划书应涵盖以下几个方面：设计目标、设计计划以及设计要求。因此，编制项目规划书的基本要求就在于明确合理的设计目标，制订切实可行的设计计划，并确认具体的设计要求。通常，规划书的编制过程会涉及市场研究、产品研究、技术研究以及交流与评估等各项研究与活动步骤，这些环节会影响整个项目的发展进程。

（二）文创产品项目规划管理

文创产品的项目管理者需要对整个项目进行详尽而合理的规划，并在设计阶段对所有相关工作进行严格管理，这就是文创产品项目管理。当项目前期准备工作圆满完成之后，文创产品项目管理的重心则转向具体的规划管理。这对于实现项目规划书中所列出的设计目标来说非常重要，能否有效地进行项目规划管理将直接关系到项目的成败。

在具体的操作过程中，文创产品项目的管理通常采用多种策略来确保项目按计划推进，分别是分阶段管理、产品设计与开发管理、成本管理、产品规划项目的品质管理和产品项目规划的时间管理等。

（三）文创产品项目团队管理

随着社会的发展，现阶段文创产品项目的复杂程度与日俱增，这就对文创团队提出了更高的要求。想要顺利推进这些项目，团队需要具备多职能的特点，并要求团队成员都能够参与其中。实践证明，一个团队若能够拥有多种职能，并且团队协作能力足够优越，那么在完成项目目标的过程中就会更加得心应手。然而，在文创项目开展的过程中，团队成员之间不可避免地会出现一些思维上的分歧，为了防止这类分歧影响项目进度，就需要对文创团队进行高效管理。

文创团队的工作特征表现在以下三个方面：第一，文创产品项目需要依赖集体的智慧才能完成。因此要让团队成员获得平等表达的机会，每个人都能抒发各自的见解，从中获得平等参与的乐趣以及被认同的满足感；第二，在团队中，既要重视团队作为整体所带来的影响力，也要重视领导者的引导能力以及核心成员的个人能力；第三，文创团队的理想构成规模通常在 5 至 7 人，团队成员数量不宜超过 8 人，以便于更好地协调和管理。

为了提高文创团队的工作效率，有必要设立一位文创产品项目的经理，以统筹全局。项目经理需要具备较强的工作能力，既要在设计领域拥有一定的专业水准，又要具备卓越的团队管理能力。此外，文创产品项目经理还需要明确设计目标并对项目规划有明确安排，随时能够行使管理团队的职权，确保团队节奏一致，使项目有条不紊地向前推进。

二、文创产品市场调查

文创产品的市场调查是一项有规定的工作流程、必须经过详细策划和精心组织的商业活动。只有按照合理的工作程序进行，才能确保市场调查的结果准确可靠。文创产品市场调查的顺序大致可以分为四部分，分别是确定调查主题与调查目标、制订调查计划、实施调查计划、生成调查报告。

（一）确定调查主题与调查目标

影响文创产品市场营销解决方案的因素非常复杂，因此在决策前需要调查的内容非常多，不可能仅靠一次调查的数据就想完成所有的调查任务。因此，在进入市场调查的准备阶段时，必须先确定最需要解决的问题，以及最关键性问题是什么，并以此确定本次市场调查的主题，换句话来说，就是需要明确市场调查中最重要的任务和目标。根据文创产品市场调查主题的不同性质和调查目标，可以将市场调查总体归类为三种类型：探寻未知的探索性调查、描述当前市场状况的描述性调查以及分析研究因果关系的因果关系调查。

1. 探索性调查

探索性调查一般应用于没有明确调查主题的情况，其可以帮助明确调查的方向、内容和范围，为后续资料的收集和分析做好准备。例如，一个企业在查阅最近一个季度的销售数据时，发现其文创产品的销量有明显下滑，那么产生这种情况的原因就比较多，可能是竞争对手推出的新产品导致市场份额被瓜分，也可能是消费者的偏好发生了变化，又或者产品本身的质量出现了隐患等。在这样的情形下，企业就可以采用探索性调查的方法，寻找问题发生的关键，并迅速了解市场动态，从而使企业能及时调整战略，积极应对不断变化的市场环境。

2. 描述性调查

描述性调查是比较常见的调查方法，经常应用于分析文创市场营销策略中的不足以及出现问题的原因。该调查方式主要用于记录和收集数据材料，并在此基础上进行静态描述，依靠客观数据来描绘事实。在短期的文创市场营销策略调整过程中，会总结、分析近年来受到市场欢迎的文创产品，以期帮助预测市场对文创产品的发展需求。同时，在对长期市场营销策略进行调整时，则需要基于当前实际情况对未来发展进行预测，并对某一地区民众的收支情况进行调查，进而详细掌握当地居民收支变化、产品拥有率、市场饱和度和文化普及程度等信息。除此之外，还需要对当地的生产状况有一定的了解。

3. 因果关系调查

因果关系调查的主要目的是分析市场营销活动中不同因素之间的关系，对市场中一些现象产生的原因进行深入调查，该调查结果将直接影响到文创产业的营销活动，因为这类活动中包含着众多相互交织的因素。为了方便区分，人们又将这些因素大致分为两类：可控变量和受控变量。

可控变量包括产品成本、人员配备、产量、价格等。这些因素是在企业决策管理中可以进行调整和优化的部分，通过把握这些可控变量，可以直接影响到企业营销活动的效果和实施策略的效率。例如产品的定价策略、成本管理以及人力资源的合理配置，这几个方面的调节都直接指向企业产品在市场中的竞争力和消费者对产品的感知。

与此相对应，有些因素则属于受控变量，其受到其他因素的影响较大。例如销售数据、产品反馈、企业利润等，这些因素常常是多种变量共同作用的结果。在面对受控变量时，企业需要进行因果关系调查，进一步理解这些变化数据的背后因素以及各变量间的相互影响关系。

（二）制订调查计划

在明确文创产品市场调查的目标以及具体主题后，市场营销的调查人员需要迅速制订出一份详尽的调查计划。在这个计划中，应涵盖一些关键内容，包括调查对象、调查方法等。

1. 确定文创产品市场调查资料的来源

在进行文创产品市场调查之前，必须考虑如何选择资料来源。市场调查所需的数据按照来源进行分类，主要可以分为两大类：第一手资料和第二手资料。第一手资料是指在市场调研过程中获得的原始数据，这种类型的数据通常需要进行现场调查或进行深入沟通后获取，其采集成本比较高，但是所获取的信息和数据在解决实际问题时具备较高价值，其内容比较有针对性，因此许多市场调查项目都高度依赖第一手资料。

第二手资料则是指在市场调查之前已经存在的资料。调查人员在开展市场调查时，通常会先查阅这些现有的资料，获得初步的背景信息，然后再结合实际需求进行进一步的调查工作。第二手资料的获取成本相对较低，但在某些特定的市场调查中只能起辅助作用，最终还是需要依靠第一手资料才行。一些具体调查领域，像博物馆文创产品市场调查，特别重视对文物、典籍、历史等资料的系统管理；而对于旅游景区的文创产品市场调查，则更倾向于对地域文化、景观特点及民俗文化等资料进行全面的梳理。

2. 确定文创产品市场调查的对象

在文创产品市场调查中，根据调查对象范围的大小，可以将市场调查分为两大类，分别是普遍调查和抽样调查。

普遍调查能够获取较为全面的统计数据，但其实施过程较为复杂，不但耗费时间和精力，而且其调查成本也相当高。因此，一般只有政府机构在做特定调查时才会使用，如人口普查、经济普查等特定项目。在文创产品市场调查中，使用普遍调查的机会非常有限。

相比之下，抽样调查的使用场景会更多一些。这种方式从调查总体中的若干个体入手，一般分为随机抽样调查与非随机抽样调查两种形式。随机抽样调查的特点是排除调查工作人员的主观干扰，以随机方式选取调查对象，其结果具有一定的客观性。而非随机抽样调查则根据调查人员的主观判断来选择样本，因此其结果可能存在较大误差。但是这种情况也并非不能避免，若调查人员具备丰富的经验，非随机抽样调查也不失为一种有效的调查方法。

此外，现今可以借助新媒体的支持，大大简化调查的过程，提高调查的效率和效果。因此，无论是选择随机抽样调查还是非随机抽样调查，结合新媒体手段，都可以为文创产品市场调查带来更多的便利和效益。

（三）实施调查计划

实施文创产品市场调查计划需要经历两个主要阶段：一是对文创产品市场的信息进行全面而细致的数据资料收集；二是对所有收集到的数据资料进行加工处理和分析。

1.数据资料的收集

文化创意团队的领导者需要经常进行市场调查，以了解市场的动态变化，从而及时获取市场调查的准确结果。例如，在使用观察法时，领导者应严格要求调查人员细致入微，以免遗漏重要信息，确保调查结果的全面、准确；在使用询问法时，调查团队需保持高度的专业操守，保持立场中立，不得影响被调查者的回答，以避免引导样本做出非客观反应。

2.数据资料的加工处理和分析

在市场调查结束之后，企业通常会对收集到的资料进行细致分析，确保数据资料符合科学、合理和准确的原则。数据资料的处理主要包括对调查资料的分类、整合与整理三项内容，确保信息的完整性，为后续分析提供坚实的基础。资料经过处理后，就可以进入分析阶段，以得知最后的调查结果。根据数据资料的分析性质不同，数据分析可以分为定性分析和定量分析；依据分析方式的不同，数据资料可以分为经验分析和数学分析。

在当前的企业环境中，数学分析法是大多数企业进行定量分析的首选方式，因为其可以结合先进的统计学方法和决策数学模型进行分析，使最终的调查结果具有科学、准确的特点。同时，辅以经验分析和判断，还能进一步增强分析结果的可信度。

（四）生成调查报告

在完成文创产品市场调查之后，企业会对所收集到的数据进行系统的整理和分析。调查工作人员需从中提炼出有价值的信息，并以调查报告的形式对市场调查结果进行总结。文创产品市场调查报告可以帮助企业对市场现状进行初步把握，同样该结果还能为设计市场营销方案与策略提供重要依据。可以说，这一报告内容对于文创产品设计师、市场营销人员以及项目决策人员都具有重要的价值，可以指导其在设计、营销和决策过程中做出更明智的选择，从而提升市场竞争力和创新能力。

第二节　文创产品的受众分析

文创产品市场的竞争日益激烈，想要在这一市场中脱颖而出，就必须研究消费者的消费行为，而企业举办营销活动的目的就在于精准捕捉对产品有需求的受众群体。因此，应该了解受众的各种特征，尤其是购买需求、购买动机和购买偏好等，只有这样，文创团队才能开发出更具针对性的新产品，还能有效地为产品设计、定价策略、销售渠道和营销手段提供详细的建议。

对受众行为的分析主要包含以下几个方面：理论支持、受众市场及受众购买决策、受众购买行为模式、影响受众购买行为的因素等。

一、文创产品受众行为分析的理论支持

文创产品的受众行为分析是一个多层次、多维度的研究过程，涉及心理学、社会学、传播学、经济学以及文化人类学等多个学科的交叉应用。在这些学科的综合视角下，可以更加全面地理解受众的心理、动机、态度以及喜好，从而为企业制订更精准的市场策略提供重要的理论支持。

心理学的角度关注受众的内在驱动力和认知过程，主要分析受众的心理状态和情感反应，揭示消费者在选择文创产品时所经历的心路历程，包括激发购买动机的原因、需求层次变化以及最终态度的形成等。了解这些心理因素能够帮助企业设计出更具吸引力的产品，同时也能在营销策略中精准打击受众的痛点，提高产品的市场竞争力。

社会学视野中的受众行为既是社会关系的反映，也是社会结构的缩影。家庭结构、社会阶层以及相关群体都会影响消费者的购买行为。文创产品与社会身份的关联性非常强，其既代表着个体的价值观，又能反映出个体所处的社会环境。因此，对影响消费决策的社会因素进行分析可以帮助企业对市场进行精确的划分，精准定位目标受众。

传播学角度着重于研究信息的传播路径和传播效果。推广文创产品必须制订好有效的传播策略，现在比较常用的传播渠道是新媒体传播，该传播平台多样，企业可以根据受众群体选择合适的传播渠道。信息传播的质量和效率在很大程度上决定着文创产品的市场认可度。

经济学的关注点在于分析受众的经济能力及其对消费选择产生的影响。受众的经济状况可直接决定其在购买文创产品时的支付能力和购买意愿。因此，企业需要分析受众的实际经济情况，更需要理解受众如何对有限资源进行分配才能获得最大满足。例如，在不同的经济周期中，受众对奢侈文化产品和实用文化产品的偏好可能会发生变化。因此，根据经济学分析调整产品定价策略是保持企业盈利能力的关键。

文化人类学对文创产品的受众分析倾向于文化背景视角。受众的文化传统、价值观念、信仰和风俗习惯等将会深刻影响着其消费行为。文创产品往往与特定的文化内涵密切相关，其设计、生产和营销都需要充分考虑到文化差异和文化认同。只有深入研究不同文化背景下受众的消费习惯和审美情趣，企业才能够研发出更具文化吸引力的产品，增强其与受众的情感连接。

二、受众市场及受众购买决策

文创产品市场也被称作文化受众的最终市场，在这个市场中，受众作为文化产品的消费者，承担着让个性化文化体验与日常生活相结合的重任。因此，文创产品市场的形态既与产品本身的创意密切相关，也与消费者的购买行为息息相关。

文创产品市场呈现出广泛又集中的特点。此类产品往往与文化背景和历史传承密不可分，因此像博物馆、旅游景点等文化密集区域，就逐渐成为消费者高度聚集的地方。在这些场所，消费者不只是为了购买产品，更是希望通过产品获得更为深刻的文化体验。而这种体验很有可能就源于产品的设计、功能等方面，当消费者使用这些文创产品时，更容易产生情感共鸣。

市场的需求弹性使文创产品既可以面向高端客户提供雅致的艺术品，也能够满足大众需求设置一些具有纪念意义的文化纪念品。在文创产品市场中，尽管大部分消费者具备一定的文化认知，但在购买过程中，其最终决策仍旧容易受到情感和文化氛围的左右。因此，文化产品在设计、宣传的过程中，尤其需要注意展现其中的文化内涵，这往往会成为影响消费者购买决策的关键因素。

三、受众购买行为模式

受众购买文创产品是一项非常复杂的行为，其在购买过程中会发生一系列的反应。这是一种行为过程系统，其中包含6个基本要素：谁买（Who）、买什么（What）、为什么买（Why）、什么时候买（When）、什么地点买（Where）、如何买（How），这6个要素也被称为"5W1H"

受众在购买文创产品的过程中，其行为类似于一只"黑箱"，其中的过程和内部机制往往是看不见摸不着的。在这一过程中，受众受到的外部刺激会通过"黑箱"产生连锁反应，最终引发受众的实际购买行

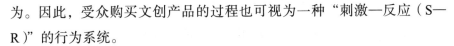

为。因此，受众购买文创产品的过程也可视为一种"刺激—反应（S—R）"的行为系统。

对文创产品受众形成外部购买刺激的因素主要有两种类型：一种是由企业发起的各种营销刺激，这些刺激活动由产品自身特性、价格策略、分销方式和促销措施等关键要素构成，是受控的变量；另一种是其他外部刺激，这类刺激主要包括受众感受到的政治、环境、经济、市场与文化等方面的变化。这些外部环境因素能够在更宏观的层面影响受众心理活动，进而促使其产生特定的购买行为。

在受众的购买行为中，"黑箱"由两个部分组成：一部分是受众的特性，包括个人的文化背景、心理个性和社会身份等。这些个人特性会对外部刺激产生不同的理解和反应。不同特性的受众在面临相同的外部刺激时，会有各自独特的理解和回应方式。另一部分是购买决策的过程，其中包括需求确认、信息收集、产品选择对比、购买决策以及购买后的感受等 5 个阶段。

四、影响受众购买行为的因素

购买行为的主要驱动力在于受众的需求和购买欲，而这些需求和欲望以及随之而来的购买行为和习惯又会受多方因素的影响，这些影响因素大致可分为个人内部因素（如受众的个人特征因素和心理因素、外在环境因素（如文化因素和社会因素）。虽然这些因素大多数是营销企业难以控制的，但其重要性是不容忽视的，其在受众的决策过程中发挥着重要作用。

（一）个体特征因素

受众个体所具备的一些特征在很大程度上影响着受众的购买行为，尤其是受众的年龄、收入水平、生活方式、所学专业、工作需求以及个人爱好等因素，企业在进行市场规划时，需对这些个体特征给予足够的重视，以期满足不同类型消费者的需求。由于受众个体特征不同，因此其在购买方式、购买需求以及购买动机上都会表现出不同的侧重点。

从年龄的角度来看，年轻群体对玩具和文具的需求更为旺盛，而年龄较大的人群则更倾向于选择养生类产品。同样，职业之间的差异也会影响消费者选择产品的偏好。例如，从事教育工作的教师更倾向于选择富有文化内涵的产品，这与其职业背景及个人修养相契合；而设计师通常会对设计感强、紧跟潮流的新产品感兴趣，这类产品既能满足其专业眼光，又能在一定程度上反映出个人审美。在经济水平方面，高收入群体往往更喜欢选择高品位的、艺术性强的产品进行消费，对于这类人群而言，其考虑的不再单纯是产品的实用性，而是产品背后所承载的文化价值；反观收入相对较低的人群，其往往更看重产品的性价比，实用性强的商品对这类人群而言更具吸引力。

文创产品的设计师需要认真分析受众个体的特征及其购买行为，只有这样才能设计出更符合不同受众群体需求的个性化产品。

（二）心理因素

人类动机理论在市场营销策略和受众行为分析中具有重要的参考价值。其中，来自人本主义哲学的马斯洛需求层次理论所产生的影响最为明显。亚伯拉罕·马斯洛（Abraham H.Maslow）的理论将人类的需求依据其重要程度划分为 5 个层次：生理需求、安全需求、社会需求、尊重需求以及自我实现需求。根据这一划分可以找到人们购买文创产品的重要依据，人们对文化有着非常必要的情感需求，而文创产品恰好能够满足人们这一更高层次的需求。

（三）文化因素

受众的购买行为和购买需求容易受到文化影响，而文化作为人类在政治、经济发展过程中所产生的各种精神活动和精神产品，更是无时无刻不在影响着人类行为。所有人都在这一文化环境中成长，因此人们会自然而然地形成特定的行为模式和思想观念。文化因素主要包括的内容有亚文化和社会阶层。

1. 亚文化

在任何一种文化背景下，都会存在一些或大或小的亚文化群体。这些群体中的成员因共享某种特定的身份认同而紧密相连，并通过亚文化的社会影响力形成一种凝聚力。在这些群体中，每一位成员都拥有着特定的价值观、生活习惯以及行为准则，这些特质使其又能与所处的整体文化区别开来，使其成为独一无二的个体。亚文化群体通常主要包括民族群体、宗教群体、种族群体以及地理区域群体。

2. 社会阶层

在各种类型的社会中都存在着不同的社会阶层。这些阶层展现出一种相对的同质性和持久性，其按照等级进行排列，而每一阶层的成员间往往具有相似的兴趣、价值观以及行为模式，这使其在同一社会群体中很容易产生共鸣并获得认同感。社会阶层的界限虽有所体现，但并非不可逾越。个体依旧具有改变自身社会阶层的潜力，其既可以向上晋升到更高的阶层，也可能向下滑落到更低的阶层。正是由于社会流动性的存在，才使阶层之间的升降成为可能，而这种现象也成功体现出社会结构所具备的动态性。

（四）社会因素

文化因素并非唯一影响消费行为的外在因素，社会因素同样能够影响消费者的消费行为。社会因素是指一个受众个体在其生活环境中所受到的方方面面的影响，最为明显的包括家庭、社会角色与社会地位以及其所在的相关群体等因素，这些同属于社会因素的范畴，并且对个人消费行为产生的影响也最明显。

1. 家庭

在市场经济中，家庭很容易影响消费者的购买行为。这是因为每个家庭都有其特定的生活环境，而这些也将直接影响到人们的行为准则、思维方式、价值观念以及对世界的理解。因此，家庭成为影响人们消费的重要因素。

2. 社会角色和地位

社会角色是指个体在各类场合中所具备的身份。在不同的社会群体中，一个人的角色和地位决定了其所在的位置，同样，这些位置的确定又会影响个体的购买行为。

3. 相关群体

相关群体是指那些能够直接或间接影响人们的行为、价值观和思想的群体，即存在于同一环境中并互相影响的受众群体。对于容易受这些群体影响的企业而言，在设计文创产品时，最重要的任务在于要尽快识别出这些群体中的领袖人物。因为领袖既能影响群体内其他成员的偏好和选择，又可以成为文化创意产品和品牌传播的有力推动者。因此，在设计阶段找准这些领袖，将有助于提升产品的市场接受度和商业成功率。

第三节　文创产品的设计定位

文创产品的定位指的是潜在客户或现有客户对产品在心理上的认知与定位。对于设计师来说，在设计文创产品的全过程中，必须从市场的角度出发，对市场需求进行深入分析，并以此来明确产品的设计方向，

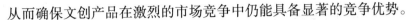

从而确保文创产品在激烈的市场竞争中仍能具备显著的竞争优势。

可以说，文创产品的定位能够直接影响产品销售的最终结果，其将直接决定产品市场定位以及设计的成功与否。若忽视市场调研的结果，直接对产品进行设计，那么设计师的设计方向很可能会偏离受众的实际需求，这将对文创产品发展带来致命的打击。

一、文创产品人群定位

文创产品的设计过程，需要首先明确其目标使用人群，这是设计中非常重要的一个环节。设计师在构思产品时，须清晰地界定谁将使用这些产品，包括目标消费者的年龄层、性别以及收入作为核心指标。只有在精准定义消费群体的基础上，才能确保文创产品的设计切实符合市场需求，进而达到预期的商业目标。企业的一切营销活动，实际上都在围绕其目标受众而展开，因此，如果无法准确切中目标人群，那么就很有可能导致产品收益难以达到先前设定的预期。

二、文创产品价格定位

当今市场中，各种产品的发展已经日益趋于饱和，消费者在选购产品时一般都会比较理智。在同一类型的商品中，消费者更倾向于选择性价比较高的产品。然而，由于许多文创产品在设计过程中附加的情感价值较多，因此其在价格设定方面往往高于同类型的普通商品，这就意味着企业要想体现出产品的竞争优势，就必须针对展品做好价格定位。价格定位是指企业根据产品特点，对产品价格给予一定的定位，不能简单地将其划分为高档或低档，而是需要在对市场进行全面调研后，结合产品特点来确定适宜的价格区间。只有这样，企业才能在竞争激烈的市场中占据一席之地。

三、文创产品功能定位

对于文创产品而言，在对其进行功能定位时不应局限于宏观层面，而应该深入市场，关注消费者的具体需求，以保证产品的实用性，这也是评估产品在市场上受欢迎程度的一个重要因素。以买雨伞为例，不同的消费者会根据自己的需求来选择雨伞，有些消费者会重点关注雨伞设计是否足够时尚；有些消费者会重点关注雨伞的实用功能。正是由于消费者在功能上的不同需求，导致市场中逐渐形成不同形式的消费群体。因此，企业要根据这些不同群体来制订相应的营销策略，以满足各消费群体的多样化需求。

四、文创产品质量定位

文创产品的质量定位也被称为产品的品质定位，是在突出产品质量的基础上进行的市场策略。质优的产品自然而然能够激发消费者的购买欲，促使其产生对产品的购买需求，并在内心建立起对该产品的基本定位。因此，文创产品的质量定位在整个文创产品定位过程中占据着非常重要的位置。消费者在做出购买决策时常将产品质量当做优先考虑的因素之一，若产品质量未能达到其期望值，往往会导致消费者失去对该产品乃至整个品牌的信任。而这种行为最终会给消费者造成经济上的损失，直接影响到消费者的利益。

因此，文创企业在生产产品时应力求达到高标准的质量，以确保产品能够被消费者长期使用。无论品牌定位如何，产品质量的稳固提升都是企业需要重视的重要环节。然而，这种情况在快速消费品中会有所不同，企业的关注重点可能会倾向于其他方向。对于那些日常消耗较快的商品来说，如果能够充分满足消费者的基本使用需求，那么过于追求卓越的工艺和质量恰恰会适得其反。

不仅如此，市场上还存在着大量的仿冒品和劣质产品，这使文创产品的质量问题显得更加突出。消费者面对琳琅满目的产品选择时，往往会遭遇"质量陷阱"，即那些乍看之下与优质产品无异，然而使用后才发现质量低劣的商品。因此，企业在生产文创产品的过程中，务必做好质量把关。

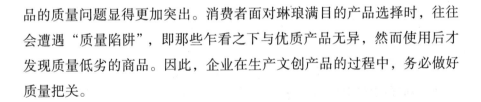

第四节　文创产品设计的实践流程

文创产品需要始终在对市场需求深刻分析和把握的基础上进行开发。在开发立项的过程中，根据设计和开发方案来进行设计工作，以确保整体项目在既定时间内有序推进。设计工作的开展需要提前规划，以保证开发过程中的每个环节都符合质量标准，此外，还要兼顾到开发成本、开发质量等内容，确保其能达到设计的要求。

一、项目确立与制订项目工作计划

（一）项目确立

文化创意设计项目的形式丰富多样，通常可以归纳为创新设计、改良设计以及概念设计3大类。

在设计师接手任何一类设计项目时，都需要先明确项目的整体目标和方向，并在同一时间签订项目合同，合同中应详细规划项目的各个重要节点，包括项目的启动、进展、验收及交付，确保每一步都能有效推进。最后还要与项目发布机构达成共识，确定项目的完成时间，明确各方对最终成果的期望与要求，避免在最后的呈现中存在分歧与误解。

（二）制订项目工作计划

文创产品的设计过程实际上就是一个不断解决问题的过程。设计师需要针对设计过程中所遇到的问题给出合理、高效的解决方案，同时，还要对现有的文创产品进行分析，探究其中的优缺点，并从中汲取灵感，最终得到一个对产品进行改良或重新创造的最佳方案。

在设计之初，文创产品设计工作者需要制订一个详细的工作计划，提前规划好设计团队在每个时间节点的具体工作内容和预期结果，并将整个设计过程的时间安排、内容进度以及制造过程等制作成一张详细的计划表，确保所有参与者对设计流程都能够有清晰的认识。

二、项目调研与客户沟通

（一）项目调研

文创产品在进行设计之前必须进行市场调查，这也是每个设计师都应该做的准备工作。在掌握调查结果之后，企业需召开项目讨论会议，对具体的设计准备工作以及实施工作进行安排。文创产品的设计工作需要从多个环节进行考虑，如受众的需求、文化背景、材料成本、人工成本、审美取向以及操作技术等。设计团队或设计师个人需要对受众需求、文化内涵、市场反馈以及现有产品进行系统的归纳与分析，以确定市场现阶段受众的真实需求，从而创作出优秀的产品。

文创产品设计能否成功，这和消费者有着直接的关系。因此，在进行产品设计之前，设计师必须科学地掌握相关信息与资料。市场调查涵盖设计背景调查、文化分析调查、竞争品牌调查以及消费调查，其中一个重要环节便是消费者调查。设计师需要从消费者的角度出发，对文创产品进行系统的分析和审视。掌握消费者调查，提高彼此之间的理解和共鸣，才能创造出受众真正喜爱的文创作品。

（二）客户沟通

沟通是指人与人之间进行信息交换的过程，也被视为影响彼此思想、决策和行动的一种方式。在沟通的过程中，信息成为推动系统需求的重要因素。因此，想要准确捕捉这一需求，就必须进行沟通，通过沟通搭建起系统的需求概念，并对这些理解和定义进行统一，使人们能够从系统中获得有效信息，即应该做什么、不应该做什么。

沟通的主要目的在于传递信息，而这个渠道并不是唯一的，人们可以采取多种方式实现，主要包括听、说、写等形式。在这种情况下，设计团队需要合理且高效地运用沟通技巧，要提升沟通的成效，需要从多个维度进行改进和优化，适应不同情境、对象的要求。

三、设计思维导图与设计方向分析

思维导图采取图文结合的形式，将各级主题的关系以隶属和相关的层级图展示出来。主题中的关键词与图像和颜色等建立起记忆连接，使大脑左右半球的功能得以充分利用。该方法主要遵循的是记忆、阅读、思维的规律，帮助人们在科学与艺术、逻辑与想象之间实现平衡发展，从而激发人类大脑的无限潜力。因此，思维导图具有增强人类思维的强大功能。

通过思维导图，设计师能够将其思维过程形象地展示出来，无论是设计师思维中的一种感觉、一种设计理念，还是与文化相关的一个数字、一个颜色、一段文字、一种食物或一段节奏，这些都有可能成为产品设计的思想核心。而以该中心为起点，又能够衍生出无数的节点。每个节点既与中心思想相连，又可以成为另一个新的中心节点，以放射状的立体结构不断延展。这些中心和节点均代表着设计师的思想与记忆，然后又以文字和图像的形式呈现出来，就如同人类大脑中连接无数的神经元。由此推断可知，文创产品设计的数据库也是以这种方式构建的。

（一）设计思维导图的注意事项

制订产品设计规则不是为了限制人们的思想，而是为了利用一系列符合人类思维运作方式的特定技巧，来促进人们提升学习能力、记忆力以及创造力。设计思维导图时，应注意以下几点：

（1）在纸张的中心，以一个色彩明亮的图形或符号为起点，开始绘制思维导图。

（2）将代表主题的线条与中央的图形连接起来，并保持线条之间的连贯性。

（3）书写内容时，使用标准汉字，并把它们直接写在线条上。

（4）为保证聚焦性，每一条线上仅需标注一个关键词。

（5）整个思维导图需充分运用色彩渲染，并加入一定的图形元素。

（6）还要在导图中灵活使用代码与符号，以此丰富信息表达的层次与深度。

（二）绘制思维导图的要素

1. 素材

思维导图绘制的材料可以选择空白打印纸或者其他形式的白纸。通常情况下，选择大一些的纸张，如 A3 大小即可，这样有足够的空间来记录各种细节。当然，为了便于携带整理，还可以准备一个合适的文件夹进行收纳。

2. 绘制形式

思维导图的绘制形式通常是采用放射性的层级结构，其中最重要的内容被置于中心位置，并从中心位置逐步向外扩展。画分支时，一般从时钟表盘的两点钟位置开始，按顺时针方向进行绘制，阅读时也自然从该位置开始。

3. 专注关键词

关键字通常是名词，占全部词汇的 5% ～ 10%。与传统笔记相比，思维导图中的关键词词汇量要多得多，这意味着人们在记忆和阅读过程中，将节省 90% 以上的时间。另外，在书写关键词时一般使用正楷字，这样能够方便人们阅读，同时能借助想象力将单词"图形化"，促进产

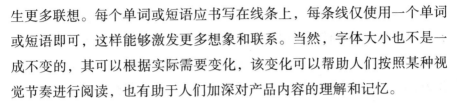

生更多联想。每个单词或短语应书写在线条上，每条线仅使用一个单词或短语即可，这样能够激发更多想象和联系。当然，字体大小也不是一成不变的，其可以根据实际需要变化，该变化可以帮助人们按照某种视觉节奏进行阅读，也有助于人们加深对产品内容的理解和记忆。

4. 连线

绘制思维导图时，每条连线的长度都应与对应的关键词或图形相一致，确保每条连线都能与前一条连线的末端自然接续在一起，并且按照从中心向外的趋势延展。如果连线之间不能紧密衔接，那么在之后进行会议的过程中，思维也有可能会跟着断开，从而产生记忆断层。

5. 增加颜色

生活中，多姿多彩的颜色无时无刻不在触动着人们的感官。在绘制思维导图时，若仅使用白纸黑笔，可能会显得单调。相反，若使用水彩笔或彩色铅笔对关键词进行标注，并绘制不同颜色的线条，更能激发人们的记忆潜力。一些简单的色彩变化，就有可能会成为触动记忆的关键所在。

6. 箭头和符号

思维导图可以帮助人们增强对事物的理解。任何事物都会存在与之相关联的另一面，成功与失败、卓越与平庸之间的差异也仅在于人们对知识和事物之间的关联存在多少认知程度。当同一个词语出现在多个分支中时，这意味着其已经成为一个新的主题，并将贯穿于人们的记忆中。而传统的线性笔记并不容易记忆，当发现某个词汇多次出现在不同分支中时，可以使用箭头将其连接，使思维和记忆也能随之连接。

7. 利用感官技巧启发更多记忆和灵感

闭上眼睛深呼吸，想象最喜爱的水果，如苹果、橘子或菠萝，思考其形状、颜色，手指触摸其表皮时的触感，以及从中散发的芬芳，这种想象练习能够有效增强感官体验，从而提升理解力和记忆力。任何经历都是人们所有感官体验的总和，因此在思维导图中加入文字与图片，可以唤起其他感官的参与。

思维导图是一种富有创造性的工具，其为人们记录和整理思维提供了卓有成效的方法。为了使思维导图更具趣味性，进一步激发大脑的想象力，可以在其中加入更多的感官技巧。想要学会制作思维导图，最有效的办法就是多画，多加练习，增加实践操作的次数，这样才能将思维导图熟练运用于作品设计中。

在产品设计的初期，设计师要做好充分的调查并多次绘制思维导图，这样可以帮助设计者掌握问题的整体构成，并明确问题所在，并将问题进行分解与归类。另外，还要认真分析问题的详细结构及其构成要素，这样才能为设计工作的展开提供指引。在文化创意产品的设计过程中，通常需要从产品自身、外部环境、消费者心理以及社会文化背景 4 个维度进行分析，以明确设计的具体方向。

四、设计构思与设计表现

（一）设计构思

设计构思是在应对现存设计中的问题时，对解决问题的方案进行的一系列探索。通常，构思是发生在意象具象化之前的一种心理活动，是将眼中的自然转化为头脑中的自然的过程，而心中的意象也在这一过程中逐渐变得清晰。在文创产品设计的构思阶段，设计构思包含计划、设想与方案制订，同时还含有意向、图绘和造型的意思。

此时，设计师需充分发挥创造性思维，思绪可以纵横驰骋、尽情畅想，因为想法越多就越能够激发出更多的解决方案。设计构思的过程通常是将模糊不清的形象明确化、具体化的过程。为确保思维的流畅性，设计师需要将设计构思快速呈现在草图上。若没有设计构思，就无法谈论设计；而缺乏优秀的设计构思，也不可能产生优秀的设计。因此，研究设计构思对于培养设计人员的基本素养、提升其设计水平具有重要的意义。设计构思不仅关乎设计本身，还对日常生活和艺术创作展示出统筹和指导的重要价值。

（二）设计表现

文创产品是在设计师对文化进行深入理解之后而诞生的创意结晶。设计师在原生文化的基础上挖掘出更具魅力的元素，并采用巧妙设计的形式将其与产品中的创新理念相结合，创造出一种新型的文创产品。在符号学视角下，文创产品的设计效果图可以被视为一种具有符号性质的存在。对于从事文创产品设计的设计师来说，其设计效果图就是为了展示自己的设计理念，帮助客户理解自己的设计思路，同时也能记录自己的思维过程。设计效果图还是团队成员间沟通协作的重要手段，帮助设计师搭建起与客户沟通的桥梁，成为设计师与客户思想之间的"媒介"。比如，文创产品效果图就是代表设计师的设计思想来与客户沟通的。效果图中的符号显示着某种意义，其来自设计师当时想法的自然流露，附着着产品更深层的意义，一系列符号就构成了设计师的整个思维过程。

设计表现主要分为设计草图和设计效果图两种形式。设计草图是将抽象的设计概念转化为具体形象的创造性过程。设计师在灵感迸发之际，可以借助草图迅速捕捉并记录这些突如其来的创意。在早期草图中出现的设计形象通常并不完整，其意图在于为设计师提供灵感的跳板，使之能够进一步发展出新的设计理念。但是随着设计思路在草图上的不断演化，最初的创意逐渐变得明确和完善。在设计草图完成之后，设计效果图在草图的基础上进一步深化，需要将这些初步的构思做细化处理，可以从功能、造型、色彩、材料工艺以及结构等多个维度进行模拟，以求展示出一个更具现实感的产品效果。设计效果图的表现形式可以是手工绘制，也可以使用计算机辅助绘图技术完成。设计效果图能够让客户直观地理解设计方案在生产成品后的样貌，帮助其在最终决策的过程中做出更为明智的判断。

1. 草图表现。

（1）铅笔草图。铅笔草图分为普通铅笔和彩色铅笔两种类型。普通铅笔草图具有可以反复擦拭和修改的特性，具有塑造形体和确定局部造型的作用；彩色铅笔草图则是在造型结构确定后，通过反复勾勒线条，利用笔画的粗细和浓淡效果展示文创产品的立体感。

（2）马克笔草图。马克笔草图包含油性和水性两种。其中，油性马克笔具有较强的渗透力，能够呈现出更加透明、鲜艳的颜色，特别适合在硫酸纸上作图。而水性马克笔的颜料则具有溶于水的特性，常用于在较紧密的卡纸或铜版纸上作画。

（3）钢笔与针管笔草图。钢笔和针管笔的草图绘制类似于美术绘画，其在表现事物的形态特征时，强调绘画的风格特色，这种方式展现出文创产品设计风格与绘画风格的统一。

（4）电脑草图。电脑草图是许多现代设计师偏爱的绘图方式，在使用该方式进行绘图时，常常需要结合外接手绘板共同使用，这种方法支持反复修改，使其能够达到手绘图的效果。电脑绘制草图最大的优点在于制作的电子文件能够随时保存和记录，并且便于与各部门、各软件系统连接，有助于顺利完成后续的设计工作，提高整体设计效率。

2. 效果图表现

（1）手绘效果图。手绘效果图主要依赖于多种传统绘图工具，如彩色铅笔、马克笔和色粉等。

（2）电脑效果图。电脑效果图利用计算机技术，借助二维或三维设计软件呈现，其整体视觉效果远远超过手工绘制。三维设计常用的计算机辅助软件包括 Rhino3D 和 3DStudioMax 等，这些工具即使在面对表现复杂的曲面和结构时，也能高效精准地完成。对于二维设计，比较常用的有 Photoshop 和 CoreIDRAW，这两个软件可以帮助设计者进行每一个像素的调整，赋予设计图形丰富的色彩效果和光影效果。而后期效果渲染时可以使用 VRay 和 KeyShot，其可以为效果图增添更为真实的材质和光照效果，使作品近乎真实，令人耳目一新。

五、样品制作

制作文创产品的样品时，设计师需要充分考虑产品的成本、工艺、材料等多项内容，在经过仔细对比之后，选择合适的供应商，一般选择两家或两家以上为好，接着再根据特定要求安排打样。在此期间，设计师需要全程跟进产品的制作进度，和供应商保持密切联系，确保样品能够准确呈现并在规定时间内完成。当样品制作完成后，需要经过审批来最终敲定样品，同时也要确定详尽的产品信息，以便后续进行批量生产。

在文创产品的设计中，还需注意选材的重要性。设计师必须深谙所需材料的属性和功能，并在各种材料中选取最合适的进行设计。在选材时，设计师需全面考虑产品在功能、工艺、经济性和环保性等多方面的要求，全面提升产品价值和生产效益。文创产品材料的选取始终遵循功能性、工艺性、经济性及环保性原则，以确保产品在实现其设计目标的同时，兼顾经济效益和环境保护。

（一）功能性原则

设计人员在设计方案时，务必将产品的功能性原则刚在首要位置。材料能否满足产品的功能需求，将直接影响到产品的整体质量。其涉及的方面包括产品功能、造型尺寸、可靠性、质量等方面，这些内容都对材料有着极高的要求，再有就是产品某些比较特殊的功能性要求如防尘、防水、防震等，若加入这些需要考虑的因素后，设计师进行材料选择时就需要更加谨慎。

（二）工艺性原则

文创产品制作的工艺性原则主要体现在产品工艺对制作材料的要求上。在产品设计阶段，设计师需要对材料进行精细加工，以达到理想的设计效果。同时，产品制作工艺也对材料本身有着严格要求，比如机械加工、热处理、表面处理等，这些过程相对复杂，若材料不能达到相应的工艺要求，就很可能导致产品制作的失败。

（三）经济性原则

文创产品的经济性原则主要体现在材料的价格、加工费用以及材料利用率等多个方面，这些因素都将直接影响生产成本。想要实现利益最大化，设计师就必须在设计过程中尽量控制生产成本，以便增强产品的市场竞争力，同时能提升产品的销售额和利润。

（四）环保性原则

企业和设计师在制作文创产品时应重点关注其环保性。在文创产品设计过程中，应充分考虑到环保要求，尽量选择无污染、高利用率以及可回收的材料进行创作。这样的创作既能实现产品的可持续利用，又能够提升公众的环保意识。

六、产品产量

为了使新产品能够顺利进入量产阶段，设计师需要提供准确、全面的技术文件资料并对新产品的成熟度进行验证。而设计单位则需要做好充分的对策分析与设计变更的准备，提前准备好所需样品、技术相关文件资料以及零件采购资料等。此外，还需密切监督工程单位，确保其按时按量完成下列工作：

第一，接受新产品的技术、产品特性及生产作业性评估。

第二，安排生产进程，包括对生产线的评估、绘制工程流程图及草拟质量控制工程图。工程单位还需准备相关治具，进行制程管制、机器设备架设、参数设定及问题分析等。

第三，规划新产品的测试方法，准备测试设备、治具及所需软件，负责生产线测试设备的架设，并提供测试计划与测试产出分析。

第四，合理制订新产品评审会议的日程安排。

七、包装设计

在进行文创产品的市场营销活动之前，必须进行包装设计，因为包装设计的好坏将直接决定产品在市场中的销售情况。包装设计需要体现出产品的基本信息以及品牌理念，将产品特性和品牌效应完美地呈现给消费者，这样能够对消费者的购买行为产生直接影响。在设计过程中，设计师需要考虑如何提升产品的亲和力。当前处于经济全球化深入发展的时期，市场经济作为一个整体，对产品的包装设计提出更高的要求。包装不仅会对产品的使用价值和商品价值产生影响，还会对产品的生产、物流、销售等各个渠道产生广泛影响。

一个优秀的产品包装既需要具备保护产品的基本能力，又需要将产品信息精准地传递给消费者，并保证即使在物流运输和使用产品的过程中，还能具备一定的优越性，进而激发消费者的购买欲望，提高产品的市场销售量。包装作为一门综合性学科，具备极高的商品属性和艺术价值。

八、营销策划

文创产品营销策划的成功与否直接关系到文创产品能否打入市场。在新品投入市场之前，需要撰写一份产品营销策划书。市场上的文创产品消费实际上是情感驱动的过程，而消费者购买文创产品的行为则是对某一种文化情景的情绪发酵。特别是当消费者购买具有地方特色的文创产品时，其实际上是将这种人文特色一同带回了家。因此，可以认为文创产品的价值在于其身后隐藏的诸多故事。

即便文创产品在外观、材质或技法方面并不具备明显优势，仍可通过企业的品牌形象或包装手法来弥补。注意这里所说的包装并不局限于产品本身，还包括营销方面的诸多策略，例如参与公益活动或举办富有特色的活动等，以此来增强产品吸引力。这就需要设计者深入研究消费者的心理活动、购买行为以及决策过程等，并以此为背景剖析影响消费者的诸多因素。

（一）心理价值比较

消费者在选购文创产品时，往往会对产品所带来的价值内涵进行比较，例如品牌价值，或者是产品本身的一些故事等，这些都会给消费者带来一定的情感意义，而消费者也经常对其进行综合比较。倘若一件文创产品未能清晰地传达其品牌深度，没有令人耳目一新的故事背景或鲜明的设计理念做支撑，便难以引发消费者的购买欲望，从而丧失市场竞争力，此时产品对于消费者来说也就成了可有可无的选择。毕竟，购买文创产品是一种基于情感和心理层面的消费行为，只有在这些层面上表现出色，产品才可能在琳琅满目的市场中获得持续的关注度。

（二）个性化塑造

文化创意市场注重的是人文、文化和创意，而文创产品想要谋发展，就必须拥有自身独特的个性。文创产品的个性也是能够与消费者进行心理层面沟通的个性，该个性需要进行专门塑造，使其将创意价值发挥到最大。

（三）消费动机

口碑营销始终是消费行为中非常重要的一环，尤其是在当前这个互

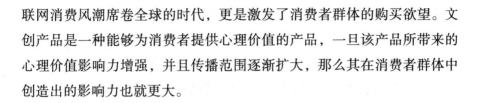

联网消费风潮席卷全球的时代，更是激发了消费者群体的购买欲望。文创产品是一种能够为消费者提供心理价值的产品，一旦该产品所带来的心理价值影响力增强，并且传播范围逐渐扩大，那么其在消费者群体中创造出的影响力也就更大。

（四）消费趋势

在当今社会中，逐渐兴起一种以时尚为导向的新型消费趋势，其动机不在于改善民生和提供物质享受，而是提供思想认同感。文创产品正是在这方面发挥着重要作用，为消费者带来一种精神上的共鸣。

（五）消费者体验

一般的产品大多是以满足消费者的实际需求为目的，而文创产品则是真正走进消费者内心的产品，其可以让消费者从初次接触和使用的过程中，就可以体会到一种独特的惊喜与感动。这种超越基本功能的价值体验使消费者更容易建立对该产品的认同感，进而为商家创造更多的市场商机。

九、市场反馈与再设计

在将文创产品投放到目标市场之后，根据市场给予的信息反馈，企业必须迅速针对重大问题组织专项研讨会，组织员工集思广益，确保产品改进和升级的各项工作能够有序推进。企业应确保对产品进行进一步的设计和优化，并且要妥善、及时、有效地处理消费者的反馈意见，努力提升产品质量，不断增强消费者满意度和产品的市场竞争力。

十、文创产品设计流程管理

文创产品的设计工作已不再是由少数设计师单独完成的项目，而是融合产品定位、工程设计、材料选择、模具制作、市场管理等多个环节的一项综合性活动。各个环节需要按照严格、高效的文创产品设计流程进行管理，这样可以为企业带来更大的效益。该效益包括提高产品质量、改善客户服务、缩短时滞、减少成本、减少纸面作业、空间需求量最小化、压缩管理层、提高应变能力、提高员工效率等多项内容。而清晰、明确的管理流程还能够为企业解决很多容易在管理过程中出现的问题，保证项目顺利进行，使企业能够在少走弯路的情况下，实现利益、质量双丰收。具体而言，文创产品的设计流程可以分为系统化、标准化、模块化和流程化，分别对应的是管理环节中的设计定位、创意过程、样品生产、营销反馈 4 个环节。

第六章 新媒体时代文创产品的传播要素

文创产品的传播是进行产品设计的必然结果，探究传播学中的 5 个基本要素能够帮助文创产品实现在公众群体中的有效传播。本章分为文创产品的传播者与受传者、文创产品的传播内容、文创产品的传播媒介、文创产品的传播效果 4 个部分，从多个方面对文创产品的传播进行解读。

第一节 文创产品的传播者与受传者

一、文创产品的传播者

（一）传播者的概念及类型

1. 传播者概念

传播者是整个传播活动的发起者，也是整个传播过程的主导者。其处于传播的起始位置，能够直接决定传播的内容、传播的质量以及传播的形式。在一个完整的传播过程中，传播者既需要将信息传递给受众，又需要对信息反馈进行收集与分析。通过解读反馈信息，传播者能够了解信息在受众中的实际反响，洞察信息的不足之处，并进行必要的修正和补充，这样才能使传播持续地进行。

在当前的设计实践中，"以用户为中心"已成为设计者的主要指导原则。在这一设计模式中，设计师以专家的身份负责整体设计的策划和调控，而用户则是被动的接受者。设计者通过观察和访谈，为用户构建知识体系，并在资讯收集的过程中，依靠自身理解形成一种独特的混合认知。[①] 该认知不同于文化消费者和当地居民对地域文化的认知，其更带有明显的个人情感因素。

在后续发展过程中，越来越多的人提出设计应从"以用户为中心"发展为"协同发展"，促使设计者在设计过程中完成角色的转换。协同发展并不意味着不考虑目标用户的需求，而是从设计的起点开始，让设计者和负责传播流程的专业人员充当参与者。[②] 这一改变意味着设计者不再直接作为主导者进入设计流程，而是在深入理解地域文化之后再进行设计决策。在之后的文创产品设计中，文化内涵受重视的程度越来越高，设计者更需要在开发过程中全面了解文化背景，避免从上帝视角进行片段式的拼凑。

2. 传播者类型

文创产品的设计与研发历程实际上是一个复杂的传播过程。在这一过程中，需要多个角色参与其中，包括企业家、研发人员、销售人员以及消费者等。凡是能够直接或间接影响到产品形式和内容的个人或团体，均可视作文创产品的传播者。但是由于不同角色对产品影响的程度不同，可以将这些传播者划分为直接传播者和间接传播者。其中设

---

① 王启. 从传播要素视角谈地域文化创意产品的设计策略 [D]. 上海：华东理工大学，2019.

② 王启. 从传播要素视角谈地域文化创意产品的设计策略 [D]. 上海：华东理工大学，2019.

计师、设计团队以及设计决策者都是直接传播者，这些人与产品的设计过程联系最为紧密；而营销和管理领域的专家以及消费者则是间接传播者，这些人可以赋予产品特定的信息和内容，间接参与到产品的价值引导与传播过程中。从产品角度来看，设计者是文创产品设计过程中最主要和最直接的传播者，其理念和创意将直接影响产品呈现出的样貌以及未来的传播方向。

（二）影响传播者的因素

在文创产品设计中，设计者既是创作的主体，也是传播过程的主要推动者。在文创产品设计的过程中，设计师很容易受到多种因素的影响，而这些因素最终都会在其创作的作品中体现出来。因此，要想成为一个出色的产品解说者，必须明确这些因素将会对整个设计产生怎样的影响。

从设计者的角度来看，设计者所掌握的艺术知识、科技知识、地域文化背景以及其具备的设计素养与审美能力，都属于带有主观色彩的内容，能够反映出设计者的艺术倾向、文化倾向和心理倾向等。这些因素最终构成影响传播者的主体因素，使每件文创作品中都带有独属于设计者的个性印记。

从设计的客观操作性角度来看，设计是为了满足一系列特定需求而存在的，包括社会需求、经济需求、技术需求及文化需求等，而这些需求归根到底还是与消费群体、社会现状以及潮流动态的变化有关。因此，产品在创作及推广的过程中往往会受到消费者习惯、社会发展趋势及流行风尚等方面的多重影响，这将统称为社会客体因素。

根据上述分析可知，设计者要想成为一个好的传播者，就需要从多个方面进行考虑：一是从设计者自身的角度出发，不断提升自身的综合素养，并不断完善自身的知识体系；二是从社会客体因素出发，密切关注当前社会的主流趋势、社会环境以及设计风尚等内容，这样才能确保设计出来的产品可以从内容到形式都具备实时有效的特点，将最新、最具价值的信息融入产品之中，再通过设计传达给消费者，促进设计者与消费者之间的信息交流，实现与消费者需求的同步变化。

（三）传播者的传播任务

从传播角度探讨文创产品的设计过程，可以发现传播者的任务与创意产品的信息内容密切相关，特别是那些面向地域文化的产品设计。根据传播学理论可知，传播者的任务主要包含信息收集、信息加工和信息制作这 3 个环节。这表明，设计师作为传播者，需要对产品涉及的地域文化原型进行深入的筛选和挖掘，并对这些文化原型的特征进行提炼，使之成为一个高度凝练的设计元素。然后，通过设计手法将这些元素表达出来，以展示出产品的设计创意和文化内涵。

二、文创产品的受传者

（一）受传者的类型和受传过程

受传者是指那些通过各种方式接收信息的人群。在传播过程中，受传者虽然只有一个身份，但是承担着两种角色：一是被动成为传播内容的接收者；二是主动成为接受信息的反馈者。从整体上来看，任何人都有可能成为受传者，因此受传者的群体非常庞大，几乎涵盖了各个地域和阶层的所有人群，并且这些受传者会随着时间以及传播内容的变化而发生变化。①

1. 受传者类型

受传者作为传播内容的接受者，其能否成功接受信息直接影响到传

---

① 王启. 从传播要素视角谈地域文化创意产品的设计策略 [D]. 上海：华东理工大学，2019.

播的最终效果。传播的信息只有在被受传者成功接收后，才能实现其传播目的。根据受传者对信息的接受程度，可以将其分为关键受传者（积极受传者）与普通受传者（随意受传者）。关键受传者通常是传播活动初期的重点目标受众，这类人群能够对传播内容做出实质性反馈，并对传播活动的成效产生直接影响；而普通受传者则是能够通过各种渠道接触到传播信息的社会大众群体，这类人群会对传播活动产生潜在影响。在实际的传播过程中，真正的受传者是指那些在接触传播媒介后，对所传递的内容有了充分的认识和理解，并基于此做出反馈的人群。这就意味着，为了取得更好的传播效果，就需要对受传者的生理及心理特征进行深入研究，将更多的普通受传者转化为关键受传者。①

积极接受者很有可能就是预期受众和现实受众，而随意接受者中则可能隐藏着潜在受众。想要将这些潜在受众转化为现实受众，就需要借助传播媒介进行进一步引导和宣传，以此拓宽文创产品的影响力。受众如何通过信息选择来满足自身需求呢？在这里，不妨采用施拉姆公式进行回答：媒体选择概率应该等于媒体产生功效与所需付出代价的比例。也就是说，当某种信息的吸引力更强且获取信息的难度较小时，受众选择这种信息的可能性会更高。在信息传播的过程中，传播者如果能准确掌握受众的需求，便能够采用不同的形式来优化信息传递的过程，提高受众接受信息的积极性。例如，观复博物馆运用"观复猫"吸引"云养猫"的人群，同时在其中加入大量的文物知识和历史故事，既将线上爱猫受众吸引至观复博物馆，又增添了文化传播的趣味性，为销售文创产品营造了良好的氛围。②

当然，受众面对传播也并不是完全被动的，其会通过不同的媒介来选择自己感兴趣和所需的内容。因此要及时关注受众的反馈和需求，以

---

① 王启. 从传播要素视角谈地域文化创意产品的设计策略 [D]. 上海：华东理工大学，2019.

② 韩鑫. 博物馆文创产品的传播功能实现研究 [D]. 上海：华东政法大学，2018.

便进一步优化文创产品的传播方式。理论上来讲，参与到文创产品传播过程中的每一个人是产品的接受者，并有可能成为其受众。这些人群同样可以提供最具针对性的传播效果反馈。而大多数消费者是通过市场流通这个渠道接触到文创产品的，因此能够率先吸引其注意力的往往是产品的外部形象，之后才是产品的文化内涵。

2. 受传者的受传过程

受传者是传播过程中的重要一环，因此设计人员需要认真考虑受传者的受传过程以及其在这个过程中会发生的心理变化，这对于了解传播的整体过程来说非常重要。受传者在传播过程中，其接受传播内容也具有一定的过程，人们经过研究后将其分为以下几个步骤：有选择地接触、有选择地领会、有选择地记忆、情感认同和动机出现。[①]

（1）有选择地接触。对于传播而言，最需要考虑的便是能否吸引受传者的注意力。这是因为受众在面对海量的信息时，通常会选择性地接受，而非无差别地吸纳。人们往往会优先关注那些在自己认知范围内的信息，当出现在距离和情感上都与自己的想法接近的产品时，会产生想要接近的感觉。接触信息的方式大致可以分为两种：有意识接触和无意识接触。有意识接触意味着个体已经对事物有一定的了解，并且是带有目的性地在寻找该信息；无意识接触则是在寻找目标信息的过程中，由于外界偶然因素的影响，在无意间接触到某些信息后又对其产生了兴趣。二者虽然结果一致，但是过程有着本质差异。

（2）有选择地领会。受传者对于接触到的信息，会有选择地去领会，这与其自身认知和情感因素有着很大的关系，并且这种影响还与受传者获取信息时所处的环境有着密切的联系。因此，实际在产品设计过程中，需重点关注大环境下人们对新事物的理解程度，同时还要兼顾产

---

① 王启. 从传播要素视角谈地域文化创意产品的设计策略 [D]. 上海：华东理工大学，2019.

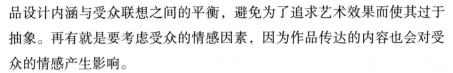

品设计内涵与受众联想之间的平衡，避免为了追求艺术效果而使其过于抽象。再有就是要考虑受众的情感因素，因为作品传达的内容也会对受众的情感产生影响。

（3）有选择地记忆。当信息传递到受传者这里，并且受传者已经理解其内涵后，将会对其进行选择性记忆。最初，受众在接收到信息时，会短暂地记住这些内容，接着再根据兴趣进行选择性认知，并形成对信息的短暂印象。

（4）情感认同。在经历过信息接触、理解及记忆3个阶段之后，产品往往能够引起受众情感上的变化，并且能够使受众在很长一段时间内将其牢记在心里。优秀的文创产品通常能够在心理层面引发受众产生情感波动，这象征着用户对产品建立忠诚度的最高表现。

（5）动机出现。在传播活动中，激发受众产生动机是一项重要的任务。因为传播的最终结果是引导受众产生购买行为，然而，对于消费者来说，即便其产生了动机，也并不意味着其就会购买该产品，动机只是促成购买行为的一个前提。真正能够推动其决定购买的还包括资金、计划等因素。因此设计师在进行产品设计的过程中，需要着重研究受众的心理、所处环境等因素，还要考虑产品目标人群的年龄、收入等，从而使最终生产出来的产品既能满足消费者的需求，又具备美观引起情感共鸣的特点。

（二）影响受传者的因素

从大众传播的角度来看，受众在使用传播媒介的过程中，会受到社会条件和个人因素的影响，这就意味着消费者在购买文创产品时，最主要的目的是满足自身某些特定需求，而这些需求又受到社会和个人因素的驱动。

其中社会条件是指消费者受到当前社会环境的一系列影响。这种影响主要来自当下的流行趋势和主流文化的价值导向。而流行元素作为一种社会现象，也是一种商业行为，往往因文化主流等因素产生作用，这又进一步影响了消费者的需求；从个人因素的视角来看，受众本身的文化修养、价值观念和审美认知皆影响着需求的变化。因此，设计者需要从上述两个方面入手，确定文创产品的受众人群和需求点。

在明确了影响消费者需求的诸多因素后，下一步就需要确定需求是否得到满足的评判标准。从传播视角来看，受众的需求是否得到满足主要从 3 个方面来看：感官印象、使用体验以及情感满足。其中感官印象是指消费者对文创产品的直接感受，考量点在于产品是否具备文化特征及视觉吸引力；使用体验是指产品在实际使用中的功能表现是否符合受众日常的使用习惯；情感满足则是着眼于产品的文化内涵，观察其提供的文化价值和精神内涵是否能够引起受众的情感共鸣。

第二节　文创产品的传播内容和传播效果

一、文创产品的传播内容

从传播学视角来看，人类传播的基本要素就是符号，其作为传播内容的表现形式之一，蕴含着特定含义。由此可知，符号作为信息的表现形式，能够满足人们相互交流的基本要求，其涵盖的内容包括语言、文字、图形、代码、操作方式、活动行为等，以下是文创产品的传播内容的表现形式：

（一）文化信息

文化存在于符号之中，并通过符号表现出来。只有依托符号，文化才能在时间和空间中获得继承与传播。在某些特定区域或者特定族群中，都有其特定的文化内容，这些内容皆可以通过抽象符号来展现。文化符号包含的内容有很多，其表现形式也比较多样，如建筑、服饰、动植物、自然环境、手工技艺、图腾信仰、风俗礼仪等都可以揭示出文化内涵。由此可见，文化符号除了包括最明显的物质形态，还包括行为形态及思想形态。这些涉及范围极广的文化符号凝聚着丰富的文化信息，能够展现文化特色或反映其深层含义。而设计者在设计过程中首要任务就是对这些文化信息进行筛选，之后再进行提炼和加工。

（二）产品设计信息

艺术可以被视作一种符号语言，其表现形式实质上都是符号形式。这也说明，文创产品中的创意设计作为艺术表现的一部分，其也可被视为符号的一种构成形式。产品的功能性信息，可以看作其最基本的内容，信息多体现在实用功能上。而在诸如认知和审美等精神层面上，想要实现信息传递，最主要的还是需要依靠产品与人之间的信息沟通，即通过设计语言和设计符号与人进行沟通。

从这个角度来看，无论是地域文化信息，还是产品设计信息，均是通过符号形式存在，并通过文创产品的物质化形式作为载体，实现与用户的互动。可以看出，信息、符号及文创产品彼此之间存在相辅相成的联系。从信息的角度来说，其需要符号形式作为载体；而从符号的角度来看，文创产品则是符号信息的承载工具。

二、文创产品的传播效果

（一）传播效果的内涵

传播是一种带有明确目的性的行为活动，传播效果是整个活动过程中各个要素共同作用的结果，因此人们经常将传播效果作为对传播活动进行评价的重要标准，同时也是调整传播方式、实现正向改变的重要依据。传播效果根据侧重点的不同可以划分为两个层次：一是从人的角度来看，传播效果是指传播者期望到达的结果，但是在实际传播过程中，受众在接收到传播者的信息后，其生理、心理方面的变化会对传播者的理想效果带来一定的偏差，这就导致传播者需要不断调整传播方式才能增强传播效果；二是传播活动的社会影响，传播首先作用于人，继而对整个社会产生影响。在不同的时代背景下，传播活动对社会具有一定的积极或消极作用，对社会的变革及发展产生不同程度的影响。[1]

（二）传播效果的构成及理论

1.文创产品的传播效果构成

传播效果主要是指特定的传播活动对受众产生的影响，还有在这种影响下受众所发生的一系列变化。这些变化可能是直接产生，也可能是间接产生；可以是短暂存在，也可能是长久存在。研究文创产品的传播效果具有理论和实践方面的双重意义。文创产品的传播主体通过传播过程，展现出其所特有的观点和态度。[2] 受众在接触文创产品后，会利用媒介来表达意见，如分享使用体验等，通过舆论的形式影响他人。将文创产品的传播效果具体到微观层面，可以对人的一些行为产生影响。按照传播效果的发展逻辑顺序，这一过程可被分为认知、心理态度和行为3个层次。

受众对文创产品的认知很容易受大众传播的影响，当信息接连不断地出现在受众的认知系统中时，其对文创产品的理解就可能会发生偏差。无论是文字信息还是实物信息，都会在认知上产生一定的效果。认知的改变是传播者和受传者共同作用的结果，传播者赋予知识信息，并将其发出，而受传者则负责接收信息、理解含义、掌握知识，再重新认识旧知识，经过这一系列过程形成变化。文创产品可以对受众进行道德

① 王启.从传播要素视角谈地域文化创意产品的设计策略[D].上海：华东理工大学，2019.

② 韩鑫.博物馆文创产品的传播功能实现研究[D].上海：华东政法大学，2018.

层面和审美层面的影响，也就意味着其终将影响受众的价值体系，只不过这种影响因文创产品的不同而有所差异。当传播活动在观念或价值体系中引发受众的情感共鸣时，其心理和态度也会发生改变。受众抱着欣赏文创产品的态度来主动观赏产品时，就可能会改变其对某种文化的整体印象。大众传播与人际传播能够通过各类提示，直接或间接地改变受众的行动。例如，借助"把博物馆带回家"的传播口号，可以有效刺激人们购置博物馆推出的文创产品。传播者利用不同的介质和方法，激励受众关注、接受文创产品，使其行为习惯和审美习惯逐步向自身期望的方向发展。①

2. 文创产品的传播效果理论

传播效果的形成受到多种因素的共同影响，其中包括受传者、传播信息、传播媒介以及传播环境等因素。具体来说，文创领域的从业人员以及文创商店的员工都是信息传播的主体，与信息接收者保持着密切的联系。因此，当这类人群对文创产品的认知和态度发生改变后，就会直接影响到受众的看法，受众将根据接收到的信息来做出不同的反应。

由于时间的碎片化以及媒介的普遍化发展，现代受众早已置身于各种媒介之中，若想要获取文创产品的相关信息就更加需要依赖媒介，甚至还要依托媒介的帮助来做出选择。梅尔文·德弗勒（Melvin L. Defleur）和桑德拉·鲍尔－洛基奇（Sandra Ball-Rokeach）在《大众传播学诸论》一书中提出了媒介依赖论，指出媒介在社会中的重要性越大，个体对于媒介的依赖度就越高。大众传播机构的权威性，以及其在运营和管理过程中所呈现的积极氛围和引导策略，成功塑造了传播媒介的整体环境。这种富有活力的环境将有效推动传播活动中各个环节的良性运转。

传播效果的形成过程直接影响着传播策略的选择。人们在研究这

---

① 韩鑫. 博物馆文创产品的传播功能实现研究 [D]. 上海：华东政法大学，2018.

种影响的过程中提出了诸如社会说服论、认知一致论、认知失调论、文化规范论、议程设置论、知识鸿沟论、沉默螺旋论，以及媒介依赖论等理论内容。由于大众媒介的强大力量，尤其是在政府引导的情况下，其影响力更加显著。议程设置理论是由马克斯韦尔·麦库姆斯（Maxwell McCombs）和唐纳德·肖（Donald Shaw）在其文章《大众媒介的议程设置功能》中首次正式提出的，该理论认为大众媒介未必能够直接告诉人们该如何思考，但其具有左右人们思想的能力，可以帮助人们做出行为分析。并且可以肯定，大众媒介有能力通过新闻报道、评论等形式引导公众的注意力，改变公众的原有认知。

（三）影响传播效果的因素

文创产品是实现商业价值并促进文化有效传播的载体，其传播效果最终由其他传播要素共同决定，也可用于检验整个传播过程对受众的影响表现。受传者在传播过程中表现出的态度和情感反馈，是传播效果最直观的展示，也是设计师进行文创产品设计的重要参考素材，其能够帮助传播者设计出合适的传播活动。在文创产品进入市场后，需要针对目标人群进行调研，主要是对传播媒介的传播效果进行评价。原因在于要通过这些媒介来推广那些具有浓厚文化特色的文创产品。客观上来说，传播效果会受产品设计表现的影响，而从主观上来讲，设计师才是对传播效果产生最直接影响的本源。[①] 因此，影响传播效果的关键因素在于人与产品的互动，其中影响传播效果的人群包括文创产品的设计师和受众。文创产品的文化性、功能性、创意性和情感性等属性也会对传播效果产生影响。影响传播效果的因素是多方面的，但最不可忽视的因素是受众，特别是受众对文创产品的接受程度。一般而言，受众对某件文创产品的接受程度越高，表明其在市场上的传播效果越好。

---

① 王启. 从传播要素视角谈地域文化创意产品的设计策略 [D]. 上海：华东理工大学，2019.

第七章　新媒体时代文创产品的传播媒介

第一节　新媒体时代文创产品的传播媒介概述

一、新媒体营销传播的概念

新媒体营销传播是企业基于数字技术进行传播管理的一种新方式。随着科技的进步，数字技术的日趋成熟为传播创造了新的环境，同时还为企业提供了全新的解决营销传播难题的方法。因此，企业能够利用这些新兴技术手段，开展更加高效的营销传播活动。

在这一背景下，新媒体营销传播成为企业行之有效的工具。企业应充分利用新媒体平台，采用多样化的营销活动，如将新媒体平台作为信息的重要传播渠道，将与企业相关的营销信息传递给潜在消费者和现有客户，以扩大影响力。在新媒体时代下，比较常见的传播媒介有纸质媒介、网络媒介、博物馆媒介以及影视媒介，为了迎合时代发展，不同媒介从不同角度做出改变，以提高产品传播的质量和效率。

二、新媒体时代营销传播的创新特征

（一）多元化、复合式的传播接触点

在当前的新媒体环境中，企业若想要有效地进行市场传播，必须充分运用当代的传播平台。随着数字技术的飞速发展，世界已然迈入移动互联网时代，传播媒介和传播终端变得更加智能化和多样化。无论是通过手机、电脑、电视，还是户外显示设备，互联网都在以其特有的方式将各种复合平台转变为传播媒介，这些媒介已经成为企业进行营销传播的重要接触点。

这些接触点的功能不只是传递信息，还能够将企业、产品与受众三者连接起来，形成一个广阔的交流平台，这样一来，受众便可以摆脱被动的接受者的身份，逐渐成为信息传播中的超级连接者。在这种情况下，传播接触点的多元化和复合式便为企业发展提供了很大的便利，使其能够在最短时间内了解受众的需求变化，还能以明确的传播目标为基础，协助企业制订出高效的营销传播方案，从而大幅提升企业的传播效率。

（二）信任化、互动化的传播关系

在企业的营销传播活动中，其需要处理的关键问题是建立企业与目标受众之间的信任关系。为达成这一目标，企业与消费者之间需要加强双向交流。现代社会中，企业可以依托互联网及多种新媒体平台，进行信息的发布与互动，营造更加开放、透明的交流环境；而消费者则可以通过这些便捷渠道，在网络上表达自身的需求，这样一来，企业和消费者之间的距离感就会大大缩小，有了数字平台的帮助甚至能够进行实时交流和沟通，消费者能够以最快的速度获知产品的设计理念和文化内涵。

（三）多样化、独特化的传播内容

在新媒体时代的营销传播过程中，传播关系衍生出新的模式，传播内容也因媒介技术的进步而不断变化，具体表现在以下几个方面：

第一，传播内容的类型发生了变化。如今，越来越多的人习惯于享受移动互联网所带来的便利性，其使用的图片、文字、视频、文件等内容皆可以借助移动互联网实现快速传递，并且还能实时共享位置，而企业可以利用传播内容所发生的一系列变化来调整自身的营销策略。

第二，传播内容的方式越来越独特化。随着移动互联网技术的成熟发展，衍生出许多新的功能。例如，人们可以使用语音搜索技术来获取信息，还有移动终端所推出的"摇一摇"功能等，企业可以将这些功能进行不断优化，来为消费者带来更好的消费体验。此外，在新媒体竞争激烈的环境下，企业在进行营销传播时，其传递的信息内容需要更加贴合消费者的需求，并加入更加新颖和有趣的看点才行。当发现营销传播中出现问题时，要及时进行调整和完善，避免影响到产品的整体销售效果。

三、文创产品和媒介融合的创新传播

随着时代的进步，互联网技术和新媒体技术已经十分成熟，成为人们日常生活不可或缺的一部分，也是现代社会中传播文化信息的重要载体。随着移动新媒体等创新传播形式的不断涌现，其逐渐成为主流的传播方式和传播工具，该趋势对传统传播行业造成了强烈的冲击。由此，在新媒体的影响下，文创产品的传播策略、媒介以及覆盖范围均发生了明显的变化。

（一）表达形式的融合

凭借互联网技术的成熟发展，以及多媒体技术的应用转变，过去那些平面、静止、单向的信息内容逐渐转变为立体化、跨媒体、交互性的形式，也正是这种转变使图像、文字、声音等元素从以往不同的表现方式中摆脱出来，转变为统一的表现形式。如今，文创产品涉及的范围比以往更为广泛，涵盖了动漫、影视和游戏等传统娱乐行业。互联网还能连接全球各地的用户，将文创产品设计者与其目标受众紧密联系在一起。受众可以借助互联网平台直接表达自己对图像、文字和声音等方面的看法和建议，设计者则能够根据这些反馈来调整作品内容，确保产品更贴合市场的真实需求。

（二）创造主体的变化

互联网平台享有平等、自由的交流优势，每个使用互联网的人都可以成为创作内容的主体，并且其出版的效率也会因为自主出版系统以及按需印刷技术的提升而变得越来越高。在数字技术迅速发展的环境下，传媒、出版以及信息技术得以融合在一起，既相互推动又彼此竞争，也因此改变了"出版主体"用于区分行业资质的传统。另外，互联网技术的成熟发展，还为大规模协作的产生创造出更多的可能性，彻底颠覆了以往以个体或者团队创造为主的传统内容创作方式。

第二节　新媒体时代文创产品的纸质媒介传播

一、纸质媒介的创意设计

纸质媒体作为文化创意产业的重要载体之一，在当今社会依然拥有独特的发展机遇。传统纸媒，指的是使用纸张作为载体的报纸、杂志等媒体形式。然而，随着社会的发展、科技的进步，以及互联网产业的快速崛起，电子门户和电子平台已深深融入人们的日常生活。电子网络信息的快速流通使大众可以在最短的时间内获得当下最新的信息，这种

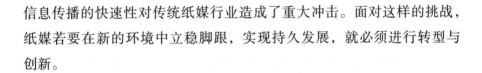

信息传播的快速性对传统纸媒行业造成了重大冲击。面对这样的挑战，纸媒若要在新的环境中立稳脚跟，实现持久发展，就必须进行转型与创新。

（一）创意设计是纸媒变革的时代要求

创意设计是指将设计师或设计团队对产品进行的详尽规划和构思进行更加深入的拓展研究，并使用各种视觉形式进行呈现的一个活动过程。其中，创意是整个设计的灵魂，而实现这一创意的目的则是设计本身。创意设计包括工业设计、建筑设计、包装设计、平面设计及服装设计等，其除了具备初级设计和次级设计的元素内容外，还需要加入一些独特而富有新意的设计理念。唯有如此，才能在设计中展现出独特的创意，使普通的设计焕发新的生命力。

（二）纸媒传统理念与现代思维的冲突与调和

纸媒现如今的发展态势比较低迷，部分原因在于网络媒体的迅猛发展，而其自身的发展又到了瓶颈期。在纸质出版物的制作过程中，一些出版物存在过于重视文字内容的情况，而忽略了读者的审美需求。早在19世纪末，欧洲的部分作家就已经针对是否要在文学作品中插入一些图画和装帧设计的问题进行过讨论，其中，有部分作家认为该做法比较多余，但是也有作家认为在书籍中加入装饰内容是大势所趋。就前者的观点来看，在其认知中，书籍的作用主要是为了方便作家和读者之间的交流，不需要在其中加入别的内容来混淆视听，而在后者的认知中，则认为美观的装饰能够起到帮助读者理解文字内容的效果，是对文学作品内容的强化。

这种分歧源于装饰在出版物中所占据的从属属性。在纸质媒介中，出版物是由作者和设计师共同呈现的，其中作者可以根据自己的想法随意发挥，而设计师就必须严格遵循作者的设定，在设计过程中不能偏离既定的框架。时间久了之后，有一部分刊物就逐渐形成以文本为核心的设计理念，装帧和插图的设计渐渐被认为是书籍的附属品，可以被选择性忽略。后来，该观念在一些出版物中根深蒂固，导致装帧设计在出版物上的从属性逐渐被淡化甚至边缘化。

（三）纸媒版式设计要敢于打破传统束缚

在出版物的设计中，版式设计被视为一个系统而全面的过程，其中既含有封面设计，又包括文字版面内的图像设计、插图设计、文字标题的规划与排布、文字的结构设计，以及出版物整体的色彩设计等内容。对出版物的版式进行设计的目的是将信息有效地传递给读者。为了实现这一目标，设计者需要在创作过程中进行深思熟虑，考虑多种复杂元素，以便找到视觉形式与出版内容之间的平衡点。正如中国近代学者王国维所言："一切之美，皆形式之美也，就美之自身言之则一切优美皆存于形式之对称变化及调和。"[1] 在该言论中，形式的对称、变化与调和被认为是美的重要组成部分，这为出版物的版式设计提供了理论基础，也为设计者在进行艺术表现时提供了灵感。

二、图书出版的文化创意思路

在充满竞争和变化的市场经济背景下，图书出版的文化创意必须不断革新，以适应经济环境的多变性及快速淘汰性。出版工作者需要逐步认识到，图书出版想要获得稳步发展就需要与市场紧密联结在一起，进行文化创新。然而，这种创新不能仅停留在形式上，还需要具备政治的敏感性并符合国家制定的法律法规，图书出版的文化创意不能为了追求新颖而触及法律的禁区。正所谓"无规矩不成方圆"，若没有法律的约束，再精妙的创意也将失去意义。

---

[1] 王国维.王国维散文[M].上海：上海科学技术文献出版社，2013:15.

图书出版的文化创意需要体现出娱乐性。图书出版的目的在于传递知识和信息，其作为传播思想的载体，其中的内容需要具备积极向上的特点，并且能够带来一定的教育意义。在表现形式上，图书需要具备图文结合的特点，其中文字要简单易懂，还需具备一定的抽象含义；而图片则应将文字形象化地展现出来。图文并茂的方式使图书出版更具娱乐性，同时使大众的精神文化生活更加活跃。此外，图书出版的文化创意还需具备典籍性。广播电视传递的信息转瞬即逝，即便是报纸杂志中传递的信息也不会长久存在，唯有书籍能够恒久流传，经过时间的洗礼而被永久珍藏。书籍是人们获取知识最普遍的工具，人们在使用书籍获取知识的过程中无须依靠其他手段即可实现高效的信息传播。

第三节 新媒体时代文创产品的网络媒介传播

一、互联网思维下的文化创意营销

当下，人们置身于一个崭新而极具活力的互联网时代，这个时代以科技的迅猛发展为标志。高科技产品与创新技术层出不穷，并以前所未有的速度融入人们的日常生活和工作中，逐步改变着人们传统的生活方式和思想观念。在这一背景下，信息传播和文化创意营销正经历着变革的重要时刻。作为这个时代的见证者与参与者，人们积极投身于这场新媒体的革命中。文化创意营销在互联网时代的推动下，呈现出快速更新和发展的趋势，同时也展示了其独特的魅力与无限潜力。

（一）信息变革时代的受众环境

现代社会中的科学技术发展速度极为迅猛，我国在媒介领域也有自身独特的发展方式。在中国，智能手机的普及使移动媒介成为人们生活中不可或缺的工具，在这样的背景下，中国的电商行业在互联网的基础上创造出电商金融的概念，对传统的银行业产生了一定的冲击。在文化娱乐方面，许多草根艺人通过网络迅速走红，成为大众茶余饭后的热门话题。

信息时代的来临导致文创产业所面对的受众发生了改变，这些受众不再是习惯传统传播方式的人群，而是在互联网中成长起来的新一代消费人群——"90 后"与"95 后"，这些人已成为现今市场消费的中坚力量。在无线互联网技术和智能手机技术不断发展的推动下，移动端的传播业务已经出现竞争激烈的态势。随着受众群体的变化，消费方式也随之转变，这一变化将促使信息传播方式不断演进和革新。

（二）互联网思维下的文化营销

如今人们可以通过观察互联网世界中的文化营销活动来了解社会和时代所发生的变化。现代市场营销已经脱离了工业革命时期严格遵循机械化生产步骤的模式，取而代之的是受到互联网思维驱动的快速发展态势。以餐饮、出租车和唱片行业为例，这些行业在互联网的影响下均发生了明显改变；而影视、旅游和教育行业也正走在变化的道路上。

1. 把营销变为造梦——创造梦想

2014 年，北京大学推出了一部名为《星空日记》的宣传片，讲述了一个励志故事。影片聚焦一位名为何晓东的学生，其经常嘲笑自己，却在心中怀揣着一个触手摘星的梦想。他主修专业是经济学，却因为对梦想的执着而坚定地选择了天文学作为辅修专业，并在毕业时完成了一份出色的毕业设计。这部宣传片播出后，引起了观众的共鸣。很多人被影片中主人公的精神所触动，纷纷转发到朋友圈，激励着更多人在追逐梦想的道路上走得更加坚定。

在对《星空日记》进行深入分析的过程中，可以清晰地看出其中存在的变化。首先是传播渠道的改变。如今，大学的宣传片不再局限于传统的播放平台如电视台或官方网站，而是选择发布在互联网上，如微博、微信朋友圈等，让大众获得了可以互动分享的机会。其次是话语的表达方式发生了改变。在传统的大学宣传片中，通常会由学校领导进行官方、正式的陈述，其风格往往比较大气恢宏、庄严肃穆。然而，这种官方的叙述方式容易让人产生距离感，降低了宣传片的吸引力和信息传递效果。然而，《星空日记》改变了这种刻板印象，以一个普通人的视角切入，从根本上颠覆了传统的话语体系，使其更接地气、更易于被广大学生群体接受。这种改进让观众觉得更贴近生活，从而更愿意去关注和思考影片所传达的信息。再次是传播角度的改变。以往大学所制作的宣传片都是精致高级的，影片本身散发出一种难以接近的精英气息，这样的风格并不能真正打动大众，观众只能成为信息的被动接收者。而《星空日记》通过电影化的叙述方式，讲述了一个充满情感的故事，使观众在获取学校信息的同时，也被片中的情节所激励。最后是营销传播方式的改变。北京大学在营销传播方式上的革新对整个宣传片的创新起到了关键作用。这种变化是对互联网思维的深入实践，即专注于创造梦想与价值，而这种思想恰恰也是大众所需要的，并真正契合教育的本质需要。

2. 把产品变成感情——创造情感

在电影中插入广告非常容易引起消费者的反感，即便是一些相对隐蔽的植入广告，也难免让部分观众感到不满。原本广告设置的目的是引起消费者注意，并激发其消费动力，但是在这种情况下，广告仿佛成了电影中最不受欢迎的元素之一，给观众的观影体验带来不好的影响。然而，如果广告能够转换为一种更为人性化的形式，会不会改善这一状况呢？通过情感共鸣来传递广告信息，让观众在不知不觉中感受到广告带来的乐趣和美好体验，从而提升其对相关产品的好感度，这一设计思路正逐渐受到广告界的推崇。若能够将产品形象塑造得更具魅力和吸引力，广告也能够成为充满故事和艺术的表达，为产品增加更多富有人情化的内容。

20世纪，原创媒介理论家麦克卢汉曾提出"媒介即信息"这一论述。在现今这个由大数据主导的互联网世界中，内容本身就是信息。要让这些信息被受众接受，就需要将受众内心深处的情感释放出来，将产品变成具有人格魅力的情感产物。许多与互联网息息相关的企业长久以来都有一个共同的愿景——要将广告转变成类似电影的内容。随着科技的迅猛发展，这个梦想正在慢慢实现。现在微电影制作已经成熟，企业抓住这一趋势，纷纷将广告制作成微电影。例如，某品牌口香糖将其广告作品打造成一系列动人的微电影。影片中，两位主角之间所传递的情感汇聚在两片口香糖之中，受众在记住两个人之间的故事的同时，也记住了该产品。

3. 把颠覆变成个性——创造个性

互联网所呈现出的信息量非常庞大，以至于人们在面对丰富的信息时，并不能第一时间准确做出选择，因此企业需要针对产品进行文化营销传播，将产品及其概念灌输进消费者的内心世界，使其原本观念得以改变，塑造出具有产品特征的新方法。这种创新性的表达，要求对原有信息进行重新解读，并颠覆那流于庸俗的文化表达，只有这样，才能孕育出个性独特、令人耳目一新的营销效果。

4. 把信息变成游戏——创造趣味

在数字化时代，互联网已成为信息交互的全新载体，打破了传统的单向传播方式，塑造出多点对多点的互动生态。人们在这种环境中，更乐于在轻松闲适的氛围中获取知识。例如，某视频网站的自制剧便是采用幽默风趣的方式向人们讲述历史，创造出令人惊叹的5亿次点击量。将信息传播与游戏元素相结合的创新，中国传媒大学已经在探索，其尝试开发教育动漫软件，将中小学传统的物理、化学课程转化为类似闯关游戏的趣味体验，以激发学生的兴趣。更富吸引力的尝试来自少林寺对新媒体的运用，其一方面通过开网店的形式销售少林寺相关产品，另一方面还开通了微信、微博，甚至实现了全寺 Wi-Fi 覆盖。

此类现象不单单是利用互联网的传播平台进行信息交流，而是将其深刻融入企业的产品和服务创意中，进行互联网化的彻底重塑。该变化体现出互联网革新力量所带来的强大冲击，正在深刻改变着传统文化营销传播模式，并将创造出新的文化营销传播策略与模式。

二、"互联网+"背景下中国文创产品的传播

中国实施的文化"走出去"战略，其目的是不断提升国家的国际地位与竞争力。当前，中国的进出口贸易额在持续攀升，国内文创产品在供给、创新和市场销售等方面发展迅速。然而长期以来，中国文创产品的出口在数量和规模上一直远大于文化创意服务输出部分，这使中国在向国外输送电影、书籍以及电视剧等文化产品时，被认为在"走出去"环节上存在"逆差"问题。因此，对我国文创产品在国际市场上的"逆差"现象进行深入研究，可以有效推动文化"走出去"战略的发展。

（一）中国文创产品"走出去"的价值链转移

在全球化深入发展的今天，国际文化贸易已不再局限于货币贸易，而是逐步演变为服务贸易，而服务贸易又可以进一步发展成为投资贸易、技术贸易以及合作研发信息共享的新模式。因此，现在一个国家的对外贸易形态已由以往简单的文创产品输出，转变为以创意全球化、生产全球化、金融全球化，以及营销全球化为基础的文创产品内进行分工的全球价值链。中国文创产品若要真正在国际市场上立足并产生影响，则需与多元文化进行深度交融，并有能力引领和影响全球的主流文化潮流。为此，中国的文创产品开发必须具备在全球范围内对多元文化进行

梳理与重组的能力，寻找提升自身在国际市场中竞争力的道路，构建起自己的全球价值链。显然，"互联网+"战略为这种转型提供了一个绝佳的机遇。

在现代社会，互联网已成为不可或缺的强大力量，对全球大众文化的塑造产生了深刻影响。在网络连接速度方面，发生了明显变化。根据中国信息通信研究院发布的《中国互联网发展报告（2023）》，我国宽带网速较10年前提高了20倍。具体到最近的数据，2023年第四季度，中国固定宽带网络平均下载速率（用户体验）达到了83.88Mbit/s，移动宽带用户使用4G和5G网络访问互联网时的综合平均下载速率（用户体验）达到了129.36Mbit/s。这些数据表明，无论是固定宽带还是移动宽带，用户体验到的平均下载速度都有了大幅度的提升，未来这一增长趋势有望持续。

与此同时，中国互联网的迅猛发展正在悄然改变市场经济结构。互联网已经深入渗透大众生活的各个方面，对人们的生活方式产生了深远而持久的影响。从最初只关注信息获取与娱乐需求，到现在已演变为各行各业不可或缺的组成部分。互联网的发展正推动着文创产业的体制改革进入关键时期，在传统模式下，经济增长模式很难实现质变，而互联网则成为中国在国际市场中维持强大竞争力的重要力量。

（二）中国文创产品"走出去"的全球价值链策略

1. 强化基于大数据的人工智能创意，增加场景、关系等社会要素

各大文化企业在构建全球化布局和实现由跨国公司向全球公司转型的过程中，文化产品的创意并不是在某一个地区或某一个工艺步骤中一蹴而就的。相反，需要在不同国家或地区的基础上，进行再创意和再加工，形成一种以消费者需求为导向的创意流动。在大数据浪潮的

推动下，基于数据驱动的意义实现逐渐成为新的生产模式。在这一背景下，文化创意流在各个环节中表现出不同的动态形式。在传统的生产模式中，文化创意以激发态的形式开始，通过创作的过程转化为作品的凝聚态，这也是文化作品的生成环节，再通过品牌包装进行整合，演变为可以被大众广泛消费的文化产品，这也是形成品牌的创意进化过程和环节。最终，经过媒介的符号化操作，文化产品进入传播态，通过大众传媒的营销传播、社会化媒体的互动以及在线平台的数字呈现，实现广泛的传播，最终进入市场交易阶段，让消费者体验和内化文化创意所传递的理念，并反馈于生产者。①

然而，在大数据技术的环境下，这一流程出现了翻天覆地的变化，即所谓的"消费引导生产、意义领先价值"。大数据技术凭借其"实时分析、全新洞察、深刻挖掘与智能预测"的能力，颠覆了以往消费者需求先行于产品生产的逻辑。在用户未明确表达产品需求之时，便能通过大数据技术将合适的产品和服务提前推送给用户。如果说网络社会是模拟人类的现实社会，那么大数据构建的则是人类社会的潜意识世界。对消费者意识需求进行预测和实时分析，然后进行价值交换和文化产品的生产，整个价值传递链条都是以消费者为驱动力。这个系统可以是区域价值网，也可以是全球价值网。在文化产业中，创意是其最为显著的特征，其形式经历从传统个体的顿悟冥思和群体的头脑风暴，逐步演变为更加开放且充满互动的方式，该方式涵盖了人与人之间、人与机器之间、人与场景之间以及机器与机器之间的网络互动交流，最后再演化到大数据驱动的智能式、自动式。这种人工智能驱动的创意，宛如一个智联网，能够自动生成创新创意，也能够解决相关领域中的专业问题，呈现出人机交互的网络系统，其构成要素包括智能体、网络以及模型。

然而，与流行的人工智能产品相比，传统文化产品，尤其是那些

---

① 田新玲，刘海贵．"互联网＋"背景下中国文化创意产品"走出去"策略探析：基于价值链的理论视角 [J]．新闻爱好者，2016（3）：45-51．

具有深厚文化价值的艺术品，似乎正面临着被解构的风险。由于越来越多的观众和消费者逐渐被吸引至新媒体市场，传统文化艺术品与公众之间的沟通渠道断裂，一些文化市场甚至呈现出"门前冷落鞍马稀"的衰败景象。在"互联网＋"的背景下，为了避免这种情况，可以通过增强文化艺术品的社会价值和市场价值来重新夺回观众的注意力。首先，场景作为一种文化空间，是市民消费文化产品的连接点。在一个具有创意的场景中植入文化艺术产品，既能增强产品的体验价值，又可以消解文化的抽象内容，使其更容易被公众所接受。布尔迪厄在其文化场域理论中指出，文化场域包括象征资本、社会资本、文化资本和经济资本。然而，这些资本之间并不总是正相关，特别是象征资本和经济资本。①具有高象征价值的文化产品，如诗歌、文学及小说，通常并不会相应地带来可观的经济资本。反之，尽管某些商业小说在象征价值上不尽如人意，却凭借其巨大的市场号召力，在价值链上派生出一系列影视、游戏、玩具等衍生产品，进而创造出可观的经济效益。如果把象征性高的艺术品转换为小众化的场景展示品，增加市场互动和服务内容，就有可能在"走出去"的过程中提高艺术品的经济价值。其次是强化关系要素。在全球化的背景下，各地市场对于文化产品的需求各不相同，因此在创作上需要进行相应的适应与调整。例如，纽约的林肯中心逐渐开始接受来自中国的大型文化演出，许多文化工作者将其视作一项至高无上的荣耀，希望通过在这样的场合演出来提高自身的知名度。

2. **构建价值链战略环节，逐步实现大数据运营与管理**

文创产品的生产模式从以往的"需求—实体—价值"逐渐向"意义—价值—实体"模式演化。这种新的创意流动模式，使价值链中的不同环节都可能因为创新性的变动而实现增值。究竟价值链中的哪个环节

---

① 布尔迪厄，华康德，实践与反思：反思社会学导引 [M].李猛，李康，译.北京：中央编译出版社，1998:51.

能够实现增值，取决于企业的创意能力和战略定位。全球价值链已经转向以服务为主导的环节，IBM 成功转型为全球供应链服务网络，而谷歌和阿里巴巴则通过数据服务的方式立足于市场，分别以服务和综合平台的形式获得盈利。无论是作为服务还是货物的文创产品，在"互联网+"技术的引领下，其市场供需关系发生了根本性的改变。过去传统的资源配置主要依赖市场的价值规律，无法精确调配资源。然而，如今在大数据的支撑下，可以计算出精准和个性化的供需配比，并进行宏观趋势的预测，人与人、人与物、物与物之间意想不到的关联都有可能发生。因此，通过先进的数据分析技术和低成本的技术手段，实现信息流通与个性化定制需求的智能化匹配，逐渐成为文化企业市场战略中的重要构成。①

　　数据化运营也是文化企业面临"互联网+"环境时不可避免的选择。数据化运营以海量数据的存储、分析和挖掘为核心支撑，推动企业全员参与，形成以精准、细分为特征的管理制度和战略。这种运营方式在具体操作上包括网站流量监控分析、目标用户行为研究、网站内容更新以及网络营销策划等多个方面。文创产品的数据化运营具备情境动态性、即时交易性和实时可控性 3 大特质。情境动态性以文化生态系统的数据化为基础，意味着系统中每一个人和物都是传感器，成为系统感知网络的一部分。一旦用户表现出购买意愿，后台就可以立刻分析并展示该信息，随即系统会自动将合适的产品推送给用户。如果用户还有其他消费需求，可以进行个性化定制，系统会将此信息传达给生产供应链，推动其启动。这种灵活的智能动态价值链能够通过可视化影像实现同步感知，因此这种情境性也具有人性化特色。即时交易是指文化产品的市场交易能够即时在线完成，并且随着供需市场形势的变化，系统实时调整价格。传统产品定价通常采用边际成本定价法，通过分析消费者、竞争

---

① 田新玲，刘海贵．"互联网+"背景下中国文化创意产品"走出去"策略探析：基于价值链的理论视角 [J]．新闻爱好者，2016（3）：45-51.

对手以及成本核算来制订价格策略；而在大数据背景下，这种定价更像是根据市场供需关系的瞬时预测和后台对顾客进行综合分析的差别化定价。如果市场行情或者顾客发生突发变化，系统能够快速传递信息并进行实时控制。[①] 这种数据化的运营与管理方式使文创产品的流通过程变得更有效率，并在可视化的情境中增添了趣味性。

第四节　新媒体时代文创产品的博物馆媒介传播

一、博物馆文创产品开发的缘起及特点

（一）博物馆文创产品开发的缘起

博物馆文创产品是一类以博物馆所拥有的文化和历史资源为基础，通过富有创意的设计所开发出的具有独特文化内涵和创意特色的产品。博物馆文创产品的开发主要有以下原因：

1. 博物馆自身发展的需要

在新的历史发展阶段，现代社会中的博物馆面临着愈加激烈的竞争，并且这样的竞争并不只是来自同行业的其他博物馆，更主要的还是围绕着经费的争夺。随着博物馆数量的不断增加，越来越多的博物馆免费开放，这一举动迅速赢得了大众的关注，但也增加了博物馆承担社会责任的压力。目前，很多博物馆面临着运营经费不足的困境，这种经济上的压力迫使博物馆管理者不得不调整策略，积极探寻新的融资渠道。在这样的背景下，博物馆的文创产品设计与创作应运而生，这成为帮助博物馆克服运营难题的有效手段。

---

① 田新玲，刘海贵."互联网+"背景下中国文化创意产品"走出去"策略探析：基于价值链的理论视角 [J]. 新闻爱好者，2016（3）：45-51.

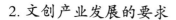

2. 文创产业发展的要求

文创产业的发展正在成为推动市场经济进步的关键动力，各国纷纷出台政策以帮助这一产业发展壮大，确保其在国内外市场中占有一席之地。其中博物馆运营成为许多国家发展文创产业的重点关注对象，不断加大投入力度。经过一系列努力，文创产品获得发展的同时也带动着博物馆的综合实力不断上升，成为文创产业蓬勃发展的重要支撑力量。

（二）博物馆文创产品开发的特点

博物馆文创产品与文学、影视等艺术形式在本质上是相同的。无论是文字作品的刻画、影像作品的表现，还是文创产品的实体展示，均是创作者根据个人的知识和经历对于某一历史文化事件进行的创意性表达，但是又因为表现形式的不同，所以在各自的传播过程中都含有各自的特点。在文创产品领域，这些艺术作品以实物的形式存在，代表着对物质文化遗产的转化和再加工。作为一种新兴的创作形式，其在文化传播中展现出显著的特点。

1. 形式新颖以引发关注

文艺创作的内容总是以其独特性和创新性而广受欢迎。人们对新鲜事物怀有巨大的好奇心，绝大多数新事物是迎合这种心理而诞生的。博物馆文创产品自亮相以来，一直以创新为旗帜吸引大众的目光，成为热门话题。创意是推动文创产品发展的基石和必备内涵。因此，文创产品在发展初期所进行的简单复制、人物卡通化等创意手段需要不断更新和进化。如果创意变得老套，使文创产品千篇一律，创意将仅仅被视作噱头，其传播效果也会因此减弱。①

---

① 郑湘宜. 博物馆文创产品符号意义的建构与传播研究 [D]. 西安：陕西师范大学，2019.

2. 形象具体以刺激传播

历史文化作为一种抽象的存在，即便经过详细生动的描述，依然是不可触及的，而抽象的事物常常难以在大众中获得广泛传播。这也是为什么大多数博物馆的文创产品虽然试图通过提取历史文化中的器物元素或者浅层次的文化元素来展示，但对于公众来说，这种传播方式仍显得过于晦涩。然而，器物为大众传播提供了可能性。例如，博物馆的文创产品通过将复杂抽象的文化具象化、现代化，为公众提供了具体可观的形象，从而为那些想要接触文物的人们创造了更多机会。文化的传播是以符号作为基石的，而符号则是承载人类思想文化的载体。器物层次的传播不只是简单的物品交换，而是携带着物品所蕴含的历史意义、精神内涵和审美价值等文化元素的传递。人类创造的文化遗产包括物质文化遗产和非物质文化遗产，而后者同样离不开物质的支撑，其传播需要依靠具体的载体来实现。以我国的玉文化为例，人们雕琢玉器、收藏玉器以及欣赏玉器，其实质是在欣赏玉石所承载的符号意义。如果这些非物质内涵被剥离，玉也会失去其本身所拥有的高贵价值，变成仅仅作为客观存在的矿物而已。[①]

在当今时代，多样化的文化艺术形式以图像、视频等方式不断向大众传递着传播者所期望传达的生活方式。这些艺术形式凭借清晰、鲜明的表达方式，带着目标性和诱惑力，不断刺激着大众对这些生活方式的向往与追求。新时代的文化艺术形式持续刺激着大众的欲望，捕捉大众的视线，具体化、当代化的文创产品对文化传播具有巨大的推动作用。

大众通过各种符号，能够窥见抽象思维与精神世界。文创产品中的元素内容是从器物当中提取出来，可以说是对物质文化的转化以及对非物质文化的凝聚，其凭借鲜明、亲和、易识别和易欣赏的特性逐渐引导

---

① 郑湘宜. 博物馆文创产品符号意义的建构与传播研究 [D]. 西安：陕西师范大学，2019.

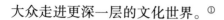

大众走进更深一层的文化世界。①

3. 延续记忆以接轨生活

非物质文化遗产的传播始终离不开物质载体，这些实体物质使情感、思想以及精神得到传承和发展。对于旅行者而言，博物馆文创产品是旅途中的一部分，更是旅行意义的延续和保存，从这些文创产品上可以发现旅行者对旅行活动、历史文化的个人情感与感悟，化作可长久保留的形式，伴随旅行者之后的生活旅程。旅行中购买的纪念品，是对旅行经历的一种具象延展，通过这些产品，旅行者将得以回味和思索曾经历过的时光。

人类对物品记忆的是持久的。从古至今，无论是半坡时期象征性的图腾，殷商时代庄重的祭祀礼器，还是历代被赋予诗意与神圣光环的黄鹤楼，或是多次重建与修缮而成为文化遗产的兰亭，再到现今风靡于粉丝群体中的明星周边，这些现象都始终如一地表明人类对物品的依恋性。物品对人产生的无尽吸引，实际上正是人类精神需要的表现。世间的实体物品成为抽象和虚拟事物的具象表现，同时也弥补了人类对往日不可追心理上的弥补。人与外界的交往常常借助物品作为媒介，而思维活动——无论是怀想、思念、追忆或幻想——也同样依赖符号的媒介。现今，历史文化景区和博物馆等场所已成为文化和历史爱好者的心灵圣地。其中创造的文创产品承载着人们的精神寄托，凝聚着历代人类的思想、感情与情怀，并以长久存在于世的姿态跨越时间与空间，传播着这些深邃的精神元素。

二、博物馆文创产品开发的实现途径

博物馆在进行文创产品的开发时，主要有两种途径可供选择：一是

---

① 郑湘宜. 博物馆文创产品符号意义的建构与传播研究 [D]. 西安：陕西师范大学，2019.

博物馆自行开发；二是与其他企业开展合作，共同开发产品。

（一）博物馆自行开发

博物馆自行开发文创产品是指从初始的资料挖掘到最终的产品设计，这一整套流程都由博物馆完全自主地对文创产品进行研发。在这一过程中，博物馆的专家学者与设计师共同合作，选择合适的项目，并对其文化内涵进行细致梳理，以确保产品能够真正体现出博物馆藏品所蕴含的文化价值和博物馆自身的发展理念。博物馆文创产品和市场中的普通产品有很大的区别，这是因为普通产品在市场中的属性变化不大，而在文创市场中，变化是常态，文创产品的创作核心也需要灵活调整。因此，对于博物馆来说，想要获得长久发展，提升产品的经济和文化价值，就必须深入研究并不断优化其自身的开发模式和流程。

（二）博物馆与其他企业合作开发

鉴于博物馆内部的专家、设计人员和技术人员在创作某些文创产品时可能会遇到力不从心的情况，因此博物馆探索出了一条与其他企业共同创作的创新路径。这种馆企合作的模式，实质上是通过与企业或其他设计团队的合作，利用已建立的品牌效应来增强产品在大众和市场中的品牌信任度。这种合作的建立可以帮助品牌拓宽目标受众群体，让企业的品牌和博物馆的文创产品同步获利，并提升博物馆文创产品在市场中的地位与价值。一般在选择合作伙伴时，博物馆更倾向于那些具备国际市场开拓能力的企业或制造商。根据合作的具体内容，博物馆的授权开发主要可以划分为以下几种形式：文创产品的设计授权、文创产品的制作授权、文创产品的图像授权、文创产品的出版物授权；以及文创产品系列的品牌授权。

三、新媒体时代博物馆文创产品开发的数字化设计

（一）博物馆数字化文创产品

博物馆数字化文创产品是数字化时代文化产业发展的新成果，作为具有强大文化传播力的新兴媒介，其在本质上依然是面向全体社会公众的文化消费品。这类产品并非凭空而生，而是以实体文创产品为基础，借助数字化手段与互联网技术，将文化创意全面、深入地融入其中，最终产生能够提供信息交换和服务的虚拟化产品。可以说，博物馆数字化文创产品应该是一项集文化、科技、创意、交互等多元要素于一体的创新产品，凭借自身的高科技、高理念特质走在时代发展的前沿。

博物馆数字化文创产品覆盖范围十分广泛，并不单指某一类实体物品，像数字游戏、互动娱乐、影视动漫、数字藏品、APP、AR 虚拟现实技术等都属于数字化文创产品的范畴，其形式丰富多样，依赖无线网络新兴技术和相关高科技产业提供内容支撑，共同构建起庞大且复杂的数字文创生态。在这个生态中，各种元素相互交织、相互促进，为博物馆文化的传播和发展带来广阔空间。

数字化产品的出现，在某种意义上也是在加强信息输出与传播之间的联系，代表着一种更为系统、广泛的发展新思路。其产品形式丰富多样，既包括有形物品，也涵盖无形的服务与观念，博物馆文创产品早已不再局限于传统的实体物件。如今，向社会输送优质文化与教育资源，同样凸显文创产品的价值。以数字产品作为载体传播文化信息，是对文创产品传播路径的有效拓展与创新。这种多维度的传播方式不仅便捷快速，突破了时间和空间的限制，让更多人能够随时随地接触到博物馆的文化资源，还使文创结构更为稳固，不易受到物理损坏，同时能根据实际需求随时进行修改完善，以更好地适应不同受众的需求。

此外，博物馆数字化文创产品在创作过程中借助互联网数字化技

术，具有明显的经济优势。一方面节省了大量的人工成本，另一方面避免了不必要的材料损耗，因而具备产生较高经济效益的潜力。从这一角度来看，博物馆数字化文创产品的产生也有助于博物馆自身的可持续发展，能够为文化产业的繁荣做出贡献。

在我国，虽然数字化技术在博物馆领域的应用起步相对较晚，但也已积累了 20 多年的发展经验。经过多年的探索与发展，当下的博物馆数字化文创产品大体可划分为数字藏品、线上 APP、线上 + 复合式数字产品 3 大类别，接下来将对这几类产品进行分类介绍。

1.数字藏品

数字藏品（Non – Fungible Token, NFT）作为近些年涌现出的新兴产业，正以独特的姿态在文化与科技融合的领域崭露头角。该产品依托区块链技术，具备不可拆分、追溯性强、非同质化以及便携性等特性，而这些特性与传统艺术品的特性恰恰也是相契合的。

NFT 形态丰富多样，涵盖 AR、数字图像、3D 模型、视频等多种形式。这种多样性为其与博物馆的跨界融合奠定了基础，二者结合能够创造出全新内容，为文化传播与发展注入新鲜活力。数字藏品首次获得全球公认的项目是 2017 年推出的"加密朋克头像"，由于其具有高价格属性，被赋予独有的"身份象征"这一符号价值，该标志性事件意味着数字藏品开始进入大众视野。

数字藏品的发展是顺应当前数字时代发展要求的正确选择，因此国家在其发展方面给予大量支持。2021 年 10 月，国家版权交易中心联盟、湖南省博物馆、中国美术学院、蚂蚁集团共同参与制定《数字文创行业自律公约》，这一国内首个面向数字文创领域的行业公约，成为当前数字藏品行业发展的指导性纲领，为行业的规范发展提供了有力保障。

在市场层面，腾讯、阿里、百度等多个互联网巨头公司纷纷布局数字藏品业务，这无疑预示着数字藏品是今后市场发展的大趋势。国内的数字藏品热潮自2021年正式开启，众多具有代表性的活动不断涌现。2021年6月，敦煌美术研究所与支付宝联合在"蚂蚁链粉丝粒"小程序上发布了两款限量付款码皮肤——"敦煌飞天"和"九色鹿"惊艳亮相；2021年8月，腾讯上线"幻核"软件并限量发布"有声《十三邀》数字艺术藏品"；2021年12月，京东上线灵稀数字藏品交易平台。这些互联网巨头积极参与数字藏品的开发与研究，有效提升了数字藏品的影响力，推动着这一新型市场向着更加繁荣的方向迈进。

在同一时期，为满足公众日益增长的文化需求，我国博物馆也积极投身于数字藏品的开发与推广。2021年10月，湖北省博物馆发行了一万份镇馆之宝"越王勾践剑"的数字藏品；11月，四川成都金沙遗址博物馆依据文物太阳神鸟、大金面具推出六万分"数字文创"，且在50秒内便销售一空。到了2022年，这一趋势依旧强劲。2022年1月，安徽博物馆发行了龙虎纹鼓座、张成造云纹盒、鄂君启金节3款数字藏品，上线后瞬间售罄；贵州省博物馆与鲜活万物合作后在鲸探平台推出东汉铜车马和立虎辫索纹耳铜釜两款数字藏品，上线后数秒内2万份便被抢购一空。这些现象充分表明数字藏品在文化市场中具有巨大的吸引力和发展潜力。

在互联网的大力推广下，数字技术在博物馆文创产品领域展现出独特优势，更有利于文化信息的输出。与实体文创产品相比，数字藏品有如下特点：

（1）价格更加亲民。实体文创产品可能因制作工艺、材料成本等因素导致价格较高，限制了部分消费者的购买意愿。而数字藏品借助数字化手段，减少了实体制作与流通环节的成本，使得更多人能够轻松拥有。

（2）收藏更加便捷。传统实体文创收藏需要考虑保存空间、保养条件等诸多因素，而数字藏品以数字化形式存在，存储于网络空间，消费者只需通过电子设备即可随时随地查看与管理自己的藏品。

数字藏品身为当下的行业热点，品类极为丰富，包括但不限于图片、音乐、视频、模型、数字纪念币等多种形式，有效提升了文化传播的趣味性。不同形式的数字藏品能够从多个维度吸引消费者，满足不同人群的兴趣爱好。例如，精美的数字图片可以吸引艺术爱好者；富有创意的音乐数字藏品能打动音乐发烧友；生动的视频和 3D 模型则能为追求新奇体验的用户带来别样乐趣；数字纪念币更是兼具纪念意义与收藏价值。数字藏品借助多样的艺术形式，给用户带来多感官的体验感受，让用户在欣赏与收藏的过程中，更加深入地了解文化内涵，实现文化信息的有效传播与传承。

2. 互联网产品线上 APP

20 世纪 80 年代，互联网时代降临，信息的采集、处理以及传播方式迎来改进，线上资源与数据共享得以达成。这一时期，信息技术飞速发展，为各个领域的变革提供了强大动力，信息传播的效率和范围大幅提升，打破了以往信息交流的诸多限制。

1995 年，IBM 公司发起 "IBM 数字图书馆" 倡议，并与日本民族学博物馆携手开展 "全球数字博物馆计划"。在比利时布鲁塞尔举办的全球信息社会化讨论会上，全球数字图书馆计划和数字博物馆计划相继提出。这些接连推出的计划与活动在国际层面引起强烈反响，各方面专业人士和机构开始将目光聚集于此，进一步推动博物馆数字化领域的探索与实践。

博物馆数字化转型在博物馆的变革发展进程里占据重要地位，是其顺应时代潮流、谋求长远发展的关键路径。不过，数字博物馆的概念长期以来缺乏精准、统一的界定。在我国，张小李在《从社会发展及用户需求角度看数字博物馆的定义》一文中，对数字博物馆概念进行归纳梳理。文中将数字博物馆定义为 "通常由博物馆负责建设，旨在达成文博资源为全社会公平享用的目标，同时满足个人对文博资源的最大需求，进而提供数字化物质及非物质遗产服务的网站"。这一定义从社会发展和用户需求的视角出发，为理解数字博物馆提供了较为清晰的方向。

我国在博物馆数字化领域的探索始于20世纪90年代末。彼时，河南博物院和上海博物馆迈出重要步伐，首次搭建起博物馆官方网站，并率先对藏品展开数字化处理，为后续我国博物馆数字化发展积累了宝贵经验，标志着我国博物馆开始主动拥抱数字化浪潮。

进入21世纪，我国博物馆数字化进程有条不紊地推进，发展模式逐渐从单一的线上模式向线上线下融合模式转变。在此过程中，线上陈列、线上展馆等形式不断涌现，让观众无须亲临博物馆现场，便能通过网络便捷地欣赏丰富的文物展品和精彩的展览内容。同时，虚拟现实和增强现实等前沿技术也融入其中。虚拟现实技术营造出逼真的虚拟环境，使观众仿佛身临其境般置身于历史场景之中；增强现实技术则通过将虚拟信息与现实场景相结合，为观众带来新颖独特的参观体验，让文物以更加生动鲜活的方式呈现在观众眼前。在这种模式转变和技术应用的发展态势下，博物馆的服务范围和影响力都在提高，观众的参与度和体验感也有明显提升。

3. 复合式数字产品（互动装置）

互动性产品以满足用户参与感与互动性为核心，在当下文创市场中扮演着越发重要的角色，逐渐占据文创市场消费的主导地位。这类产品形式多样，大致可划分为创意娱乐类产品、体感交互类产品、VR沉浸式产品、艺术体验装置（场景）类产品。

创意娱乐类产品对青少年群体具有较大吸引力，常以实体文创搭配线上故事或博物馆场景开展游戏化活动。以故宫博物院推出的《谜宫》系列解谜书为例，该系列成功将传统文化与科技创新有机融合。自推出便备受关注，在第三册《谜宫·永乐疑阵》中，更是在创新方面做出诸多努力。在装帧形式上，采用深受年轻人喜爱的手札模式，内部收纳相关道具，宛如一座历史百宝匣。读者只需扫描进入线上 APP 系统，就能够观看连贯的故事情节和剧情走向，各环节环环相扣，引导读者逐步接近真相。这类创意娱乐类产品的优势在于既保留了传统文化的韵味，又借助现代科技手段，以游戏化的方式激发青少年对传统文化的兴趣，让其在参与过程中能够深入了解历史文化知识。

体感交互类产品基于特定技术原理实现人机交互功能。借助综合运用手势、肢体、语言及触觉等多种形式，并结合虚拟人像技术完成交互任务。此类产品依托红外识别系统、互动软件、二维码识别系统、多媒体影像等设备，为用户带来独特的体验。在交互过程中，用户不再是被动的接受者，而是能够发动自身主动与产品进行互动，最终获得更加丰富和真实的体验感受。总体来看，人机交互能够打破传统人与产品之间相对单一的关系，为用户创造了更加自由、灵活的互动空间，产品的使用过程也将充满趣味性和新鲜感。

VR 沉浸式产品借助 VR 虚拟现实技术，采用高科技信息手段为用户营造逼真的虚拟化环境。该技术将视觉与听觉有机结合，形成一体化的感官效果。用户借助相关设备，以人机交互的方式与虚拟环境中的对象展开互动，以此获得身临其境的感受。多数博物馆推出的 VR 虚拟展厅便是典型例子。这些展厅将虚拟世界带到线下，把实体空间精心打造成充满奇幻色彩的异次元场景。结合顾客的动作演绎，呈现与主题相应的情景，让用户的体验感受格外强烈。在虚拟环境中，用户仿佛置身于真实的历史场景或奇幻世界之中，能够更加直观地感受和理解相关文化内容，有效提升了文化传播效果和用户参与度。

艺术体验装置（场景）类产品是一种综合性的线下展示形式，融合场地、材料、情感、文创、科技等多种元素，以场景式艺术装置的形式传播艺术。例如，加拿大艺术家凯特琳·布朗（Caitlind R.C. Brown）设计的互动装置作品《云》，该作品使用 1000 枚正常灯泡和 5000 枚废弃灯泡打造出独特的"灯泡云"效果。参观者通过拉扯链条能够带来不同的闪烁效果，从艺术的视角引导人们重新审视环保问题。观众在与装置互动的过程中，能够深入思考作品所传达的主题和情感，同时也能感受到艺术与生活、科技的紧密联系，拓宽对艺术的认知和理解。

这 3 类互动性产品以创新的方式将文化、科技与艺术相融合，产品间各具特色，从不同角度满足用户多样化需求，为用户带来全新体验，也为文创产业的发展注入全新活力，推动文创市场朝着更加多元化、个性化的方向发展。

（二）博物馆数字化文创产品设计应用原则

1. 文化性原则

博物馆文创产品的根本原则，在于让参观者无论何时何地，都能洞悉博物馆的文化内涵，并珍藏美好回忆。在新媒体蓬勃发展的时代，博物馆的文化呈现形式持续迭代升级。过去仅是单纯的文物展览，如今已逐渐拓展至影视类、数字化展示等多元领域。随着这些变化，消费者对博物馆文化魅力的认可度与日俱增，强化博物馆文创产品的文化属性，无疑已成为未来发展的必然趋势。

数字化文创产品具有独特优势，能够充分拓展产品特性。其可以对馆内丰富多样的文化元素进行系统分类，精准筛选、提取有价值的部分，深入分析其特质，再巧妙转化为创新元素，将现代先进技术与传统理念完美交融。这种融合并非简单拼接，而是深度整合，让传统在现代语境中重焕生机。研究表明，受众在环境、情绪、地域等多种心理因素影响下，挑选博物馆文创产品时，往往更钟情于那些既美观实用，又饱含深厚文化底蕴的物品，该现象表明市场对于博物馆文创产品的潜在需求。

基于上述情况，在数字化文创产品设计过程中，必须高度重视用户体验，而将用户体验放在核心位置，意味着要全方位增强产品的文化内涵，让每一件产品都成为博物馆文化理念的生动诠释者。利用数字化技术与传统文化的深度融合，为大众构建一个充满幸福、和谐氛围且富有生命力的精神文化世界。

2. 可持续性原则

在我国，可持续发展战略是推动经济发展的重要战略之一。博物馆文创作为新兴文化产业，对博物馆的发展有着深远影响，其产品开发设计需兼顾文化、经济、生态三方面的可持续性。

在文化可持续方面，博物馆文创产品承担着传承和弘扬文化的使命。设计师在设计文创产品时精心钻研产品的文化历史，能够让更多人接触和了解到产品的文化内涵，使文化在不同时代延续和发展。在经济可持续层面，合理规划文创产品开发，可实现经济效益的稳定增长。例如，优化生产流程、精准定位市场需求，既能保证产品的市场竞争力，又能确保产业的长期盈利。在生态可持续方面，要求在文创产品的生产过程中，注重环保材料的使用，减少对自然资源的过度消耗，降低对环境的负面影响。除此之外，减少文创产品的生产成本还具有其他意义：一方面，有助于延长文创产品的保存时长，使其承载的文化价值得以更长久地展现。另一方面，还能在一定程度上缓解馆内藏品因频繁展示或其他因素导致的生命衰退现象，以更好地保护中华文明。

当今，数字化线上博物馆的兴起是一种好的发展趋势，这种趋势能够推动产业的可持续发展。文化信息传递不再局限于传统的单一模式，以往固定化陈列的展览形式和单一参观模式得到改变。线上博物馆能够打破时间与地点的限制，观众无论何时何地，只要有网络就能参观。同时，借助先进技术能够增强博物馆与观众之间的互动性，观众即便是在线上，也能够获得与众不同的参观体验。

部分博物馆设置限时线上展览，将一个专题的文物以故事形式进行叙事性展出，这种方式也很值得提倡，既能减少线下文物展出时可能产生的损耗，还具有强烈趣味性，能吸引更多观众。更为重要的是，这种展览方式可以循环进行，大幅降低了成本，为博物馆的可持续发展做出突出贡献。

3. 交互性原则

博物馆文创产品设计需兼顾文物背景及其情感元素，以此强化人们的文化认同感，并借助交互技术增进人与物或人与服务间的情感关联。

产品交互性设计本质上是设计师、产品与消费者间的互动过程。在开展设计工作时，设计师需全面考量产品的功能、形态、结构，以及消费者的使用环境、舒适度和心理感受等要素。以产品作为设计核心，经精心雕琢与提炼，打造出具备舒适、便捷、美观与实用特性的产品，促使消费者在购买过程中，能在产品里找寻到情感与价值的认同。

在当下，移动终端设备已深度嵌入人们的日常生活，成为不可或缺的部分。伴随人们与电子产品接触日益频繁，文创产品数字化顺势而生。借助数字化手段，人们能够更近距离地观赏与品鉴文化，各类线上平台的搭建，更为消费者与设计师提供了交流互动的契机，双方得以沟通想法、反馈需求，使文创产品设计更契合大众期待。

科技的迅猛发展为博物馆文创领域带来深刻变革。VR、AR、MR、人工智能、大数据技术、距离传感技术等先进技术接连问世，彻底颠覆了以往信息传播的模式。过去平面、静态、线性的信息传播，如今已演变为立体、动态、场景化的仿真体验，从根源上革新了文物信息传递的载体以及人们感知文物的方式，构建起多角度、多维度的现代化传播矩阵。

新技术的融入，为博物馆文创行业发展注入强劲动力。一方面，有效化解了文创产品库存积压的困境。以往，受传统销售渠道与展示方式的制约，众多文创产品难以找到理想的市场出路。如今，凭借数字化技术与线上平台，文创产品得以突破时空限制，面向更广泛的受众群体进行推广与销售。另一方面，有助于打造特色鲜明的现代化旅游胜地。采用虚实结合的方式，为游客营造沉浸式旅游体验，博物馆从单纯的静态展示空间，转变为充满趣味与互动性的文化旅游目的地。借助该优势，博物馆将吸引更多游客前来，进一步提升博物馆文创产品的知名度与影响力。

第五节　文创产品的影视媒介传播

一、影视文创产业的基本内涵

影视文创产业涵盖了电影业、广播电视业、网络业、视频电脑游戏以及旅游观光业等多个行业，并且与音乐产业、印刷和电子出版、时尚等行业有着密切联系。可以毫不夸张地将其视为文创产业中的龙头产业、核心产业，同时也是最为活跃且复杂的产业。这是因为从文本属性的角度来看，影视文化相较于图书报刊、广播电视新闻等信息性质的文本而言，更容易满足人们进行艺术鉴赏和娱悦生活的需要。因此，影视文化应归属于艺术性和娱乐性的文本范畴。艺术自文艺复兴以来，尤其是在 19 世纪的浪漫主义时期，一直被公认为人类创意的最高体现形式，影视文化亦属于这一范畴。[①]

在技术支持方面，影视文创产业与图书报刊出版、消费类电子及家居用品等传统工艺文化不同，其更加强调技术革新，而技术变革同时也带来了一些值得思考的问题。从产业化的角度分析，自影视文化诞生之日起便呈现出市场化和商品化的发展趋势，也就是说，相较于音乐、文艺演出等艺术形式，影视文化从一开始就带有浓厚的商业色彩或经济属性，由此使这一领域在发挥创意和进行市场开拓的过程中，会更具经济

---

① 胡智锋，李继东．对影视文化创意产业若干问题的思考[J]．东岳论丛，2010（1）：10．

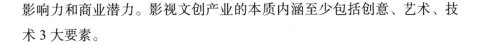

影响力和商业潜力。影视文创产业的本质内涵至少包括创意、艺术、技术3大要素。

（一）创意

影视文创产业的核心在于创意，若缺乏足够的创意来支撑产品的发展，这个产业就如同无根之树，难以为继。在当前社会中，创意被视为一个包容性的概念，其本身涵盖着广泛的应用性、不确定性、多意义性以及矛盾性等多个属性，在各行各业和各个领域里，那些具有原创性和独特性的理念与技能均能被称为创意。

1. 从创意的定义来看

在英文中，有两个与创意相关的词：一个是"originality"，意思是创造力、独创性、原创创见、创举或者奇特，强调的是事物的原创性；另一个词是"idea"，指的是点子、主意或方法，包含了原创与创新的意思。简单来说，创意源于人类的创造性思维，是一种神奇的灵感和思维共同作用的结果，是人类智慧的最高体现。

2. 从创意的产生来看

许多创意的产生都是源于个人的突发奇想或是一瞬间的灵感，因此这些创意往往十分个人化、感性化、奇妙化，含有明显的独特性，不适合进行大范围的推广。而且，创意者本身受到社会、文化、政治等各种因素的影响，这也导致这些创意通常缺乏普遍性。影视文创的重点在于对创意的表达过程，各种风格的影视作品便是这种表达的具体形式。要想在这种文化创意中取得成功，关键在于能够将创意者的理想、观念、灵感和情感，与一些人为的表达符号整合在一起，从而形成一个具有创造性的活动，尤其是电影这种将图像、声音与文字融合在一起的综合性艺术。在展示影视文化创意时，需要巧妙地将各个创意元素进行融合，这一过程难以用文字进行描述，往往与创意者的原创能力有关。

3. 从创意的生产来看

创意常常用来描述那些充满个性特征、突发性的想法或灵感的表达。人类无意间产生的灵感具有瞬间性、无迹可寻、神秘性等特点，这是一种天赋异禀的特质，因此，可以说创意是人类所特有的能力。伴随着社会的不断进步，工业社会逐渐迈入其发展的后期阶段，社会中的合作与分工越来越细致，创意的个人化特征和其所携带的神秘性逐渐被削弱。人们转而开始重视社会分工和协作的复杂性。在影视文化创意产业发展的初期，创作者和导演的独特创意以及个人风格常常起着决定性作用。然而，随着影视文创行业逐步走向成熟，产业的发展模式也经历了深刻的变革，从以个体创作为主导的生产模式，逐渐转向融入团队智慧的集体创作过程，这一转变既是产业发展的必然趋势，也是现代文明不可逆的发展标志。

4. 从创意的传播来看

理念与构思能否有效传达，即创造力与创意的接受问题，不仅关乎个人或团体的创造潜能，还涉及技术上的支持问题。这是因为影视文化的创意与技术革新有着密不可分的关系，影视视像语言及其表达蕴含着较高的技术含量。① 与单纯依赖文字符号发展的文学艺术不同，影视创意更多依赖于技术，而且影视技术的发展还会促进创造力对创意的接受与传播效益。优秀的影视文化创意往往需要兼顾多方面的内容，是主体与客体、技术与艺术的有机融合，也是社会文化背景与影视技术的结晶。因此，研究影视文化创意时，必须深入探讨其背后的技术成因与物质基础。例如，好莱坞电影《猩球崛起》，其将表演捕捉技术运用到了

---

① 胡智锋，李继东. 对影视文化创意产业若干问题的思考 [J]. 东岳论丛，2010（1）：10.

极致。该影片将演员的表演与特效结合在一起，打造出一个个活灵活现的"猩猩"，精彩程度甚至让部分观众在试片时误以为这些猩猩是由驯兽师训练而成。影片里的大猩猩主角恺撒，其面部表情非常丰富，能够展示出愤怒、哀伤和怨恨等各种复杂的情感。而片中大量猩猩攀爬跳跃的动作，实际也是通过在演员身上安装大量的感应器来实现的，演员需四肢着地行走、跳跃，所有细微的动作都被记录为电子数据。此外，演员们的头部还佩戴了轻便、小巧的摄录装置，以精确捕捉其面部表情。拍摄完成后，这些肢体动作、声音以及面部表情的数据信息会被输送到电脑，经过处理与合成，由点到面构建出了猩猩的"骨架"与"面貌"。这种便携式表演捕捉技术最早出自《阿凡达》特效团队之手，如今在《猩球崛起》中得以充分发挥与深化。

（二）艺术

自古以来，人类已创造出许多丰富多样的艺术形式，如音乐、舞蹈、文学、美术、建筑以及影视等。这些艺术形式构成了文化的多元面貌，其中影视文创产业的艺术文化和大众传媒文化在娱乐休闲文化中占据着核心地位。在文化创意的语境下，影视文创产业的艺术价值与影响主要与以下两个方面密切相关：

1. 影视文化创意的生产力问题

在讨论这个话题时，首先需要考虑的是人类的想象力和情感问题，任何影视艺术的展示都离不开人的丰富想象力以及充分、恰当的情感表达。虽然人们期待将艺术理念完美地呈现在银幕上，然而常常会面临"手中之竹非胸中之竹"的遗憾。造成这种困扰的原因一方面是创作经验和技术的能力问题，另一方面还关乎对艺术属性的认识等问题。具体来说，创意者的理念、艺术修养和技能在很大程度上决定着艺术生产力的水平，而这一切又受到社会文化环境和时代背景的影响。例如，造型主义和写实主义，这两种艺术流派对艺术的理解就截然不同。造型主义强调通过编辑技巧和抽象化手段来超越现实，以体现艺术性；而写实主义将艺术性与现实紧密相连，强调真实性和可触摸性。[①] 不过这两种理论都一致认为影视艺术的发展依托于伟大艺术家的非凡想象力和高超技能，而接受美学观和文化研究学派则认为影视艺术不仅是艺术家的个人杰作，更是受众和批评家的解读、再创造，因为这种互动，才赋予了影视艺术真正的生命力。艺术生产力与其他类型的生产力相类似，都包含人和物两个关键因素。其中，人的因素最为重要。人的创造力是推动生产力发展的核心动力，与创意问题密切相连；而物质因素包括艺术创作所需的各类生产资料和对象，其中技术、资金是最重要的生产资源，而精神文化资源则是艺术生产的对象，这涉及对影视艺术品属性的认识问题。

其一，影视技术已经成为影响影视创作生产力的重要因素之一。影视艺术自诞生开始就拥有较高的技术含量，而在当今的影视生产过程中，其对技术的需求和依赖度不断增高。例如，大量使用的数字模拟图像和高保真音效已经成为当代影视作品中不可或缺的一部分。近些年，我国在数字技术及其他新技术的开发和推广方面取得了明显进步，但是在技术应用上还存在着一定的区域性差异，这成为妨碍中国影视技术水平综合提升及协调发展的阻滞性因素。[②] 同时，还有一个不可忽视的问题是如何有效地处理技术应用与艺术创造力之间的关系。技术固然能为艺术创造带来更多可能性，但一味强调技术、依赖技术会使人逐渐沦为技术的奴隶，失去艺术本应具备的创造活力。

其二，我国目前在影视内容制作方面的投入仍然不足，缺乏关键资

① 胡智锋，李继东.对影视文化创意产业若干问题的思考[J].东岳论丛，2010 (1):10.

② 胡智锋，李继东.对影视文化创意产业若干问题的思考[J].东岳论丛，2010 (1):10.

源和创新动力，导致很多高技术、高成本、高风险以及高质量的影视项目难以推动。这种情况下，许多制作团队只能停留在自给自足的阶段，导致其以小作坊式生产，进行低层次的内容创作。这种做法不仅制约了影视产业的发展，还导致内容制作在低水平上的持续循环。要想打破这种循环，让影视产业焕发新生，首先需要降低影视内容制作和播出的门槛，广泛吸纳社会资本，同时要加大政府对公益性影视产品的投资力度，提升全行业的内容质量，实现专业化生产。

其三，自古以来，我国文化艺术创作始终遵循"文以载道"的传统理念，从一开始，我国的影视作品就注入了强烈的教育色彩和社会责任感，尤其是在 1949 年之后大力强调影视艺术的意识形态宣传功能。在这种背景下，文化生产界不太热衷创作娱乐性强和个性鲜明的艺术作品。然而，自 20 世纪 90 年代以来，中国的影视艺术逐渐步入娱乐化泛滥的时期，娱乐成为影视内容制作过程中一种新的时尚潮流。实际上，在影视世界里，艺术自始至终都具备着教化、娱乐以及商业等多重属性。因此，必须在观念上正视影视艺术的多重属性，才能真正解放艺术生产的活力。① 观众的需求是多元化的，这就要求影视创作者在创作过程中，不仅要保留其教育功能，更要善于利用艺术作品的娱乐性和商业性，结合时代的特点进行创新，以生产出多样化的艺术产品，全面满足多元化的社会需求。

其四，在当今全球化背景下，影视艺术的创作对象除了本土和民族的影视文化资源外，还包括全球范围内的资源整合。时代华纳、迪士尼、环球影视公司等巨头企业，已经开始挖掘并再创各国的文化资源。例如，"木乃伊"系列电影便中融合了埃及的神秘传说和文化元素；美国梦工厂打造的《功夫熊猫》和英国取景拍摄的《美丽中国》等影片，都是这些公司对中国传统文化资源以及自然风光进行深入挖掘和创新演

---

① 胡智锋，李继东. 对影视文化创意产业若干问题的思考 [J]. 东岳论丛，2010（1）：10.

绎的成功尝试。

2. 影视文创产品的影响力问题

影视作品不仅是艺术品，还是消费品和娱乐产品。从某种程度上来说，影视产品并不是纯粹的艺术创作，因为其中所包含的并不全是高雅艺术，还兼具影响面积广、实用性强的特点，是能够被大众接受的艺术品、消费品与娱乐产品的结合体。影视作品展现出真实性、具象性、假定性与虚幻性交融的特征，而影视艺术则是艺术性与商业性、个性化与大众化复杂交织的成果，这也是一种复合性文化的表现。因此，影视艺术具备艺术性、教育性、娱乐性和商业性等多层属性，其对社会的影响也具有明显的双重性，既能展现出积极、正面、健康、建设性的一面，又可能带来消极、负面、不良乃至破坏性的一面。一部优秀的影视作品能够影响好几代人，甚至成为塑造国家和民族形象的经典文本。[①] 这些作品可能在无意之间反映和塑造了一种文化认同感和价值观，而制作不慎的作品则易导致消费主义、享乐主义、拜金主义等不良社会风气的传播。

实际上，在讨论影视艺术时，无论是批判还是褒奖，最终的关键在于如何发展影视艺术的生产力，以及构建合理的政策与监管体系，以促进影视艺术创意的繁荣发展，确保影视文化资源被有效地利用，并防止那些低俗、不良的作品冲击市场。正确的发展方向应该是培育高雅、健康以及内容富足的影视艺术产品。在这个全球化进程日益加速的今天，消费主义与享乐主义借着全球商业化浪潮，在全球范围内畅行无阻，受到很多人推崇。以上种种，令有关影视文化创意产业的政策和法规问题变得日益微妙复杂，这关乎影视艺术的生产力和影视文化的民族性、多样性、大众性等问题。

---

① 胡智锋，李继东. 对影视文化创意产业若干问题的思考[J]. 东岳论丛，2010 (1)：10.

（三）技术

影视文创产业与技术发展之间的联系非常紧密。可以说，技术始终是推动影视文创产业向前发展的重要引擎，每一次在影视技术上的创新，都会引发影视文化领域的重大变革，进而影响着人们的视听体验、思维方式，甚至生活习惯。但技术对影视文化的影响并不仅限于此。自古以来，大众对于技术与影视文化及社会关系的探讨始终热度不减。技术乐观主义者总是对技术创新表示热烈支持，认为其能够带来更多正面效益；而悲观主义者则倾向于强调技术可能引发的负面结果。实际上，技术与影视创意、艺术之间，以及与社会各方面之间存在着多重而复杂的互动关系。

第一，影视文化的技术含量极高，尤其是在数字技术时代，技术条件成为影响影视作品成功与否的核心因素之一。随着技术的进步，影视作品中融入了越来越多的虚拟影像，大幅提升了影视画面的质量和观赏性，但也相应提高了影视的制作成本和行业门槛。[①] 相比于平面印刷出版文化，影视制作对技术的依赖投入可以说是巨大的，因而大制作、高风险和高成本已经成为现代影视产业的典型特征。像一些好莱坞大片，动辄数千万甚至上亿美元的投入已经成为司空见惯的现象。这样一来，全球的影视文化市场几乎就掌握在为数不多的几家大公司手中，而中小规模公司则因无法承担如此高昂的制作费用，而渐趋式微。长此以往，这种集中的市场结构可能会给影视产业的多样性带来负面影响，文化多样性面临被侵蚀的风险。

第二，随着电视的普及，文化消费的方式发生了重大转变，逐渐形成以家庭为基础的个性化消费方式，而有线网络、卫星、互联网、DV和数字技术等的引入，再次强化了个性化、家庭化的消费方式，使人们

---

① 胡智锋，李继东. 对影视文化创意产业若干问题的思考[J]. 东岳论丛，2010（1）：10.

的审美日常化。从前被看作神秘的艺术创意的面纱在新技术的推动下被彻底揭开。更为具体地说，电视剧将电影梦幻般的休闲情境转化为日常生活中的细碎事务。而互联网技术的出现，则使得影视文化在创意和发行等环节越发显示出个性化、自主化和去神圣化的特征，这些问题都是影视文创产业中值得深思的问题。①

第三，技术革新及应用推广都离不开政策的支持。自 20 世纪 80 年代以来，欧美国家推行了一系列放松规制的政策，使大众传媒业、电信业等信息传播文化产业进行了前所未有的整合，进而推动了数字技术和互联网技术的迅速发展和应用。如今，在数字技术革命的浪潮中，各国纷纷出台支持数字技术发展的政策举措。以影视文化技术为例，相关政策的制定有着十分深厚的价值判断依据，比如机顶盒接收模式和标准的确定，既是相关利益集团之间的权力博弈，又关乎着社会正义等更为深层的价值问题，青岛、佛山等城市整体转换模式的成功，正是政策得到有力实施的证据。

二、影视文创产业的地位

在当今社会，无论是从文化发展的视角还是从国家发展战略层面来看，推动影视文创产业的成长已成为一项重要的任务。当前阶段，中国影视文创产业虽挑战不断，但也蕴含着诸多机遇。这些机遇既存在于体制改革的层面，也表现在产业和社会层面，党和国家在增强国家文化软实力方面的巨大投入就是其中之一。振兴影视文创产业，一方面是提升国家文化软实力的关键之举，另一方面也是推动我国文创产业大发展、大繁荣的必然要求。

---

① 胡智锋，李继东. 对影视文化创意产业若干问题的思考[J]. 东岳论丛，2010（1）：10.

（一）文化软实力及其重要性

"软实力"这一概念由美国哈佛大学教授约瑟夫·奈（Joseph Nye）首次提出。文化软实力已经成为推动社会发展的精神动力、思想保证和智力基础，是一个民族凝聚力和创造力的重要基础，也是各国提升自身综合实力的关键因素。对于中国而言，提升文化软实力被视为实现中华民族伟大复兴的关键。中华民族伟大复兴与中华优秀传统文化的繁荣兴盛紧密相连，而文化繁荣兴盛必然以提升文化软实力为根本途径。多年来，我国在建设文化软实力方面取得了长足进步，具体表现在文化体制改革长足进步，文化产业迅速发展，传统文化得到发扬，对外文化传播成效显著，区域文化软实力显著增强。但是，与我国跃居世界第二的国内生产总值、位居世界第一的外汇储备、稳居世界前列的军事力量等"硬实力"相比，其差距还十分明显。例如，中国的文化产业在世界文化市场中所占比例较低，虽然近几年经过持续追赶，到2024年，中国的文化产业贸易额已经达到1128亿美元，占全球的6.5%，但是仍有很大的发展空间。

（二）影视文创产业在文创产业中处于龙头地位

在探讨影视文创产业在整个文创领域中的地位问题时，可以从其对整体产业的重要性方面来进行分析。在整个文创产业之中，若根据国家层面的文创产业进行划分，则可以分为国家统计局、广播电视总局等政府机构，这种分类方式可分为3个主要层次。首先是文化产业的核心层面，这一层主要包括广播电视电影服务、新闻服务、出版和版权服务、文化艺术服务等，这意味着这个层面是以开发和创作文化内容为主；接着是文化产业的外层，这一层包括网络文化服务、文化休闲娱乐服务以及其他文化服务等。该层面是以提供文化服务为主。最后是文化相关层面，这个层面包括文化用品设备及与产品相关的生产、销售活动，该层主要聚焦于文创产品的制造和营销。可以看出，影视文创产业直接关系到影视文创产品，其在文创产业中居于龙头地位。

三、影视文化产品的特点

影视文化创意属于文化创意的一部分，其核心在于创造影视文创产品。通过影视文创产品可以传递一定的社会文化价值，对社会精神文化状况产生深远影响。因此，影视文创产品理所当然属于文创产品的范畴。然而，影视文化创意在整体文化创意体系中，又具有一定的特殊性。从影视文化创意与文化创意的相互关系中，可以归纳出影视文创产品的基本特点。

（一）便利的复制性

影视文化创意生产的是精神性的影视文创产品，其相较于传统的文化产品，如报纸、杂志等，更容易被复制。数字化时代背景下，复制影视产品已经变得十分高效，基本上是瞬间即可完成。而且随着科技的发展，数字技术的应用将会更加便捷，而影视文创产品的复制也会变得更加轻松、简单、快捷。例如，现代电影普遍使用数字拷贝，该技术的应用简化了传统胶片拷贝的烦琐流程，使全球各地同步首映成为可能。另外，影视文创产品的复制在空间和成本上具有无可比拟的优势。不同于实物类型的文创产品，影视文创产品的复制成本相对较低，在很大程度上可以实现无限次的复制，且不需要占用太多的空间。特别是现代云计算技术的应用，使数字文创产品的存储空间可以被无限制地扩大，这为影视文创产品的大规模传播和推广创造了条件。

（二）较高的艺术性

影视文创产品具有视听兼备、及时鲜活的特征，给观众带来强烈的艺术感染力。影视文创产品的艺术价值主要体现在其塑造的艺术形象中，透过角色可以感知其中承载着创作者真诚的情感和崇高的美学理念，同时蕴含着对社会、生活、人生以及世界的深刻思考和感悟。正是由于这些特点，观众在接触这些文创产品时，能够在其艺术世界中找到共鸣，更有甚者能够在其中体悟到和创作者近乎一致的情感体验。影视艺术作为人类艺术形式中的后起之秀，除了具备所有艺术的共有特点之外，还具有其自身独特的个性，如独特的视听综合性和强大的艺术整合能力。其综合性极为突出，可以通过一部影视作品涵盖当前人类所拥有的各种艺术形式。例如，一部电影中可以包含文学、美术、音乐、摄影、建筑、绘画等多种艺术元素，是名副其实的综合性艺术。

（三）广泛的社会影响力

影视文创产品作为一种大众传播的文创产品，拥有其他类型的文创产品难以企及的庞大受众和消费群体。这类产品蕴含着强大的文化传播力量，还能在潜移默化中引发深远的社会效应。一部影视文创作品在经过迅速传播之后，会逐渐演变为一种文化现象，并成为社会关注的热门话题，从而引领潮流，推动社会的文化风尚与价值观念的变化和发展。

第八章 新媒体时代文创产品设计与传播案例分析

第一节 博物馆文创产品设计案例——以北京故宫博物院的文创产品设计与传播为例

一、北京故宫博物院的文创产品设计

（一）设计理念

北京故宫博物院的文创产品开发不只是简单地复制或模仿，而是通过创新和大胆尝试让文物"活"起来的艺术，这使文化得以自然地融入人们的日常生活。经过多年探索，故宫确立了一套开发理念：以弘扬传统文化为己任，以社会公众需求为导向，以科学技术为依托，以学术研究成果为支撑。"以弘扬传统文化为己任"，是指故宫借助其文化产品，将中华民族的优秀传统文化展现给全球，增强故宫文化的持久魅力；"以社会公众需求为导向"，则表明故宫将重点提高产品的针对性，使故宫的文创产品可以做到既不失文化韵味，又能与现代生活相结合，因此一经推出便受到热烈追捧；"以科学技术为依托"是指北京故宫博物院在开发文创产品时充分利用现代科学技术，故宫不断扩宽文创产品的类型，

采用新媒体形式来提升其传播和销售效益；"以学术研究成果为支撑"，则为故宫的文创产品开发提供了坚实的思想基础。无论产品多么新颖有趣，其内容总是深深植根于故宫文化之中，这些产品无一例外皆蕴含着深厚的文化底蕴。例如，"朕就是这样汉子"折扇和"奉旨旅行"行李牌都展示了故宫文化的魅力，这些产品将故宫文化的元素巧妙地融入现代设计中，成为受人喜爱的经典之作。

可以说，北京故宫博物院的文创产品开发若无弘扬传统文化的使命感，便难以明确发展的方向；若不深刻理解社会公众的实际需求，其产品价值就难以实现；若缺乏现代科学技术的支撑，产品的类型多样化便难以实现；若没有强大的学术研究作为基石，故宫的文创产品就会失去其发展的根基。故而，以弘扬传统文化为己任，以社会公众需求为导向，以科学技术为依托，以学术研究成果为支撑，这4项原则彼此紧密相连、协同作用，共同推动着北京故宫博物院文创产品不断发展壮大，成为文化产业中的一股重要力量。

（二）设计团队

北京故宫博物院由36个部处构成，其中，资料信息部、故宫文化服务中心、故宫出版社、经营管理处等4个部门具体负责文创产品的研发工作。这些部门各司其职，共同致力探索和创造新颖的文化产品，以丰富故宫博物院的文化输出。此外，为了汲取更多的灵感，开发出更精彩的产品，故宫还积极面向内部员工及社会公众举办文创产品设计比赛，鼓励多元化的创意表达。

1.资料信息部

资料信息部负责研发多款APP，其团队由十余名充满活力的年轻人组成。这些年轻人大多学习过动漫和设计类的相关知识，对科技信息类产品更是充满浓厚的兴趣。在APP开发的过程中，该团队已经制作了诸如胤禛美人图、紫禁城祥瑞、皇帝的一天、韩熙载夜宴图、每日故宫和故宫陶瓷馆等 6 款深受欢迎的 APP。这些 APP 十分符合青少年群体的兴趣和爱好，因此其传播效果远远超过了传统的纸质文化传播形式。例如，"皇帝的一天"这款程序，是故宫官方首次推出的儿童类应用，以其活泼生动的手绘画风，配合卡通人物，再现了昔日宫廷的生活图景。这款 APP 通过引导孩子深入宫殿，让其了解皇帝的一天，包括衣食起居、办公学习和休闲娱乐等一系列活动，借此向孩子们传递出皇帝的生活也是非常繁忙的，从而达到教育和启发孩子的良好效果。同时，"数字故宫"的建设也成为故宫博物院的又一重要举措，其采取立体、多元、全方位的信息化手段，使北京故宫的文化元素融入人们的日常生活中，既丰富了大众的文化生活，又满足了人们的文化需求。①

2. 故宫文化服务中心

故宫文化服务中心致力中低端产品的开发，其研发团队由几十名成员组成，目标是创造出独具故宫特色的文化商品，以满足公众对博物馆文化的消费需求，同时弘扬和传承优秀的传统文化。这些产品的定价不高，并且兼具实用性和观赏性的特点，因此深受大众喜爱。产品种类繁多，如以皇帝形象设计的书签、模仿圣旨样式的铅笔刀，以及具有实用功能的抱枕和双肩包等，这些产品在较大程度上契合了现代生活中的实际需要。

3. 故宫出版社

故宫出版社负责出版涉及故宫文化的书籍及古代书画仿制品的研发。由于工作量庞大，该出版社拥有数百人的专业开发团队来支撑这项工作。故宫博物院坐拥丰富的书画资源，为更好地传递中国书画艺术的

---

① 阴鑫. 中国博物馆文化创意产品开发研究：以北京故宫博物院为例 [D]. 郑州：河南大学，2016.

独特魅力，该团队秉持"服务故宫，开放交流"的宗旨，精心设计出一系列图书和相关的音像制品，供公众学习和领略。这些作品包括《故宫经典系列丛书》《故宫日历》和《紫禁城》杂志等，以此来达到弘扬和传播传统文化的目的。[①] 每当展开书画仿制工作时，故宫出版社都会从馆内收藏的精品书画中精心挑选用于仿制的作品，利用现代化的先进技术进行准确还原，供社会人士观赏和研究。

4. 经营管理处

经营管理处主要负责研发高端产品和院礼，比如售价达 120 万元的纯铜制作的故宫角楼模型。虽然这个部门的人员规模较小，仅由 8 人组成，但其职责范围广泛，既需要研发产品，还需要负责维护故宫文创产品的知识产权。

（三）设计资金

因客流量大，故宫的门票收入是相当可观的，然而，尽管门票收入庞大，故宫博物院仍然面临着一个财政现实的挑战。其原因在于现行的"收支两条线"预算系统，要求故宫所获得的门票收入必须全部上缴国库，再通过财政拨款来满足其日常运营及发展需求。故宫的经济运营因此与其门票收入几乎没有直接关系，这也解释了为何这些收入并不能直接用于该博物院文创产品的研发。随着国家对博物馆经营方式及态度逐步转变，故宫博物院如今被划分为公益二类事业单位，根据相关政策法规，这类单位能够自主开展相关业务活动，并依法取得相应的服务收入。这些政策的调整激励了故宫博物院在文创产品研发上的热情，使故宫的文化产业迎来了迅猛的发展。自主经营的模式再加上国家财政的专项支持，为故宫的文创产品开发创造了良好的资金基础。

---

① 阴鑫. 中国博物馆文化创意产品开发研究：以北京故宫博物院为例 [D]. 郑州：河南大学，2016.

（四）设计素材

截至 2024 年，故宫文创已开发至 15 000 余种，其涵盖类别很广，包含生活的各个方面，充分兼顾公众的各种需求，获得了公众的好评。如此多样的文创产品，没有一件是凭空造的，全部取材于故宫的藏品。故宫博物院文创产品研发的素材主要来自历年的展览，同时结合其 180 万件藏品和独一无二的古建筑资源。① 利用脑洞大开的创意将故宫元素、文化内涵注入产品中。历年来北京故宫博物院多次举办展览，尤其是随着新媒体时代的到来，各种新型展览模式层出不穷。例如，2021 年举办的"'纹'以载道——故宫腾讯沉浸式数字体验展"：这是一场使用 AR（增强现实）技术和裸眼 3D 技术的数字体验展，展览中没有实体文物，而是通过数字技术展示了故宫古建、陶瓷、家具，以及织绣上的各种纹样。展览共设 7 个展区，并设有年度打卡点，以满足当代观众的拍照需求。又如，2024 年 6 月举办的"故宫里的神兽世界——清宫兽谱多媒体综合展"：这场展览以故宫博物院馆藏清代御制《兽谱》为蓝本，通过数字投影和实时交互等科技，打造出数字化展厅和多媒体互动作品，让观众身临其境地欣赏"神兽世界"。再如，2024 年 10 月举办的"行走的故宫文化——石渠宝笈数字艺术沉浸展"：该展览在广州开幕，通过 MR 混合现实技术、AI 智能科技、全息虚拟影像等多种前沿数字技术，让观众沉浸在中国传世名画的意境之中，与古人进行一场超越时空的文化"对话"体验。这些活动皆取材于故宫元素，并利用现代科技形式展现出来，大幅提高了故宫文创产品的影响力。

二、北京故宫博物院的文创产品生产

尽管北京故宫博物院拥有独立的研发部门，但由于博物院受其自身

① 阴鑫. 中国博物馆文化创意产品开发研究：以北京故宫博物院为例 [D]. 郑州：河南大学，2016.

管理体制的约束，并且人力资源有限，内部并未设立独立的文创产品生产部门。因此，故宫将部分研发工作及整个生产计划委托给行业内专业的制造商来完成。在选择合作伙伴方面，故宫制定了极为严格的标准，要求合作企业必须具备相关领域的专业证书和资质证明。例如，生产茶具的企业需要提交产品质量报告，而进行木材加工的公司则需提供环境影响评估报告等。此外，故宫还会进行实地考察，以选定最优的合作对象。

（一）合作生产

北京故宫文化服务中心根据控股比例的不同，与不同公司合作，分别成立了多家文化创意公司。这些公司肩负着研发、生产故宫文创产品的任务，并以"故宫"的名义对外发布其文化产品。

（二）授权生产

北京故宫博物院与众多企业建立了授权合作关系，其中，北京某创意纪念品开发公司便是一例，这家公司专注于博物馆原创文化产品的开发。在获得故宫博物院的授权之后，该公司以故宫藏品为基础，研发出一系列颇具个性的卡通娃娃形象及相关产品。这些产品从无到有，逐渐形成独具魅力的"宫廷娃娃"系列文创产品，赢得了消费者的青睐。根据北京故宫文化服务中心与北京某创意纪念品开发公司的约定，"宫廷娃娃"卡通形象及其相关产品限定在故宫的渠道内独家销售。此开发公司不得与其他企业研发与这些形象相似的产品。通过企业授权生产的合作方式，故宫博物院有效地节省了人力成本，这对于推动文化产品的开发是一项重要的策略。更为关键的是，故宫博物院的研发团队拥有最终的审核权利，对于企业生产的产品是否能够顺利进入市场，其有权进行把关，以此来确保相关产品的质量。

三、北京故宫博物院文创产品的销售传播渠道

北京故宫博物院一直给人的印象是高大、严肃、古典，甚至是"遥不可及"。作为历史文化遗存的故宫，其首要任务不仅是保护文化古迹，还肩负着传播故宫文化，使故宫文物"活起来"，让故宫文化走入寻常百姓家的责任。故宫文创产品虽然为公众把故宫文化带回家提供了实物载体，成为故宫文化"走出去"的重要方式，但要让故宫文化真正发扬光大，只注重研发和生产还不够，必须注重产品的销售，只有通过合理的销售模式，才能真正实现故宫文化与公众生活的有效对接。因此，为了达到传播故宫文化的最终目的，故宫博物院制订出文创产品合理的定价方案和多样的销售渠道。[①]

（一）定价

北京故宫博物院研发的各式文创产品，其售价从 10 元以内到上百万元不等。北京故宫博物院文创产品开发的目的在于弘扬中华传统文化，彰显博物馆的社会教育职能，同时还能获得一定的经济效益，保障博物馆自力更生，实现可持续发展。在定价方面，故宫文创产品遵循科学合理的方法，以传播文化为出发点，将价格设置在合理的区间范围内，其定价依据主要有两个标准：一是依据市场上同类产品的价格。为了制定出合理的商品售价，故宫博物院会进行详细的市场调研。这样能有效控制生产成本，避免产品价格高于同类商品，从而丧失市场竞争力。经过比较，其价格设定通常不会与同类产品形成过大差距，这样一来既能促进产品的销售，又不会对市场造成不良影响。二是在已有生产成本的基础上，制订加价策略，加价幅度会严格控制在 10% 以内。之所以选择此类加价方式，还是为了维持经济价值和文化传播之间的平

---

① 阴鑫. 中国博物馆文化创意产品开发研究：以北京故宫博物院为例 [D]. 郑州：河南大学，2016.

衡。若在实际操作中遇到社会效益与经济效益相冲突的情况，故宫博物院则优先考虑社会效益。此时，加价范围会进一步缩小，只在原生产成本基础上加 5% ～ 10%。

（二）销售传播渠道

故宫的文创产品种类繁多，为保障这些产品的价值能够得到充分实现，必须制订一个周详的销售计划。在每次正式发布新产品之前，故宫通常会先行生产几十件投入市场，观察市场反应。如果市场反应积极，才会推动大规模生产，以满足市场需求；如果市场反馈不够理想，则会选择少量生产甚至不生产，以此避免库存积压所带来的资源浪费等问题。故宫文创产品在上市后，采用多样化的销售渠道进行推广，线上销售和以线下销售相结合的方式为公众消费带来更多便捷。

1. 线上销售传播

北京故宫博物院拥有自己的线上销售平台，包括故宫博物院文创旗舰店、故宫淘宝"来自故宫的礼物"、故宫商城、故宫博物院文创馆以及故宫博物院出版旗舰店。故宫博物院文创旗舰店自 2016 年 6 月成立以来，便致力研发创新、实用的产品，将故宫的文化魅力注入现代生活。故宫博物院与阿里巴巴建立的合作关系，根据协议，双方除了在阿里巴巴的平台上共同开发故宫博物院的官方旗舰店外，还将利用这一网络渠道来扩大故宫的社会影响力。这个官方旗舰店设有 3 个主要业务板块，即门票销售、文创产品以及出版物。在阿里旅行和天猫等阿里巴巴的知名网络平台上，这 3 大板块的内容互有区分又互相补充，最大程度上满足了用户的多样化需求，同时还使故宫博物院在线上保持了统一且立体的形象，迅速传递至广大的互联网用户群体。此次合作充分发挥出故宫博物院与阿里巴巴各自独特的资源优势，为故宫博物院的观众服务和文化传播开辟了新的渠道，共同传播故宫文化及中华传统文化，深度优化故宫爱好者的参观和文化体验。

故宫淘宝，是故宫博物院与北京一家创意纪念品开发公司合作开办的旗舰店，自 2008 年 12 月起，由故宫文化服务中心直接管理。其销售产品目录丰富，分为 6 大系列，共 210 种商品。继故宫淘宝之后，故宫商城这一网上销售平台于 2015 年 1 月正式上线，进一步完善了故宫的网络销售体系。故宫商城的产品种类涵盖 8 大系列，总计有 237 种。除此之外，故宫博物院还开设了其他网上渠道，如在微信平台上运营的"故宫博物院文创馆"以及在天猫平台上的"故宫博物院出版旗舰店"，这些店铺主要销售故宫出版社的出版物和其他文创产品。

现代社会中，许多人因为时间受限无法亲临故宫，或者虽然造访故宫，却因为种种限制没能购买纪念品。如果需要再到故宫购买这些产品可能会面临各种不便。然而，随着故宫线上销售平台的发展，这一问题便迎刃而解。人们可以在家中自由选购，通过网购的形式轻松获取心仪的故宫产品，为公众购买纪念品带来便利，也使故宫的文化传播更加广泛深入。

2. 线下销售传播

故宫博物院内设有 42 家文化产品商店，遍布于不同区域，为前来参观的游客提供便利的购物条件。其中，位于神武门东厂房的 8 间文化创意体验馆较有特色，分别是丝绸馆、服饰馆、生活馆、影像馆、木艺馆、陶瓷馆、展示馆以及紫禁书苑，每个馆厅都有其独特的文化吸引力和体验项目。除故宫内部的这些销售点外，北京市区内还有 4 个固定的展示和销售故宫文化创意产品的地点：首都机场设有一个文化展示项目，而另外 3 个展示点坐落于各大商业区，充分体现出故宫文创产品在市场上持续扩展的趋势。除此之外，在北京市以外的地区，仅澳门艺术博物馆设有故宫文创产品的固定销售区域。北京故宫博物院文创产品销售区域布置如表 8-1 所示。

表 8-1 北京故宫博物院文创产品销售区域 [①]

北京故宫内文创产品固定销售区域	故宫文化产品商店	分布于故宫博物院的各个角落
	故宫文化街	神武门北宫墙下东厂房 8 个文化创意体验馆
北京市内其他展示和销售区域	文化展示项目	2012 年"文化国门——故宫印象"文化展示项目在北京首都国际机场 T3 航站楼落成
	故宫博物院文化产品专卖店	2007 年国内首家"故宫博物院文化产品专卖店"落户白孔雀工美大厦;2014 年故宫文化产品专卖店落户王府井工美大厦 4 层
	故宫博物院精品文物馆	2015 年北京奥林匹克公园瞭望塔的故宫博物院精品文物馆开张
北京市外固定销售区域	故宫纪念品商店	澳门艺术博物馆与故宫博物院的合作开设,店内销售的纪念品均为北京故宫博物院生产的文创礼品

北京故宫博物院在文创产品的研发、生产、销售的整个过程中,渗透着北京故宫博物院先进的理念、艰辛的付出、明确的分工、严格的生产、广泛的渠道等诸多必备要素,为中国其他博物馆探索出一条适合自身特色的文创产品开发之路,提供了宝贵的借鉴经验。从当前的视野来看,北京故宫博物院在文创产品的开发领域取得了令人瞩目的成就。无论是在国内市场,还是在国际舞台上,故宫博物院的表现都名列前茅。在今后的发展中,故宫博物院若想在文创产品开发这条路上继续迈进,则需要在保持现有工作态度的同时,坚定付出,紧密关注文创产品在研发、生产、销售等环节中可能出现的各种潜在问题,及时识别这些问题并进行改进,只有这样才能在文创产品开发的道路上走得更远。

---

① 阴鑫. 中国博物馆文化创意产品开发研究:以北京故宫博物院为例 [D]. 郑州:河南大学,2016.

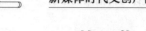

第二节　旅游文化文创设计案例
——以上海迪士尼乐园的文创产品设计与传播为例

文化创意与旅游业的结合，为旅游行业注入了前所未有的生机与活力，拓宽了旅游业的成长空间，延长了旅游产业链条，推动了产业结构的升级与转换，并创造出更加多样化的旅游新业态。近年来，全国各地积极推动文化与旅游的深度结合，借助新媒体的传播力量，涌现出一大批具有创新性和代表性的项目以及成功案例。以上海迪士尼乐园为例，其展示出文化创意在旅游业中所发挥的独特作用。

一、迪士尼乐园的发展历程

进入 21 世纪，人们正处于一个信息飞速发展的时代，科技创意得到了充分展现。文化创意借助现代高科技手段，演变成丰富多彩的文化产品和服务，成功实现了文化产业的创意转化和价值展现。以迪士尼乐园为例，其本身就是一个依托科技，融合旅游业的高度创意性、充满新奇感的旅游综合体。科技创意在文化产业中的广泛应用和融合，不仅可以高效、广泛地扩展文化产品的表现形式，延伸整个文化产业的发展链条，还可以进一步形成新的文化消费热点和文化市场，推进文化产业新兴业态的出现与发展。文化旅游便是科技与旅游以及文化产业完美融合的典范，营造文化主题体验式的园区，创意是使文化产业与旅游业高度融合的催化剂。在这个过程中，创意的基础在于丰厚的文化资源，以高科技为助力，完成产业转型，给予游客截然不同的感官体验、科技享受以及文化盛宴。

1955 年 7 月 17 日，洛杉矶首座迪士尼文化主题乐园的正式开放。乐园的建立标志着迪士尼公司在文化产品领域的一次重要扩张，是其进军主题公园文化旅游业的标志。1982 年 10 月 1 日，一座全新的奇观——埃布克特迪士尼世界中心，也开始迎接来自全球各地的游人。迪士尼基于对"未来世界"的巧妙构想，借助动画片中五彩斑斓的色彩和魔幻的视觉表现，将这些元素完美嵌入游乐园的各项功能中。一走进园区，参观者便能感受到迪士尼童话主题无处不在——从别具匠心的环境布局到充满创意的娱乐设施，无不体现出迪士尼对细节的极致追求。随着科技的不断发展，迪士尼乐园也在持续变化，源源不断地将最新的技术与创意引入其中，巧妙地结合了现代科学技术手段，以文化创意为核心，与历史和未来元素交融，采用现实和虚幻叠加的手法，利用现代计算机技术、自动控制系统、数字模拟与仿真技术、数字影视技术以及声光电高科技手段，使文化、艺术和科技创意得到完美体现，营造出一个愉悦而舒适的园区环境。在科技的支持下，各类活动以交互、参与和体验的形式呈现给游客，赋予其新鲜、刺激且富有欢乐的崭新体验。

走入园区，周围环绕着活泼轻松的音乐，立即引领游客进入一个充满愉悦与舒适的环境中。眼前呈现的是一座座童话般的城堡，道路两旁被一个个经典可爱的卡通形象点缀，那些只在动画与科幻影片中出现的奇妙幻境，如今已被完整地呈现在这里。人们置身其中，仿佛化身为城堡中的卡通人物，深入体验城堡生活。整个园区的工作人员身着卡通服饰，实现了园区内部环境的协调统一，成功为游客打造了一个完整的童话乐园。迪士尼乐园由多个不同的主题项目区和展馆构成，每一个都能为游客带来独特的体验与乐趣。乐园拥有国际一流的高空飞翔仿真体验项目"飞越极限"、大型动感太空飞行体验项目"星际航班"、火山穿行历险项目"维苏威火山"、玛雅主题大型历险项目"神秘河谷"、恐龙灾难体验项目"恐龙危机"等。

正是有了无数这样或那样的科技创意，迪士尼童话王国才会充满活力和乐趣，乐园内部各类文化产业链依靠科技创意得以实现和延伸，这些创意不仅为其发展提供了有力的技术支持和保障，还将文化产品和服务有机结合在一起，大幅刺激了消费需求，为文化产业发展开辟了全新的契机。基于文化基础之上的科技创意不断激发文化产业的深层潜力，挖掘文化产业所具有的价值，推进文化产业发展的技术性创新，科技创意已成为提升文化产业核心竞争力的重要手段和技术保障。

1983 年 4 月 15 日，东京迪士尼乐园首次公开亮相，给日本带来了巨额的经济收益。2005 年 9 月 12 日，中国迎来了首个迪士尼乐园——香港迪士尼乐园正式对外开放，之后中国在上海建起第二座迪士尼主题乐园，于 2016 年春季在上海开幕，并且举办了一场为期数日的盛大开幕仪式，向公众展现出其魅力。地处上海国际旅游度假区核心，上海迪士尼乐园成为这片区域的亮点，赢得了国内外游客的瞩目。上海迪士尼乐园的总投资规模约为 340 亿元，占地共计 7 平方千米，其中一期工程包括主题乐园及相关配套设施，面积达 3.9 平方千米，相比之下，其占地面积是加州和东京迪士尼的两倍，是香港迪士尼的三倍。整体园区采用神奇王国的设计风格，内部设置了 6 个主题园区：米奇大街、奇想花园、探险岛、宝藏湾、明日世界和梦幻世界。每个主题园区都营造了独特的景观氛围，游客在其中不仅可以欣赏美丽的花园，还能观赏丰富的舞台表演，并参与到富有创意且极具吸引力的游乐项目中。

二、迪士尼乐园的成功经验

迪士尼乐园精准地抓住了人们渴望幸福、快乐的心理，将无法触摸的幸福实体化，为人们营造了一个充满梦幻的世界，无论是游乐设施还是服务细节，均体现出人性化、高科技的设计理念，不计成本地将游客体验放在第一位，给来到这里的游客留下深刻印象，令他们不舍离去。

（一）准确的市场定位

迪士尼乐园自开创以来，便确立了"迪士尼乐园是世界上最快乐的地方"的市场定位，为了满足人们渴望得到放松和欢乐的消费心理需求，紧紧围绕"快乐"这一核心主题，提供丰富多样的游乐产品与服务，力求为每一位游客带来尽可能多的乐趣体验。迪士尼乐园将旗下众多成功的动画影视作品巧妙地融入其中，使孩子们在充满欢声笑语的游乐活动和栩栩如生的卡通形象中流连忘返，同时唤醒了许多成年人心中关于童年的美好记忆，帮助其实现许多儿时未能达成的童话梦想。除此之外，迪士尼乐园还将快乐具象化为真实的产品，以商品的形式兜售给游客，为其带来绝佳的旅途体验。

（二）社交媒体和 KOL 营销的深度融合

迪士尼乐园利用社交媒体平台，与用户建立了紧密的联系。平台提供了一个双向互动的空间，消费者不仅能接收到品牌信息，还能主动参与到品牌活动中。这种双向交流的动态，不仅增加了消费者与迪士尼品牌之间的互动频率和持久度，还促成了用户的品牌归属感与忠诚度。

另外，迪士尼乐园还通过邀请关键意见领袖（KOL）来推广品牌信息，以一种令人信服的方式使其与消费者的沟通得到深化。KOL 以其广泛的影响力和亲民的语言，成功地将品牌信息浸入消费者的生活圈中。这样一来，品牌既能借助其力量获得更高的曝光率，又可以通过其口碑推荐，使品牌接触走向大众化。

（三）新鲜刺激的体验与参与经历

在迪士尼乐园，游客不仅可以享受先进的视觉和听觉盛宴，还能沉浸在童话角色的日常生活之中，仿佛置身于奇幻世界。这里汇集着全球最先进的电动游乐设施，将那些本来枯燥的科学知识转化为手中的玩具和趣味项目。通过别开生面的互动和体验，寓教于乐，让每一位来到这里的人都能在感受科技魅力与快乐的同时，潜移默化地获得相应的科学知识。各种惊险刺激的游乐项目以及多元参与活动，为访客们带来了无尽的欢声笑语，也使迪士尼乐园成为全世界游客逗留时间最长的主题乐园之一。

（四）先进完善的科技后盾

迪士尼乐园的成长与演变与科学技术的革新紧密相连，是一个同步发展的过程。依托于不断迭代的科技，乐园通过实时更新和扩展其娱乐项目，充分展示出其在科技上的领先地位。这种先进科技不仅是乐园发展的坚实后盾，还是其能够持续吸引游客的重要因素。正是凭借现代科技的支撑和推动，迪士尼乐园才得以拥有持久的吸引力，激发游客的好奇心和参与热情。迪士尼乐园背后的工作团队采用先进的技术手段，钻研游客的需求，并据此不断更新各种娱乐设施和项目，使游玩体验不断焕新，为游客带来全新的刺激感受。

上海迪士尼文化主题乐园将文化产业、旅游产业和科技创意无缝衔接在一起，乐园中科技含量极高，技术水平先进，将真实与虚拟场景无缝结合，巧妙地将科幻、动漫等高科技元素与中国特色文化融为一体。园内项目内容涵盖现代科技、未来科技、科幻构想、神话故事、综合表演等多个领域，为游客打造了身临其境的体验空间。无论是在设计理念还是技术应用上，上海迪士尼乐园处处体现着当代国际一流的文化产业发展精神及丰富的科学技术手段。上海迪士尼乐园利用新媒体技术，加大园区宣传力度，其研发的一系列文创产品收到国内外的一致好评，其成功的运作不仅吸引了无数游客的到访，也在促进当地文化科技产业的迅猛发展。在发展过程中，上海迪士尼乐园巧妙地融入中国特色，提升游客互动性和参与感，逐步在中国市场站稳脚跟，构建出自己独特而又具有影响力的文化科技品牌。

第九章　新媒体时代文创产品设计与传播的优化策略

第一节　优化内容设计，提升产品的核心竞争力

得益于新媒体快速传播、推广的优势，文创产品迅速成为大众的关注焦点，掀起一股创意热潮。面对人们在精神文化观念、消费意识上的转变，文创产品的设计也随之发生了变化。潮流风向和市场需求使文创产品更加注重文化创意理念的融入、创新性思维设计的运用和多种设计方式的呈现，也推动文创产品迅速发展，从而更好地实现创意产品文化内涵的传递，满足现代审美的需求。

在这个内容为王的时代，创新的设计理念、丰富多样的展现形式、深层次的设计内涵都是持续迭代文创产品质量的前提条件，也是文创产业今后发展的主要方向，这就要求文创产业革新研发手段，以深度挖掘、高效利用文化资源为宗旨，赋予文化产业及文化产品新的活力。唯有注重内容为王，将传承传统文化作为创作的基础，方可使文创产业持续推陈出新，使其具有源源不断的发展活力。因此，要想保证文化产品的质量，必须将其作为软着力点，把内容放置在重要位置，通过内容来促进产业发展，充分挖掘文化资源，提升文化创意水平，帮助产业获得更多优势，打造有专属特色、辨识度高的文化品牌，为产业发展赢得更

广阔的空间。

一、深入挖掘文化资源

文化资源是文创产品的灵魂所在，能为独特的产品创作打下坚实的基础，也是产品内容优化的主要依据。在如今快节奏的市场环境中，文创产业的成功与否，很大程度上依赖于其能否深刻而富有创意地利用现有文化资源。在深入挖掘文化资源的同时，谋求企业发展才是提升竞争力的关键。

设计者在对文化资源进行深度挖掘后，可以获得更多的创作灵感，同时其对于时代动态的发展趋势也会产生一定了解，这样一来其创作出的产品能够与用户的需求紧密结合在一起，受到广大消费者的欢迎，进而成为引领时代的潮流作品。想要完成文化资源的挖掘，需要先从文化资源的整理入手，进行系统化研究和分析，将创作中所需要的元素巧妙地嵌入产品设计中，使其既不失传统的深厚底蕴，又充分体现现代创新的优势。在这样双重优势的结合下，将会加强消费者对产品的情感连接，并且在发展的同时还能提高产品在市场中的竞争力。

需要注意的是，在对文化资源进行挖掘时需要从多方面进行考虑。其一，地域因素。地域文化资源的探索可以赋予产品独特的地域特色。例如，通过研究某个地方的历史、风俗和艺术形式，可以发现许多独特、可应用于创意设计的元素。这些区域性文化元素能帮助产品在全球化市场中彰显个性化特色。其二，民族文化因素。合理利用民族文化资源能够增强产品的文化内涵。许多民族都有悠久而丰富的传统，这些传统中蕴含着无限的设计灵感，例如传统服饰的纹样、节庆期间的装饰元素，这些都可以通过现代技术和创意设计在产品中创新呈现。其三，历史文化因素。历史文化资源饱含着厚重的时间积淀。在进行产品设计时，加入对不同历史时期文化现象的研究，深入发掘其中的审美价值和时代意义，可以使创意产品在当前社会背景下焕发出新的生命力。

在实践层面，可以整合多样化的文化资源并建立起全新、全面且独特的文化素材库。这样一来，企业可以为各类创意活动提供充足且富有深度的素材支持。这样的素材库既是文创产品设计的灵感来源地，也是企业与文化创意创新之间的桥梁。在此过程中，可以通过与文化研究机构的合作，吸纳专业的文化研究成果，以确保资源库中的文化元素能够被正确解读并合理运用到产品设计中。此外，企业还可以结合现代科技手段，对历史文化进行数字化处理，使之生动展现于现代产品之中，这样一来，既能满足保护传统文化的需要，又能推动其在新时代的传播与再创造。

二、创新设计理念

创新设计理念的实施，要求设计团队敢于跳出传统思维的框架，勇敢迈进未知的领域，探寻新的表现手法和设计风格，以此推动产品设计走向新的高度。通过大胆的跨界合作，将其他领域的新颖设计思维引入自己的设计中，或是借助先进的数字科技手段构建与用户的互动体验，这些都是创新理念落地的有效路径。

在跨界合作的过程中，不同领域的设计思维相互激荡，能够碰撞出全新的创意火花。例如，艺术与科技的结合、音乐与视觉设计的融合等多种形式的跨界都可以为文创产品注入新的活力。这样的合作不仅丰富了设计的多样性，还提升了产品的吸引力和市场竞争力。

利用数字科技打造互动体验，为创新设计理念的实现开辟了新的途径。设计师在应用虚拟现实（VR）、增强现实（AR）等技术后，可以营造沉浸式的体验环境，使观众能够从多维度感受产品的魅力。数字科技的应用是一项前所未有的超越，既打破了时间和空间的限制，又拓展了设计师表达创意的疆界，为用户带来更为丰富和立体的感知体验。这种创新设计理念的落地，使文创产品更加生动有趣。

此外，组织设计团队还可以采用头脑风暴会议的方法，通过集思广益获取更多突破性的创意点子，这一过程也是创新设计理念的常用方法之一。汇聚集体智慧，有助于团队从多角度思考问题，发现潜在的设计机遇，并提出更加富有创意的方案。在这样的环境中，个人的灵感得以尽情发挥，设计团队整体的创新能力也得到大幅提升。

进一步来说，很多企业在进行产品设计过程中，会搭建开放式平台，用以吸纳各类设计人才参与到设计创作中，构建起一个多元化、立体化的设计思维网络，这对于产品创新设计而言，无疑也是一项重大举措。在该模式下，企业将吸纳来自不同背景的设计师，通过共同协作，使创意的思维碰撞更加激烈，设计思路也愈加多样化。可以说，开放式平台为创新设计提供了一个培育的温床，使设计思维变得更加丰富，更具前瞻性。

三、运用多样化的展现形式

文创产品的内容优化，关键在于采用多样化的展现形式，来满足现代消费者对新鲜感和多样性的追求。在信息爆炸的当下，单一的表达方式已经难以捕捉大众的注意力，对于产品来说，只有整合多种媒介形式，才能实现对产品文化内涵的有效转换，进而打造出生动且富有层次感的用户体验。

文字作为文化传播的传统载体，拥有无可替代的地位。采用细腻的笔触描述产品的文化历史和背景，能够唤起用户的共鸣。而图像作为语言表达的辅助媒介，因其直观、感染力强等特点而具备巨大潜力。利用高清晰度的图像，可以展示产品的细节和工艺之美，再辅以精心设计的图形符号与图案，将文化主题进一步具象化。

在数字化时代的背景下，声效和视频的运用越来越突出。声音是一种能够直接触动人心的媒介，有了音乐、环境音效、旁白等多种声效设计的加持后，文创产品的情感表达将更为深刻。视频作为多媒体形式的集大成者，完美地将画面与声音结合在一起，呈现出较为完整的故事线，可以将产品的背景故事生动地展现在观众眼前。

在应用声音、视频进行产品设计的基础上，还扩增了 AR 和 VR 技术的应用，这些新技术为文创产品提供了全新维度的互动体验。在 AR 和 VR 的支持下，用户可以在虚拟环境中亲身探索产品背后的世界，仿佛置身于文化故事之中。这种沉浸式体验，不仅能提升用户的参与度，增加其兴趣，还会使文化展现得更加立体。

近几年，社交媒体和短视频平台的崛起，又为文创产品的传播提供了更加广阔的平台。在与这些平台进行内容联动的过程中，可以有效利用网络流行语、话题热点等，进行精准的市场营销。这种联动便是充分利用社交分享功能，形成病毒式传播效应，迅速扩大产品的市场影响力和知名度，之后又借助用户自发的传播行为，使产品信息可以在社交网络中快速扩散，从而增强品牌效应。

四、强化内容深层次设计

增强产品的核心竞争力，需要超越表面上的视觉吸引力，深入内容的深层次设计。深层次设计除了关注外在的美学体验外，还需要重视产品背后的精神文化价值。设计者在执行这一理念时，必须对文化资源有深刻的理解，并能够将这些资源转化为产品设计的核心要素，力求在内容与形式方面达到完美协调。

在现代市场中，视觉吸引力虽能迅速抓住消费者的注意力，但要培养持久的品牌忠诚度和深厚的用户关系，必须在产品内在的文化内涵上下足功夫。设计不仅是一种美学表达，还是文化的一种再现方式，体现着产品的精神价值。因此，设计师需要具备敏锐的文化洞察力，能够捕捉并解读具有影响力的文化符号，将其合理应用于设计之中，使产品在视觉体验之外，更具文化厚重感。

以传统文化符号为例。将其融入现代产品设计中，能够增加设计的艺术丰富性和层次感，使其在无形中创造强大的文化关联。这种文化隐喻的使用，使消费者在体验产品时，既能感受到产品优良的材质，体会其中的创意思维，又能沉下心，感受其中深邃悠长的文化韵味。在多重文化内涵的触发下，极易引起消费者的情感共鸣，产品设计便再次增加了其精神附加值。从一定意义上来讲，文化符号的作用除了能够满足营造产品设计内涵的基本需求外，还可以起到精神文化传递的作用，在很大程度上增强了消费者的归属感和认同感，而这也正是产品设计中最具价值的一环。

为了实现对产品内容的深层次设计，设计者还需要从产品的使用场景以及消费者的体验情感等角度来考虑。一个充分体现这种设计理念的产品，往往能够在消费者的使用过程中赋予其场景化的文化体验。例如，在设计饮水器时，可以融入地域文化中的自然元素；在进行灯具设计时，可以加入造型和光影等元素，营造出传统节庆的氛围。设计师在这样的设计过程中，将加强对产品功能以及美感的塑造，形成一种能与消费者内心交流的产品体验，使产品的实用价值和文化价值巧妙地结合在一起。

为实现这种深层次的文化设计，设计者需要跨越纯视觉美感的限制，从历史、习俗、科技、艺术等多方面汲取灵感，使产品成为连接文化与现代生活的载体。该过程虽然具有挑战性，但也为设计者提供了一个全新的空间，在这一过程中，设计者想要呈现什么样的产品，及其最终需要传递出怎样的文化，都需要在不断摸索中前进。

五、构建高效创新研发机制

为确保文创产品在内容优化方面能够持续获得支持，文创产业之间需要搭建起一个高效的创新研发机制。在这一操作过程中，企业需要对资金和资源进行合理配置，营造出一个开放包容的创新氛围，使创新逐渐转变为企业文化中的常态。建立起创新研发机制后，文创产业将在竞争激烈的市场中始终保持活力和创造力，其具体步骤如下：

其一，设立专门的创新基金。资金支持，能够有效扶持并孵化那些具有潜力的创新项目，为其提供良好的启动条件和发展空间。这些基金在初期阶段可担负起风险投资的角色，为新想法的实施以及实施后的验证提供必不可少的资金帮助。在这项操作的过程中，需要确保预算透明化，保证使用的效率，使资金能够精准地投向最具前景的项目，促进其快速成长和落地实施。

其二，营造开放的企业创新环境。开放的环境有利于员工大胆尝试和表达创新观点。为了提升效果，还可以设置一些奖励机制，例如专利奖励、创新竞赛等奖项，激励员工积极提出创新建议和方案，在公司内部形成良好的创新文化氛围，提高员工参与的积极性，刺激创新思维的碰撞。

其三，加强与高校、研究机构的密切合作。建立产学研一体的协同创新机制，从多个方面激活创新资源并推动前沿研究的进行。高校和研究机构通常具备较强的理论研究和基础实验能力，通过与其合作，文创产业可以获取最新的研究成果，而其在研发过程中也将获得教育和科研人员的技术指导。这样既能加速产品的研发进程，又能为企业找到更为先进的技术突破口，使文创产品更具市场竞争力。

其四，进行内部人才培训。文创产业应积极推进内部人才培训，提升产品设计的专业技能，为创新研发的持续开展提供强有力的人力资源支持。具体可以通过开展定期培训、组织行业交流活动等方式，提高员工的专业素养和跨学科创新能力。在鼓励内部创新的同时，要注意引进外部优秀人才和先进技术，确保企业始终站在产业发展的前沿。

六、精准定位市场需求

市场需求的变化是推动文创产品创新发展的动力之一。当今的商业环境正处于快速变革期，企业想要谋发展就必须对市场进行全面而深刻的分析，并给予精准定位。

在进行市场调研的过程中，首先要做好对相关数据的收集工作，并在之后进行细致分析。有了科学严谨的市场调研，企业将能够获取更多有关消费者偏好、购买习惯、消费动机以及心理需求的详尽资料。这些数据可以帮助企业描绘出一个清晰的消费者画像，为产品内容设计打下基础并指引方向。随着技术的飞速发展，大数据分析和消费者行为模型的引入使得市场调研更为精细化和全面化。

其次是对用户反馈内容的认真分析与解读。一般而言，用户反馈包含积极反馈和消极反馈两方面内容，但无论是哪方面的反馈，都需要认真对待，这些信息都能够成为改进产品的重要信息源。为了使反馈信息分析更加精准，企业还可以针对各类消费反馈进行深入挖掘，了解产品在实际使用中的真实表现，以及消费者对产品的真实评价。有了这些信息的帮助，企业将能够对现有产品进行持续优化，并为研发新产品积累长久的信息支持。

市场发展趋势的不同将直接影响市场的整体定位，尤其是在文创产业，这种变化飘忽不定，只有走在趋势之前，才能掌握市场的主动权。企业需要对产业宏观环境、消费者生活方式的变化、技术的进步等进行全面观察，并做出前瞻性的判断。该预测结果将直接影响企业未来的研发策略、市场营销策略以及品牌战略的制定。

基于上述分析，企业在内容设计时应灵活地调整策略，以迎合多样化市场的个性化需求。一方面是推出差异化的产品线。随着消费群体的日渐细分，仅靠单一产品无法满足各类消费者日益增长的多样化需求。将产品线进行分化后，企业可以针对特定消费者群体打造专门的产品，从而提升市场占有率。另一方面，提供定制化服务，并将此信息进行大力推广。该定制服务将给予消费者一定的参与权利，能够深度挖掘其个性化需求，并在产品设计中予以体现。该方式将大大增强消费者的参与感和归属感，为企业与消费者之间建立起强有力的情感纽带。

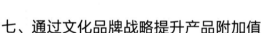

七、通过文化品牌战略提升产品附加值

为了提升文创产品的核心竞争力，企业需要设定一个具有高辨识度的文化品牌。这一品牌设置将直接关系到产品市场吸引力的创建以及未来消费者对产品形成的品牌忠诚度。要实现这一目标，品牌在制订战略方案时必须深入产品设计的每一个环节，努力将产品打造为既能满足消费者需求的载体，又能成为品牌文化的传播工具。在进行文化品牌建设的过程中，需要考虑以下3个方面：

一是赋予品牌个性价值和情感价值。这类价值的设定一般需要通过讲述品牌故事的方式来实现。品牌故事能够将品牌所倡导的理念、精神、历史等内容与消费者的生活、情感需求相结合，使消费者在使用产品的过程中感受到品牌的独特魅力。这样不仅能增加产品的情感附加值，还能在人们心中留下深刻、持久的印象，从而提升品牌的辨识度。

二是优化服务体验。良好的服务体验可以使品牌与消费者之间的关系更稳固，从而增强消费者的满意度和忠诚度。品牌方可以提供一些专属服务内容，使消费者在消费过程中感受到被重视。具体到体验环节，可以利用产品与消费者之间的各个接触点来实现，包括线上线下的销售渠道、客户服务以及售后支持等。在对相关服务内容进行持续优化之后，品牌方将打造出卓越的服务口碑，进一步巩固其在市场中的领先地位。

三是采用品牌联动策略。品牌方可以与其他具有声誉的品牌进行合作，借助合作品牌的影响力和市场地位，迅速提高自身品牌的知名度，提高其在消费者心目中的影响力。例如，联合推出跨界产品或联合营销活动，既可以实现利益共享，也能够在最大程度上吸引新的受众群体，扩大品牌的市场份额，提升认可度。另外，这一方法不仅能够调动短期市场消费氛围，还能够为品牌的长期发展注入动力，是企业实现可持续发展的重要方法之一。

第二节　加大培养力度，组建高层次复合型的人才设计团队

人才激励以及人才培养策略是文创产业吸引人才的重要方法之一。在新媒体时代，文创产业要想谋求发展，还需要面对诸多挑战，同时具有诸多机遇，这就意味着企业需要更高水平的人才来促进内部发展。高精尖人才的引进，离不开企业的支持，文创产业需要坚持以人为本的发展理念，持续培养优秀人才，努力提高人才技术水平，组建起一支高层次的复合型人才队伍，为解决文创产业缺乏中高端人才的问题贡献力量。

现阶段，不少高等院校在培育文化创意人才时，存在同质化现象严重、定位不明确等问题，导致无法培养出与文创产业发展趋势相匹配的人才。因此，学校要充分考虑当前面临的实际问题与市场发展需求，有必要从学科设置、教师配备、实践教学等方面开展有针对性的教学活动，进而优化产业人才队伍，为文创产业发展输送更多的优秀人才。除此之外，在成立核心文化创意团队之后，还应注重"草根"文创人才的挖掘，大力开发广大群众的文化创意创新力量。

一、构建多元化学科体系

高等院校在当今时代的教育中肩负着重大的使命，即为社会培养具备创新能力和专业技术的复合型人才。为了实现这一目标，学校需要在课程建设方面进行深刻的改革，尤其是在文创产业这个日益重要的领域中，需要对课程体系进行全面而深入的思考。

文创产业的发展离不开创新思维和先进技术，其中融合了文化艺术与现代科技等多方面的内容，随着其影响力的增大，逐渐成为推动经济发展和文化繁荣的重要力量。随着社会对创新和创造力的需求不断增加，高等院校有必要重新审视其在文创产业教育中的角色，并调整课程设置以适应这种变化。

一方面，符合时代需求的课程体系应当包含跨学科授课，使其向着广度和深度发展。采用多学科视角可以使其涵盖不同的知识领域，为学生提供较为全面的学习平台。在课程设置中，需要加入融合技术与创意内容，引导学生熟练掌握技术技能，并能将其与创意结合起来，寻求产品设计的新思路。可以说，该融合理念是理论与实践发展之间的一座桥梁，将鼓励学生在学习过程中主动探索，寻求创新性发展，不断提升自身的设计能力。此外，开设跨学科课程还是构建多元化学科体系的关键一步。该举措将打破传统学科壁垒，使学生能够在多学科交汇的环境中获取知识，培养其综合素养和适应能力。在跨学科课程中，学生既能学习本专业的知识，又能够接触其他领域的前沿动态。例如，一名艺术专业的学生在学习艺术设计的同时，可以选修数据分析、市场营销等课程，对于其未来在文创产业中的发展有积极作用。

另一方面，课程中应注重启发学生的创造性思维。创新的核心在于打破常规思维模式，因此，对于高等院校教育来讲，培养学生的创造力成为一大要务。在课程设计中，可以加入创新方法论、设计思维训练等内容，采用案例分析、项目实践等教学方法，让学生在解决实际问题中锻炼思维能力，激发创造潜力。

为了进一步支持这种多元化学科体系的构建，高等院校还应提供更多的国际交流机会，打造实习实践环境，努力拓宽学生的国际视野，使其在真实的工作场景中能够灵活运用所学知识，提升其解决实际问题的能力。另外，还可以采取校企合作的形式，为学生提供实习岗位或者提供一些企业项目，让学生有机会深入了解行业动态。

二、强化实践教学环节

强化实践教学环节需要将理论与实践紧密结合在一起，努力培养高水平的复合型人才。当今的教育环境发展态势良好，各学校都在努力形成自身的教学特点，其中强化实践教学环节是许多高校重点关注的方向。由此可知，只有将理论学习与实际应用密切结合，才能有效提升学生的综合素质和职业竞争力。

强化实践教学环节需要增强学校与企业之间的联系。高校应主动与相关企业和机构建立长期合作关系，这样方便学校获取第一手的行业发展动态和需求信息，能在最短的时间内为学生提供宝贵的实践学习机会。与行业合作的另一个优势是可以邀请业内专家参与到教学中，例如定期在学校举办各种讲座和工作坊。这些活动能够帮助学生直接了解所在领域的发展趋势、挑战和机遇，同时近距离接触行业中杰出的从业人员，还能激发学生对职业的热情，为其之后的发展明确方向。

此外，还可以建立校外实习基地，这项内容也需要企业的参与，与企业合作搭建实习基地，可以让学生在真实的工作环境中积累实践经验。在获得参与实际项目的机会后，学生可以发挥动手操作能力，将课堂上学到的理论知识应用于解决现实问题，深化其对所学知识的理解。同时，这种实习安排还可以帮助学生锻炼人际交往能力，增强团队协作意识，而这些软技能在未来的职场中也是不可或缺的。

为了进一步提升学生的创新能力和实践动手能力，很多学校还会建设创新实验室。在实验室中，学生可以亲身参与到创新项目的研发工作中，培养自身的动手能力以及创造力。在进行创新实践的过程中，学生需要学会独立思考问题，勇于试错，在失败中不断总结经验教训，这样一来，其在未来职业生涯中将具备更强的适应力以及解决问题的能力。

三、完善师资队伍建设

想要培养卓越人才，离不开高水平的师资力量。为此，高校在师资队伍建设过程中必须把握住两个关键点：引进和提升。在全球化进程加快、知识经济飞速发展的背景下，仅仅依靠书本知识已经难以满足现代教育的要求。只有引入具有丰富行业经验的专业人士担任教师，才能最大限度提升教育资本，为学生创设更贴近实际需求的课程内容，并在一定程度上拓宽学生的视野，提升实践能力。

然而，完善师资队伍建设不能单纯依赖外部人才的引入，更需要对现有师资进行培养提升。为了全面适应行业潮流的发展规律，应对社会变化的需要，现有教师团队需要主动更新自身知识库，使自身获得充实化发展，具体可以参考的方式有以下几种，例如定期专业培训、参加学术研讨会、与产业界密切合作等，共享前沿科技以及新兴领域的最新动向，帮助教师稳固自身知识结构，进一步丰富授课材料，优化教学方式。

四、注重文化创新力量的发现与激发

在进行专业化人才培养的同时，不要忘记对"草根"文创人才的观众，在大众群体中往往能够迸发出智慧的火花，驻足倾听大众创意的设计点也是文创产业谋求发展的原动力之一。从学校角度来说，可以鼓励年轻学子，从日常生活中探寻那些能够引起共鸣的创意点。为了激发学生探寻的动力，还可以设置一些与文化创意有关的挑战赛，作为学生勇于探索、发现的奖励。

当然，推进文化创新的方法不局限于一种形式的比赛，还可以利用新媒体平台，打造线上线下一体化的创意展示及交流活动。在活动举办过程中，学生能够获取舞台展示的机会，有了众多人才的加入，各类思想开始交汇碰撞，新想法、新思维随之产生，这对于文创产品创新来说

是非常重要的一步。年轻人可以紧随时代发展的步伐，不断迸发出无穷的创意潜能。在新媒体发展态势下，年轻人既是产品内容的消费者，也是产品内容的创造者。在这一方面，新媒体平台所展现出的强大潜力是毋庸置疑的，其突破了传统平台的局限性，利用自身开放性和互动性的特点，构建起具有群体创意灵感的生态圈。在这个智慧融合的大舞台上，不同思想相互共舞、碰撞又融合。学生在参与这些活动的过程中，不断锐化自己的思维触角，将自身情感、理念利用作品表达出来，获得群体认同。

创新本身就是对未知的探索和尝试。在进行文化交流和思想碰撞的过程中，每一个参与其中的成员都可以以学习者的身份不断学习提升自己，从他人的作品中获取灵感，打破自身创意的局限性，为作品提供更多想象空间。在此期间，文化创意的进程在不断加快，其中汇聚着不同背景、不同文化、不同观点的内容，在这样的交流环境下，成员间将实现信息共享。

五、强化人才管理和激励机制

想要吸引并保留优秀人才，还需要在管理措施上进行优化，设定完整的奖励机制。从管理措施上来看，首先需要设定科学合理的人才考评制度，保证考评的全面、公正，力求通过透明且标准化的方式对人才进行多层次的评估，从而准确识别每位员工的优势和潜力。这一基础措施能够帮助管理层准确把握员工水平，实现人力资源的优化配置，还能为员工提供明确的方向指引，使其看到自身的未来发展前景。

而在晋升和奖励机制方面，需要遵循灵活性原则。一个完善的晋升机制应当涵盖多条晋升通道，既能满足员工的不同发展需求，又能适应企业的长远战略目标。相应的激励措施中，同样需要包含物质奖励和职业晋升奖励，使其获得精神层面的肯定和鼓励，提升员工的成就感和归属感，使其主动将个人发展目标与企业的长远利益紧密结合。

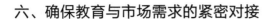

六、确保教育与市场需求的紧密对接

教育需要满足社会市场的发展需求，为未来输送大批量专业人才。为了实现该目标，学校需要时刻关注文创产业的发展趋势，从市场动态中洞察创意人才所需的具体素质，并据此做出快速反应，及时调整教学活动，这对于教育教学的整体发展而言非常有益。

在进行人才培养的过程中，需要加入新兴技术以及当代媒体设备。技术革新速度在加快，各种各样的新媒体形式在推动着市场发展，其对新型技术的渴求度越来越高，因此，对于动态化的人才培养方案来说需要具备灵活调整的能力，同时还要能够前瞻性地识别并培养学生的专业技能与创新能力。这种方案应该包括对前沿技术的介绍与实践操作，将理论与实际应用紧密结合。例如，面对大数据、人工智能、虚拟现实等技术的快速发展，教育机构应当不断更新教学内容，引导学生掌握相关技术的应用场景，避免与市场发展脱节。

第三节　加强顶层设计，规划新媒体与文创产业的协同发展

文创产业应着眼于长期发展利益，消除人们想要快速获利的迫切情绪，加强顶层设计。因此，需要培养战略思维，加快新媒体与文创产业协同发展的步伐，以"互联网+"为基础，做好顶层设计，探索可落地的协同发展路径，吸引更多人才和企业参与到文创产业中来。为更好地优化顶层设计，建议努力实现"三步走"策略，将其贯彻落到实处。

一、寻求政策的支持与引导

在文创产业迅速崛起的过程中，政策支持与引导无疑是非常重要的发展基础。随着新媒体的广泛兴起，文创产业进入前所未有的发展机遇

期。然而，要在这一机遇期中获得持续成功，仅仅依靠企业自身是不够的，还需要充分利用国家和地方政策的支持。

当今社会，文创产业不再是单纯的艺术与商业相结合的产物，而是一种复杂的文化经济现象。因此，政府需要给予积极的政策支持，加强引导，帮助企业发展壮大，推动文化经济的整体发展，实现升级换代。从宏观层面上看，国家在文化产业发展中充当着引导者的角色，通过出台有利的产业政策，可以为企业创造更为宽松的发展环境，以激励各类文创产业蓬勃发展。另外，在制定政策时，需要以助推文化产业创新融合发展为导向，确保企业能够高效利用政策资源来提升市场竞争力。

在这个信息和技术快速更新迭代的时代，企业需要紧随时代潮流，将相关文化产业政策贯彻落实到具体的经营管理中。此时，政府有必要在顶层设计中加强政策连续性和一致性的设置，使企业在享有政策红利时，能够避免因政策变动带来的不确定性。同时，地方政府需要灵活运用自身的地域优势，因地制宜地推出能够结合地方经济特色的文创产业扶持政策。

在进行政策制定的过程中，需要重视政策的灵活性，确保其可操作性强，确保政策颁布后可以落实到实处，只有这样才能为文创产业的可持续发展提供强有力的支持。比较常见的方法有财政补贴与税收优惠等经济措施，还有针对教育、科研、技术创新等方面提供的保障措施。通过对人才培养的注重以及对科技创新的持续性关注，政策能够为企业提供源源不断的智力支持和技术保障。

在寻求政策支持的过程中，文创产业必须树立全局意识，积极与各级政府部门和相关行业组织展开合作。通过充分的沟通与合作，企业可以更精准地把握政策方向，将政策转化为推动企业创新发展的内动力。同时，政策支持还有助于形成良好的产业生态环境，促使各类创新要素在这个大环境中聚集和互动，从而有效地推动文创产业的加速发展。

二、加大对重点企业的支持力度

加大对重点企业的支持力度，尤其是在文创产业中引入和应用新媒体技术。随着市场竞争的日益激烈，只有通过不断创新才能够在文化产品的研发和生产中立于不败之地。因此，加强对于文创产业中的重点企业的支持，不仅是推动行业发展的关键举措，还为更高质量的文化产品创造了可能。

政策层面需要提供更多资金和资源的支持，以鼓励重点企业大胆探索新媒体技术的应用。这能够加强企业的创新能力，推动文创产业更快地拥抱前沿科技。从国家和地方政府的角度来看，制定有针对性的优惠政策和补贴机制也至关重要，通过减税、贷款贴息等方式，缓解企业在创新过程中的资金压力，激励企业投入更多精力和资源进行技术创新和产品开发。通过设立专业的研发基金或创新孵化器，可以直接支持企业在文化产品研发中的科技创新，使他们能够集中精力开发出具有前瞻性的产品和服务，在市场中抢占先机。

此外，促进产学研合作的平台建设同样不可或缺。通过与高校、研究机构的合作，企业能够获取更多的技术支持和人才保障，这对提升产品研发水平及技术运用能力有着重要意义。这种跨界合作不仅可以灵活掌握先进的技术动向，还能加速创新突破的实现，丰富文化产品创意与品质。

市场开拓同样是提升企业能力的重要方面。在全球化趋势下，扩大国际市场的业务版图变得更为迫切。鼓励重点企业参加国际展会、论坛等活动，不仅可以展示自己的创新理念和产品，还能够与其他国家和地区的同行进行对话和交流，吸取经验，拓宽视野。同时，政府也可以搭建更加完善的对外营销网络，为企业在国际市场上的品牌推广和渠道建设提供有力支持。

三、加大对文创产业的扶持力度

在当前经济全球化和信息化的时代背景下，文创产业作为推动现代经济发展的重要力量，需要得到更为广泛和深入的支持。特别是对于中小型文创企业而言，政府和社会各界的扶持显得尤为关键。这一类企业往往处于创新的前沿，其灵活性和创造力为整个产业注入了新的活力。然而，由于规模有限，面临资金短缺、市场渠道受限等多种挑战，因此针对他们的扶持力度需要加大，以助其突破重重障碍，迎来更加广阔的发展空间。

在这一过程中，新媒体平台可以作为创新的主要阵地，通过多元化的媒介形式和高效的传播手段，文创产业不仅可以更为直接地与消费者进行互动，还能够在全球化的大背景下更好地传播创意理念，从而推动文化创新力量的不断强化。在新媒体的助力下，文创产业可以更有效地整合资源，提升品牌影响力，并挖掘更多发展潜力。

此外，文创产业的升级优化不仅仅局限于单一的技术与形式变革，还应着眼于推动传统文化产业与新兴媒介的有机融合。通过利用现代科技手段，传统文化元素可以被重新诠释并融入新的媒介形式中，从而焕发出新的活力。这种融合不仅能够丰富文化产品的形式与内容，还可以拓宽其消费群体和市场疆域，为产业发展创造更多的机会与可能。

在良好的政策支持下，文创产业的全链条发展将得以实现。产业链上下游的延伸，不仅促进了资源的有效配置，还推动了整个产业的协同发展。产业链的优化和延伸，有助于提升企业的核心竞争力和市场适应能力，使其能够应对瞬息万变的市场挑战。

新媒体的兴起，影响着文创产业的各个领域，给产业带来重要影响和重大发展机遇。随着大数据、云计算、5G等技术的加速发展，新媒体即将迈入一个全新的时代，这必将给文化产业带来更为深刻和广泛的影响。新媒体的崛起虽然给文创产业带来一定冲击，但从总体上来看，

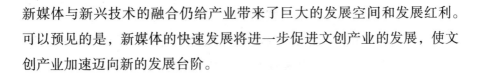

新媒体与新兴技术的融合仍给产业带来了巨大的发展空间和发展红利。可以预见的是，新媒体的快速发展将进一步促进文创产业的发展，使文创产业加速迈向新的发展台阶。

第四节　进行技术融合，实现产品设计的数字化转型

随着数字化时代的到来，文创产品设计将加速数字化转型。设计师将运用大数据、云计算等先进技术提高设计效率，实现精准的用户洞察和市场分析。

一、技术融合和设计智能化的推进

技术的快速发展正在革新文创产品设计的整体流程，推动了设计的数字化转型。通过将先进的技术与设计过程深度整合，设计师能够在这一充满机遇的新时代中释放更多的创意潜力。在技术与设计的融合中，人工智能和机器学习成为不可或缺的助力者。针对用户需求的深入洞察和精准预测，这些算法为设计师提供了有力的支持。基于海量数据和复杂的分析过程，人工智能能够精准掌握用户偏好的细微变化以及行为模式的整体趋势，从而帮助设计师开发出更具吸引力和市场竞争力的产品。

智能化设计系统的构建，则是这一融合过程中的关键步骤。这些系统能够将枯燥冗长的设计流程转化为一个高效且富有灵活性的环节，将创意的火花从设计师的脑海中迅速转化为实际产品。这不仅加速了创新思维的落地，还实现了设计效率的显著提升。通过自动化的设计工具，设计师能够更加专注于核心创意的打磨，而将烦琐的重复性工作交给智能系统处理。

随着技术的进步，设计的智能化也更加贴合用户的个性化需求。用户体验已经成为衡量产品成功与否的重要标准。在智能化设计系统的帮助下，设计师可以在产品初期便收集到用户的实时反馈，以此为依据调整设计方案。这种动态调整的能力，使得最终的产品设计更加精准地满足用户的期待，增强了用户的忠诚度和品牌的影响力。

二、应用大数据进行精确用户分析

在当前的数字化转型时代，大数据已逐渐成为设计领域不可或缺的重要工具。随着技术的不断进步，设计师得以使用大数据的力量进行更为细致全面的用户分析。这种技术的融入使得设计变得更加智能化，不仅提升了产品的用户体验，还大幅推动了创新设计的发展。

通过对用户数据的大量采集和解析，设计师能够深刻理解消费者的需求和偏好。这种深入的用户分析为设计奠定了坚实的基础，它能够帮助设计师在设计初期做出更为贴合用户真实需求的决策。无论是产品的功能设计还是外观造型，这种精准的用户需求把握都能使最终的产品与市场匹配度更高。同时，在细节设计中，这些数据的洞察力使得设计师能够最大限度地提升用户的使用体验，从而加深用户对产品的满意度和忠诚度。

不仅如此，大数据的应用还为设计领域的创新提供了新的可能性。通过对数据的深入挖掘和分析，设计师们能够从中发现新的灵感和设计方向，这对于推动产品的创新设计至关重要。数据中隐藏的模式和趋势可以指引设计师探索新的设计领域，实现产品与消费者更深层次的互动和联系，从而激发出全新的创意设计。

除了优化现有产品，大数据还在市场预测方面发挥着重要作用。通过分析当前市场的消费趋势及用户反馈，设计师能够提前识别市场的潜在机遇和挑战。这种预测能力使得他们在早期的产品开发阶段就可以进行策略性的调整，以应对未来可能出现的市场变化。通过全面了解和分

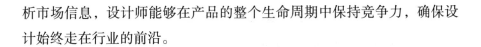

析市场信息，设计师能够在产品的整个生命周期中保持竞争力，确保设计始终走在行业的前沿。

三、利用云计算促进设计协作与管理

云计算的出现为文创产品设计开启了全新的篇章，提供了一个便捷且高效的协作和管理平台。设计团队得益于云计算，可以在云端以相对简单的方法实现设计资源的共享，实时更新设计进度，从而大幅提升团队合作的效率。在这个平台上，设计资源无论是图纸、模型还是其他创意材料，都能够通过云端的强大存储和处理能力即时获取。团队成员即便分散在世界各地，也能同步接触到最新的资源和信息，确保设计工作能够顺利且连续地推进。

云计算不仅简化了资源的共享和管理，还提供了一个透明化的设计项目管理系统。设计过程中的每一个细节和变化都可以通过云平台清晰地呈现出来，确保所有参与者在同一个频道上，避免信息不对称所引发的误解与错误。这种透明度大幅加快了项目的进度，提升了质量，使团队能够更精确地制订和调整计划，以适应变化的市场需求。

对于文件和数据的管理，云计算也显露出其巨大的潜力。所有与项目相关的文件都可以在一个中心化的存储区域进行安全备份和分类管理。通过先进的权限管理功能，能够灵活设置不同的访问权限，进一步保障了设计数据的安全性。对于设计团队和企业决策者而言，这种组织化的管理模式无疑提升了数据分析的准确性和效率，使得决策更具依据。

更为重要的是，云计算为设计过程的高效化提供了强有力的技术支持。这种技术使得烦琐的文件流转和信息传递变得无比顺畅，减少了因传统传输方式带来的繁杂工作，实现了工作流程的简化。同时，在这种高效的背景下，团队能够迅速响应市场反馈和行业趋势变化，以更灵活和创新的方式满足用户的期待。

四、VR/AR 技术与沉浸式设计体验

在当前数字化革命中，虚拟现实（VR）和增强现实（AR）技术正逐渐成为文化创意设计领域的重要推动力量。这些技术的引入，为设计师开启了全新的创作维度，使得沉浸式的设计体验逐渐成为现实。通过将用户置于接近真实的虚拟环境中，设计师能够展示复杂的产品设计构思，并实现对细节的精细调整。

VR 和 AR 技术赋予设计师一种全新的方式来塑造和展现创意。当一个项目处于开发早期阶段时，这些技术能够模拟出最终产品的使用场景和效果，使得用户可以预先体验到产品的全貌。设计的每一个细节都显得生动可感，丰富了用户的感官体验。沉浸式体验不仅增强了用户的参与感，还可以更直接地通过用户的反应对设计进行反馈和调整。通过这种实时互动，设计师能够迅速感知用户需求的变化，从而增强设计的针对性，提高用户满意度。

此外，这种技术带来的互动体验对提升用户忠诚度效果显著。用户在真实感十足的虚拟环境中进行体验，能够更直观地感受到产品所带来的价值和乐趣。这种亲身体验不同于传统的平面设计概念展示，而是通过多维度的感官刺激，让产品更具吸引力和说服力。

五、创建可持续发展的数字化设计生态系统

在当今数字化转型的浪潮中，构建一个可持续发展的设计生态系统成为各行业设计师关注的焦点。此生态系统的目标在于通过全面整合技术支持、市场分析与用户反馈，使设计变得更加智能化、个性化和可持续化。

优秀的设计生态系统应在技术方面做好充分准备。在物联网和智能设备的不断普及背景下，通过数据收集和分析，设计师能够实现产品的实时更新和优化。这种数据驱动的方法不仅能够提高设计过程的效

率，还能根据真实的用户使用情况调整设计策略，确保产品始终符合或超越用户的期望。其中涉及的技术不仅限于传统的设计工具，更包括了人工智能、机器学习和大数据分析等一系列前沿技术。通过这些技术的综合应用，设计师能够在最短的时间内快速洞察用户需求，并做出相应调整。

市场分析则是设计生态系统中的另一重要环节。在数字化渠道的迅猛发展下，设计师可以更加快捷和精确地获取市场动态，掌握目标用户的行为及偏好。通过互联网平台发布与推广设计作品，不仅能够实现全球范围内广泛传播，还能通过社交媒体等互动平台获取即时反馈。这种无缝连接的市场机制使得设计师能够在竞争日益激烈的市场中占有一席之地。因此，将市场分析纳入设计生态系统不仅能够帮助识别潜在的市场风险与机遇，还能推动设计师不断创新，符合不断变化的市场需求。

一个良性的设计生态系统还需要实时的用户反馈机制。用户作为设计师的最终服务对象，他们的意见和体验至关重要。通过有效的反馈渠道，设计师能够了解用户在使用产品过程中的实际感受和体验，从而发现设计中的不足，并有针对性地进行改进。战略性地利用用户反馈，有助于设计师建立长期的用户关系，增加用户满意度和忠诚度。

参考文献

[1] 陈放. 创意风暴 [M]. 北京：中国盲文出版社，2007.

[2] 韩养民，韩小晶. 中国风俗文化导论 [M]. 西安：陕西人民出版社，2002.

[3] 江绍雄. 创意撩人：视觉行销力与品牌创见 [M]. 北京：中国传媒大学出版社，2006.

[4] 刘锡诚. 非物质文化遗产：理论与实践 [M]. 北京：学苑出版社，2009.

[5] 严三九，王虎. 文化产业创意与策划 [M]. 上海：复旦大学出版社，2008.

[6] 朱炳祥，崔应令. 人类学基础 [M]. 武汉：武汉大学出版社，2006.

[7] 郝凝辉. 文创产品设计原则与方法 [M]. 北京：中国商务出版社，2016.

[8] 臧丽娜. 文创产业品牌传播案例研究：以山东为例 [M]. 济南：山东教育出版社，2016.

[9] 栾轶玫. 新媒体新论 [M]. 北京：人民出版社，2012.

[10] 颜聪. 新媒体视阈下文创产业创新发展研究 [M]. 北京：中国纺织出版社，2018.

[11] 马智萍. 大数据时代：移动营销创新研究 [M]. 北京：中国轻工业出版社，2016.

[12] 杜娟. "阴阳五行"对故宫建筑布局的影响 [J]. 赤峰学院学报（汉文哲学社会科学版），2015（1）：85-86.

[13] 苑利，顾军. 非物质文化遗产的产业化开发与商业化经营 [J]. 河南社会

科学，2009，17（4）：20-21，219.

[14] 于剑昀. 新媒体技术下文化创意产业发展路径研究 [J]. 科技传播，
2020，12（4）：150-151.

[15] 王熠扬. 新媒体传播背景下文化创意实力的提升策略 [J]. 传播力研究，
2018，2（9）：17.

[16] 姜晨薇. 基于新媒体的创意产业及其在中国的发展现状讨论：以"网红
经济产业"为例 [J]. 新媒体研究，2018，4（6）：8-11，46.

[17] 宋小乐. 新媒体语境下文化创意产品的发展路径分析：以故宫博物院为
例 [J]. 新闻文化建设，2021（6）：148-149.

[18] 黄言涛. 文化创意产业的发展现状与发展策略研究 [J]. 工业设计研究，
2019（0）：36-41.

[19] 时吉光，喻学才. 我国近年来非物质文化遗产保护研究综述 [J]. 长沙大
学学报，2006（1）：9-11.

[20] 王颖，施爱芹. 论博物馆文化创意产品开发设计的创新思路 [J]. 包装世界，
2015（4）：86-87.

[21] 刘玉琪，殷晓晨. 探究中国文化元素在当代产品设计中的应用方式：以
两岸故宫文化创意产品为例 [J]. 设计，2016（9）：116-117.

[22] 张峻，王明杰. 民间手工艺元素在文创产品设计中的应用研究 [J]. 艺术
与设计（理论），2018，2（8）：99-101.

[23] 熊晨蕾. 中国传统文化视觉元素在文化创意产品设计中的运用 [J]. 艺术
科技，2018，31（12）：193.

[24] 刘峰. 视觉元素在旅游产品设计中的运用 [J]. 美术教育研究，2016（16）：
54.

[25] 马晶晶. 当代博物馆文创产品与产业的发展现状与对策探讨 [J]. 吕梁学
院学报，2015，5（4）：59-63.

[26] 孙晓琳. 浅析产品设计中的文化符号 [J]. 艺术与设计（理论），2008（7）：
132-134.

[27] 钟慧敏，沈霞．文化符号在产品品牌形象塑造中的应用 [J]．安徽商贸职业技术学院学报（社会科学版），2011，10（3）：41-43．

[28] 李鑫．浅析文化创意产品设计中传统元素的表现 [J]．美术大观，2016(8)：140-141．

[29] 陈丹妮．文创产品设计发展在生活语境中的价值体现 [J]．艺术科技，2016，29（10）：268．

[30] 高静静．浅谈文化创意产品的设计创新 [J]．中国包装工业，2015(17)：65．

[31] 张振鹏．中国文化创意产品优秀特质及实现 [J]．求实，2012（10）：73-76．

[32] 程辉．博物馆文化创意产业研究的现状、问题与方向 [J]．包装工程，2019，40（24）：65-71．

[33] 向勇．中国文化产业人文内涵的问题与策略研究 [J]．艺术评论，2009(9)：74-79．

[34] 陈波．企业开展新媒体营销对策浅析 [J]．中国商贸，2010（16）：28-29．

[35] 陈培瑶，吴余青．文化创意产品设计研究的现状分析 [J]．湖南包装，2017，32（1）：52-55．

[36] 周美玉，孙昕．博物馆文创产品设计研究 [J]．包装工程，2020，41（20）：1-7．

[37] 石珺婷．博物馆文创产品发展趋势分析：以故宫博物院为例 [J]．中国报业，2019（8）：10-11．

[38] 琚韵冉．新媒介视野下的博物馆文创产业研究：以两岸故宫博物院为例 [J]．艺术与设计（理论），2017，2（11）：106-107．

[39] 李苗苗．基于双墩文化的现代文创产品"体验式设计"探析 [J]．蚌埠学院学报，2017，6（5）：175-179．

[40] 单霁翔．博物馆藏品架起沟通的桥梁：来自故宫博物院文物普查的报

告 [J]. 中国文物科学研究，2014（3）：9-21.

[41] 忍冬. 2019 新文创企业 50 强 [J]. 互联网周刊，2019（19）：56-57.

[42] 吴振韩. 从天人合一的角度论传统建筑与家具设计 [J]. 山西建筑，2011，37（12）：4-6.

[43] 王玮. 文创纸品的体验设计研究：以北京故宫博物院为例 [D]. 合肥：安徽大学，2016.

[44] 郑怡然. 两岸故宫博物院文创产品设计中的文化内涵刍议 [D]. 北京：北京交通大学，2018.

[45] 尚莹. 博物馆艺术衍生品研发探究 [D]. 北京：中央美术学院，2018.

[46] 马亚杰. 博物馆文化产品的创意设计研究与实践：以河南博物院为例 [D]. 郑州：郑州大学，2014.

参考文献